JN261699

［家族人類学の挑戦］

# 世界像革命

エマニュエル・トッド

石崎晴己 編

藤原書店

# はじめに

エマニュエル・トッド

日本は私の思索の中で全く独特の位置を占めている。この国は私にとって地理的にも言語や文化からしても、遠い国のはずである。ヨーロッパやアングロ・サクソン圏に流布するステロタイプな言説は、私がこれまで一貫して戦い続けて来たものだが、それらの言説の大部分は、日本には還元不可能な特殊性があると主張する。ところが私は家族構造を研究し、それが歴史と社会のあり方を決定する要因となることを研究して来たが、そうした研究の結果、逆に日本はヨーロッパ人にとって近い国であると、私は常々考えるようになっているのである。日本の直系家族の同類は、フランス南部、ドイツ、スウェーデン、スペイン北部、ないしスコットランドに数多く存在する。私があれほど日本に行きたいと思っていたのはそのためだが、この望みは二度にわたって叶えられた。日本の国際協力基金の寛大なるご理解のお蔭である。私としては、日本は科学技術でヨーロッパに追い付き追い越しさえした最先進国であるだけでなく、言語の壁にも拘わらず、何と言うか、近くて、異常なところが少しもない、よく理解できる国であるということを、現地で確認したかったのである。もちろんフランスとは異なる（私だってそれくらいは分かる）。しかしスウェーデン以上に異なるわけではない。もう一つの最先進国であるスウェーデンは完璧な秩序の支配する国であって、平等主義核家族に由来する個人主義的・絶対自由主義的気質の要素を大幅に含む社会であるフランスから来た者にとっては、違和感を感じる国なのである。日本に来て私は期待を裏切られることがなかったと言っておかなければならない。異文化間のコミュニケーションの不可能性を執拗に理論化しようとする者は掃いて捨てるほどいるが、彼ら全員に対して私は、日本に来て、理解できない全く別の世界にいるという感じがしたことはないと言っておかなければならない。非常に気分がよかったと白状しておく必要さえあるほどだ。何しろ私はフランス文化に典型的なものではない時間厳守の習慣を出身家族から受け継いでいるのだから。

このような理解は一方通行のものではないという気がする。二度にわたる日本への旅、それにこの書物の刊行とから、私の研究と私が立てたモデルは日本の読者にとって理解できるものであり、おそらくは了承し得るものであるという気持を私は抱くようになった。

それゆえこの本の刊行は私にとって歓喜そのものなのだ。それは私がおそらくは間違っていなかったということの印なのだから。

私は私の研究の日本語版の刊行を実現して下さった藤原氏に感謝の意を表したい思う。それも単に私の研究のみに留まらず、フランスの学問研究の広範な領域を日本の読者の手許に届けようとする氏の情熱に対して謝辞を捧げたい。出版者の情熱は一国の知的活動の本質的な構成要素である。私はまた私の翻訳者、石崎氏に実に多くを負っていることを強調しておきたい。今や私は氏を親友と思っているが、東京とパリとで行なわれた数多くの会談と討論とを通して、私は氏が私の理論を自家薬籠中のものにしていること、氏の翻訳が正確極まりないことを確認することができた。このような謝辞を日本語に訳さなければならないことを、氏の謙虚さが受け入れてくれることを期待したい。

私の現在の研究は、家族制度と世界の差異化の起源を扱っている。本編には友人の言語学者、ローラン・サガールとの共同執筆になる論文「共同体家族システムの起源」〔「新人類史序説」として収録〕が収められているが、私はいまやこの論文の提示する仮説をさらに発展させることにすべての時間を費やしている。この仮説は日本の読者の興味を引くことだろう。と言うのも実は、ヨーロッパと日本の家族制度が近似的であることを確認することではなく、その近似性の理由を説明することが課題となるからである。それはただ単に、ヨーロッパと日本は、ユーラシア大陸の東西両極端に位置するが故に、この大陸の大部分に広がっていった父系共同体家族への転換を免れたという共通点を持つということなのである。ヨーロッパと日本はこのようにして、世界史の観点からすれば周縁的であるという点で共通している。そして逆説的であるが、遠いが故に近似的なのである。

こうした研究と学問的真実の問題とは別に、私としてはヨーロッパと日本の政治的接近を願っていることを認めなければならない。ヨーロッパと日本という世界の発展の二つの極の間に直接のつながりが十分に存在しないのは残念である。私の仕事がいささかなりともそのような接近に貢献するよう希望するものである。(石崎晴己訳)

二〇〇一年六月　パリにて

# 世界像革命／目次

## 第III部 人類学の革新

世界像革命
——家族人類学の挑戦

# 第I部　世界像革命

# トッド人類学の基礎

石崎晴己

## 家族制度の共時態

世界にはさまざまな家族制度が存在する。われわれ日本の家族制度は、少なくとも戦前までは、家には一人の跡取りがいて（大抵は長男の総領息子）、結婚したあとも家に残って両親と共に暮らし、やがて父親が死ぬか隠居した時に、家を継ぐ（つまり家の財産を遺産相続すると同時に、経営体としての家の経営者となる）、そして生存している親を扶養し、親が死んだ時は喪主となり、位牌を守り、墓参を主催する、というものだった。跡取り以外の子供たちは、女子の場合は他家に嫁ぎ、男子の場合は他家の養子となる幸運に恵まれなければ、都市に出て商家の丁稚になったり、学校を出て出世の道を探る。

戦後、日本にはアメリカ流の個人主義や遺産均等配分が導入されたが、それでもこのような家の観念と慣習が色濃く存続していることは否定できない。例えば盆や正月に都会から次三男が家族を連れて郷里に帰れば、跡取り息子の嫁がてんてこ舞いをする。彼女はさらに年老いた舅姑に仕え、その面倒を見なければならないが、やがては家屋敷が自分たち夫婦のものになることを期待することができる。「僕は長男だ。だから父親にも手を挙げられたことはない」というのは、故伊丹十三の『ミンボーの女』の主人公のホテル支配人の言葉だった。逆に言えば、総領以外は父親に平気で殴られていたのだ。この差別の現実性は最近、『石原家の人々』なるベスト・セラーで、長男と次男以下の決定的な待遇の差を語る次男の言葉で、微笑ましくも生々しく確認されたところだ。もっとも少子化が進んだ今日では、次男以下というものが存在しなくなって、家族の風景はもっぱら小帝王となった独り息子の専横の場面によって占められることになってしまったようだが……。

これに対してアメリカは個人の解放と独立が実現した国で、親子関係も親しい対等の個人同士の関係のようであり、子供たちは成長すると好みの異性を配偶者として結婚し、親の許を離れて独立の世帯を営む。われわれはこれを長い間、「遅れた」日本における家の厳然たる存在と、「進んだ」アメリカにおける家の不在という対比として捉えて来た気配がある。つまりこの違いを歴史的な進化の段階の違いと捉え、さらには、人間はどこでも昔は日本のような家族制度を営んでいたのが、次第に個人の独立性が強まり、その結果こうした「アメリカ的」な「進んだ」家族形態が形成されるようになった、と考えがちであった。

ところがこの「アメリカ型」の家族も非常に古いものであるらしく、少なくとも十七世紀のイングランドでは、すでにこのような家族が支配的な家族形態であったというのが、トッドの師、ピーター・ラスレットが成し遂げた重要な発見である。イングランドとオランダとデンマークのそれぞれ主要部分に分布するこの家族型は、「**絶対**

**核家族**」と呼ばれるが、イングランド人の植民活動によって新大陸に広まった結果、アメリカ、カナダ、オーストラリア、ニュージーランドの現在の家族制度はこれとなっている。これに対して日本のような家族制度は、「**直系家族**」と呼ばれるもので、トッドによれば日本の他、アジアでは韓国、そしてヨーロッパではドイツ、スウェーデン、南フランス等に分布する。

つまりアメリカ型の家族（絶対核家族）も日本型の家族（直系家族）も、伝統的な農民の家族制度のタイプであって、さしあたり通時的な前後関係はないのである（さしあたり、というのは、最近トッドが始めた、家族制度の変遷の通時的研究では、絶対核家族が最も古い形態であるという、逆説的な結果が出ているらしいからである）。ただ近代性というものは、アングロサクソンによって形成された側面が最も強いため、絶対核家族的な人間関係（個人の独立性、自由主義）が近代的人間関係を代表するように見え、また家族が一つの経営体を構成しなくなった現代の都市型サラリーマン社会では、三世代同居の直系家族型の家族構造よりは、核家族の方が優勢になるという事情もあるため、ここに歴史的進化を見たがる傾向が生じたと考えられよう。

「世界にはさまざまな家族制度が存在する」という時、われわれがまっ先に思い浮かべるのは、アマゾンやニューギニアの土着民、せいぜいが中国奥地の少数民族や旧ソ連のシベリアの諸民族のことではないだろうか。要するに「野生の思考」を行なう未開の民族のことなのだ。そのレベルでは驚くほど風変わりな家族制度が存在することも、そのような家族制度がそれぞれの民族の気質や思考方法を規定しているということも、容易に了承することができる。それから人類が農耕革命を起こして大文明を築き上げるようになると、おおむね直系家族的な家族形態が一般的になり、さらに近代の産業革命によって伝統的な家族構造が崩壊したところに、個人の独立を中心的特徴とする絶対核家族が発生した……こういったところが、「世界の家族制度の多様性」についてわれわれが抱いているイメージであろう。

トッドの人類学は、そのようなイメージを根底から覆す。それはむしろ現代の世界を形作る主要な諸民族の家族制度を主たる対象とするのだ。トッドは世界各地の家族制度を調査して、その類型を定義し、しかるのちにそれらの家族型の全世界での分布図を作成した。そしてそれぞれの家族構造がいかなる気質、心性を産出するかを検討し、近現代のイデオロギー現象をもそれで説明できるとしたのである。しかもそれらの家族型は、さしあたっては歴史的な前後関係を一切捨象して、共時態において提示され、優劣とか進歩といった先験的な価値判断を排して記述されている。それはやや単純化して言えば、「未開」の民族について有効な人類学の分析・解読手段が、「高度に発達した」社会にもそのまま通用するとする立場に他ならない。トッドの人類学が衝撃的であり、「決定論」との激しい反発を呼び起こしたのは、その故であろう。

われわれがトッドの著作を知るようになったのは、いわゆる共産主義の崩壊の前後である。イデオロギーとしてのマルクス主義の失効は大分以前から感じられ、指摘されていたとしても、人類の歴史の原理と原動力を説明する基本的理論としてのマルクス主義的歴史学、いわゆる史的唯物論は、いまだに支配力を揮っていた。久しい以前から疑問に付されていたとしても、それに代わるものが現れていなかったからである。それはまさしく「大きな物語」に他ならず、その「大きな物語」に賛同できない者は、例えばアナール派のように、特定の地方の慣習や心性の研究とか感情や感覚の主題研究などに活路を見い出そうとした。しかしそれは「大きな物語」一般からの逃避ではあっても、現に存在する「大きな物語」への反駁にはなり得なかった。われわれの中には「大きな物語」への欲求は残る。そしてトッドの人類学は、もしかしたらマルクス主義に代わる「大きな物語」を構築してくれるかも知れないのである。

さてここでトッドの分類・定義する家族型を見てみたいと思うが、その前に、トッドの経歴を簡単にたどってみよう。

## トッドの歩み

一九五一年生まれのエマニュエル・トッドは、パリ政治学院を卒業後、父親の友人である、アナール派の歴史学者、エマニュエル・ル＝ロワ＝ラデュリの勧めでケンブリッジ大学に入学し、家族制度の歴史の研究の第一人者、ピーター・ラスレットの指導の下に家族制度の研究を行ない、一九七六年に「工業化以前のヨーロッパの七つの農民共同体」と題する博士論文を提出して、博士号を取得する。同じ年に彼は『最後の転落』を上梓している。これはソ連に足を踏み入れることなく、ひたすら幼児死亡率等の統計資料のみを用いて、近い将来におけるソ連邦の崩壊という予言を結論した衝撃的な本で、これによってトッドは著作家として華々しいデビューを飾った。周知の通り、ソ連邦はそれから一五年後に崩壊するが、サイゴン陥落直後のアメリカの威信失墜の当時にあっては、ソ連は強大化の一途をたどると見られており、崩壊を予想する者などいなかった。この「予言能力」はトッドの威信の源泉となったが、この能力は、一九九五年のフランス大統領選挙の際に、「左翼の人間に変貌したシラク」の勝利のチャンスを示唆し、劣勢を伝えられたシラクの逆転勝利のきっかけを生み出した時に、改めて確認されることになる。

トッドがその人類学の体系を本格的に世に問うたのは、一九八三年の『第三惑星』においてである。そこで彼は全世界に存在する八つの家族型を網羅して、その分布図を提示し、家族型とイデオロギーとの密接な関連を主張した。しかも共産主義や自由主義という現代的イデオロギーだけでなく、イスラム教やインドのカースト制といった伝統的文化ないし慣習も、現代に存在し機能するイデオロギーとして捉えようとする姿勢を示したのである。果してこの著作は、「決定論」との激しい非難にさらされることになる。その一端は、最新刊の『世界の多様性』（『第三惑星』と翌八四年刊行の『世界の幼少期』を合わせて新たに一巻として一九九九年に刊行）の序文（本書次章）に生々しく語られているが、当時の人類学の権威モーリス・ゴドリエ（次章訳注6［七七ページ］参照）からテレビの討論番組の場で「イギリスへ帰れ」という排外主義的な「勧告」さえ浴びせられたという。それらの批判の激しさは、『第三惑星』がやや簡略化されすぎた推論を展開しているということの他に、西欧的近代性ないし先進性を顧慮しないかに見える、一種「永遠の相の下で」見ようとする彼の視線が、フランス知識人界の思考の掟に真っ向から抵触したという事情があるのかも知れない。それに今回二〇〇〇年六月の来日でトッドが漏らしているように、統計を駆使する「経験主義」的思考への、まさに排外主義的なフランス的「大陸合理主義」の尊大な反発という側面も、否定できないように思われる。この件については、「決定論」問題という形で、のちにやや詳しく検討する積りである。

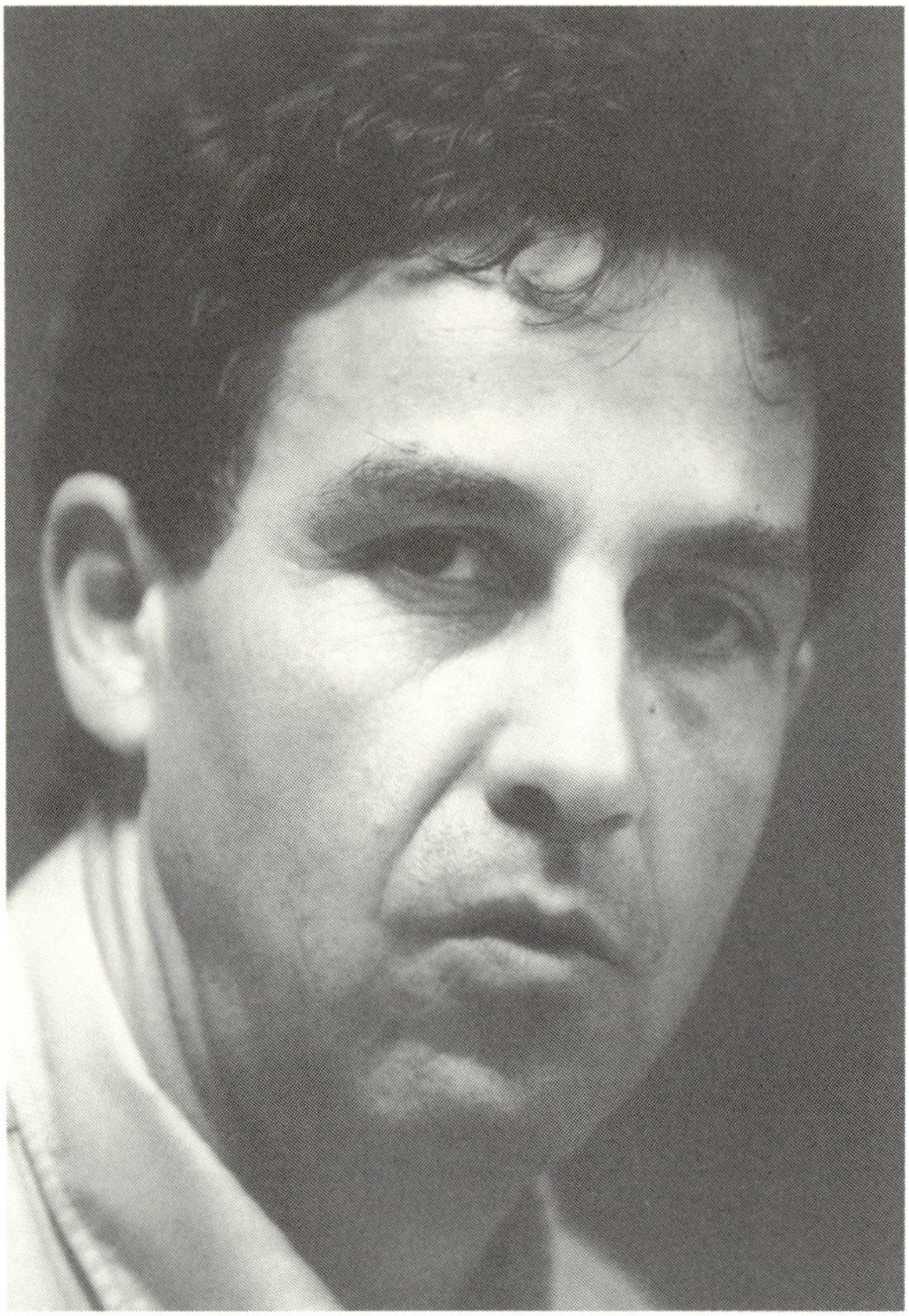

エマニュエル・トッド（1951- ）

これに続く『世界の幼少期』は、世界規模での識字化の歴史と現状を扱っているが、これは発展というものをもっぱら経済的進歩として捉えようとする通常の把握に対して、識字化こそが発展の原動力であるとの主張を打ち出し、『第三惑星』で紹介された各家族型の教育潜在力の綿密な検討を展開している。

次の『新たなフランス』（一九八八年）は、対象をフランスに限定して、特に近年フランスを見舞った労働者階級の消滅とカトリック教の最終的衰退という大変動に起因するさまざまな社会的変化、特に政治勢力の布置の変化を、人類学によって説明しようとする研究である。『移民の運命』の読者には馴染みの二つのフランス（平等主義核家族の中央部と直系家族の南部および周縁部）の観念が縦横に展開する。

これに続いて一九九〇年に刊行された『新ヨーロッパ大全』は、五五〇ページを越える大作で、まさにトッド人類学の集大成と言うべきであるが、これについて述べるには、ヨーロッパの家族型を一通り紹介しておくことが不可欠であろう。一九九四年の『移民の運命』は、西欧先進諸国（アメリカ合衆国、イギリス、フランス、ドイツ）四カ国における、移民の流入とそれに対する受け入れ国社会の対応を分析した大作であるが、これについても同様である。

## 家庭集団の発展サイクル

さて世界の家族形態であるが、『第三惑星』が提示するのは、次の八種類である。

1　外婚制共同体家族
2　内婚制共同体家族
3　非対称共同体家族
4　権威主義的家族（直系家族）

## 図１　家族型の特徴

| 家族型 | 平等原理 | 権威原理 | 家族集団の典型的形態 |
|---|---|---|---|
| 絶対核家族 | × | × | 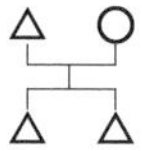 |
| 平等主義核家族 | ○ | × | 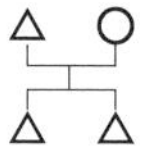 |
| 直系家族 | × | ○ | 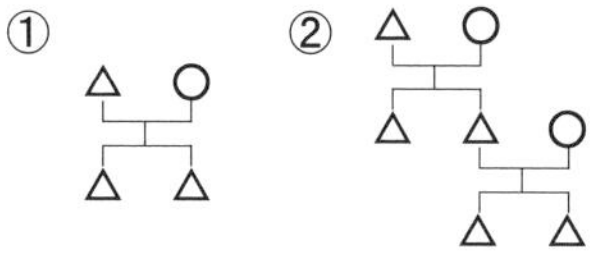 |
| 共同体家族 | ○ | ○ | 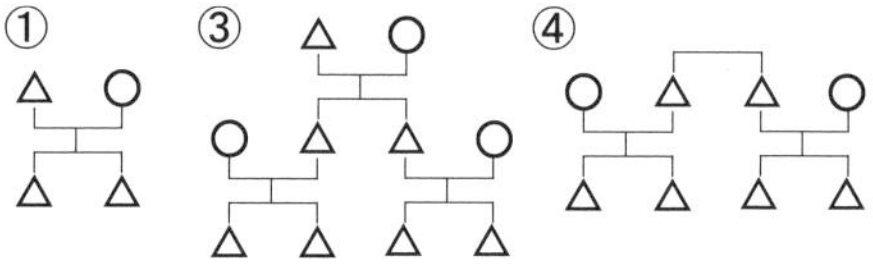 |

△ 男　| 親子
○ 女
└┘結婚　┌┐兄弟

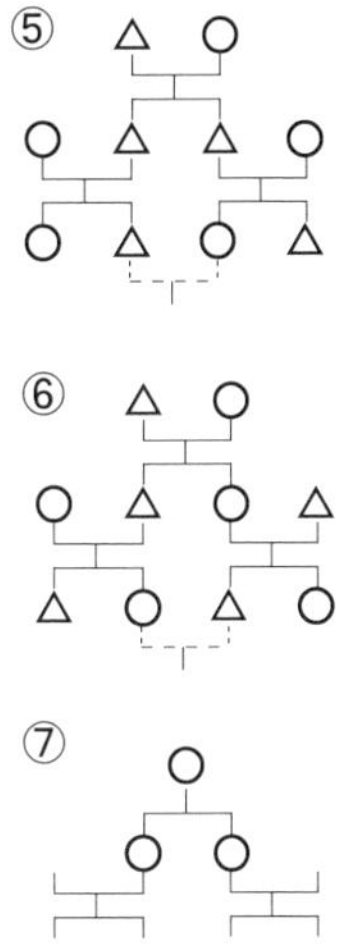


5　平等主義核家族
6　絶対核家族
7　アノミー的家族
8　アフリカ・システム

『世界の幼少期』では、このうち8が除外されて、七つの型が一覧表を構成している。8が、アフリカという地域名のみによって漠然と定義されたものにすぎないからであろう。どうやらそれは、一夫多妻制のさまざまな型を含む多様な家族制度を包括する、当座の名称と考えられる。

さてこれを除く七つの家族型とはどのようなものか、トッドは家庭集団の発展サイクルという概念で説明しているが、これが最も具体性に富む分かりやすい説明法と思われるので、これを用いて説明してみよう。（**図１家族型の特徴**）

この図の直系家族を取り上げてみよう。まず男△と女○が結婚して世帯を形成し、子供が出来る①。やがて子供が成長すると、そのうちの一人が結婚して両親の家に残り、他の子供は家を出る。跡取り（大抵は男の子のうちの最年長者だが、地方によっては女子も含めた最年長者の場合［絶対長子相続制］もあれば、末の子供が家に残る場合［末子相続制］もある）はやがて子供を作る②。こうして祖父母、両親、子供の三世代が同居する世帯が成立する。

ここで注意しなければならないのは、直系家族の世帯の発展サイクルの当初のあり方（例えば、次三男が両親の家を出て独立した時の形態）は、核家族（絶対核家族と平等主義核家族）と区別がつかないという点である。ある地域が（調査の最小単位は村である）直系家族地域かどうかを判断する決め手は、②の形の世帯が多数存在するということであるが、直系家族の地帯であっても、完成された世帯形態である三世代世帯の割合は、三分の一を越えることはないようである。

外婚制共同体家族の場合は、図で見る通り、夫婦が子供を作るという初期段階①を経て、子供が結婚して子供を作る第二局面に進むが、その際、兄弟がともに両親の家に残る。従ってこれは両親を含めて多数の夫婦とその子供たちからなる巨大な家族構造③を現出することになる。親が死ぬと遺産は兄弟の間で平等に分けられるが、両親が死亡したのちにも兄弟がしばらくは同居し続けるという場合④も見られる。

ここで「外婚」と「内婚」というタームについて念のため説明しておくと、「内婚」とは配偶者を自分の属する集団の中から選ぶこと、「外婚」とはその反対に、自分の集団の外から探し出すことを意味し、例えば「人種的ないし民族的内婚」と言えば、配偶者を自分の属する人種・民族集団内に求めること、となる。しかしこうした限定なしに用いられた場合、この語は「家族的内婚」、すなわち配偶者を自分の家族集団の中から選ぶことを意味する。その具体的内容は、いとことの結婚であるが、全員がいとこと結婚できることは考えられない（パキスタン人の場合五〇％と言う）ので、このようなものを優先婚（いとことの結婚を優先する）とも言うようである。

内婚制共同体家族の場合は、この図にはないが、同居する兄弟の子供同士（平行いとこ）が結婚して、ちょうど環が閉じるような図⑤を描く必要があるだろう（ただしいとこ婚の率は一〇〇％ではないので、線は破線でなければならない）。また非対称共同体家族では、これとは逆に異なる性の兄弟姉妹の子供同士（交叉いとこ、つまり母の兄弟の娘と）の結婚が優先され、平行いとこ婚は禁じられるようである。この関係を図にすれば⑥のようになるであろうが、実際は夫が妻と同居することは希であり、兄弟は必ずしも姉妹と同居するわけではないので、世帯の構造としてはこの図は成立しない。わずかに成立し得るのは、トッドが『世界の幼少期』で提示した⑦のような図である。また場合によっては、姉妹の娘、すなわち女系の姪との結婚もある。このように結婚については母系的内婚が優先し、父系が禁止の対象となっているため、非対称との呼称が適用されるわけである。

ところで核家族は、トッドの分類によれば、絶対核家族と平等主義核家族の二種類に分かれるが、この差異は世帯の発展サイクルだけでは判定できず、遺産相続規則を援用しなければならない。平等主義核家族では、遺産相続が厳密に計算されて、平等・均等に分けられる。親の生前に何らかの贈与がなされていると、その分も正確に計算に組み込まれる、とのことである。これに対して絶対核家族では、遺産相続にあたって平等原理にあまりこだわることがない。生前贈与も頻繁に行なわれ、遺産相続は基本的に遺言で行なわれる。この二種類の核家族の区別を確立したのは、トッドの創見であろう。

最後にアノミー的家族であるが、これはどうやら平等主義核家族の乱脈な変種の趣があり、兄弟間の遺産相続における兄弟間の平等が、理論的には確定しているが実践上は融通無碍で、既婚の兄弟と両親の同居は、理論的には排斥されるが実践上は許容されているという、曖昧な制度である。さらに兄弟姉妹間の結婚を含む近親結婚が許容されると言う。

## 世界の家族構造の一覧

以上、主に世帯の発展サイクルという形でこれらの家族型を見て来たが、これを通して家族型を定義し分類する判断基準も明らかになった。すなわち、親との同居で測られる親子関係、遺産相続慣行で測られる兄弟姉妹関係、いとことの結婚を基準とする内婚か外婚か、さらに父系か母系か、それとも父方と母方の双方に等しい重要性を認める双系か、といった要素である。そこでこれらの家族型の特徴とその地理的分布を簡単に整理してみよう。

## 直系家族

まずわれわれ日本人にとって最も分かりやすい家族型である直系家族から始めよう。この家族型においては、子供のうち跡取りは成人し結婚したのちも親の家に残り、やがてすべての遺産を相続する。他の子供は成人すると家を出て、僧侶になるか、兵士になるか、商人になるか、ともかく他の場所で生活の道を見つけなければならない。これはヨーロッパではドイツ圏(つまりオーストリア、スイスのドイツ語圏)、スウェーデンとノルウェーの大部分という、国単位の広大な地域に分布する他、アイルランド、スコットランド、ウェールズと、イングランドの西の沿岸部という一続きのブロック、及びフランスの南半分からイベリア半島の北部周縁というもう一つのブロックに分布する。またトッドは『新ヨーロッパ大全』において、直系家族であるが、遺産相続規則が形式的には平等主義的な不完全直系家族という型を抽出しているが、それはベルギーやイタリアのヴェネト地方(ヴェネチア周辺)、南北フランスの境界地域などに分布する。

直系家族は西ヨーロッパでは最大の分布面積を有する、いわば最も有力な家族型であるが、ヨーロッパ外では東アジアの果て、日本と韓国・朝鮮にのみ分布するに過ぎないとされていた。しかしその後の研究の進展の中で、各地にこの型が確認されているようである。最近のトッドの著作の中に散見するものから推測するに、例えばチベット人、ガロ人、グルン人、シーク教徒のようなヒマラヤ地方一帯の諸民族、またアフリカでもカメルーン周辺に居住するバミレケ人、また例のルワンダ内乱の当事者であったツチ人とフツ人、等々も直系家族型の家族制度を持つ民族のようである。それにユダヤの家族制度がこれであることも、特筆すべきであろう。またフランスの植民活動の結果、カナダのケベックはこの家族型の分布地帯となったとされる。入植者の多数派がフランス内の直系家族地帯の出身者であったからだと言う。

改めて強調しておくが、ここで問題にしているのは、伝統的な家族の構造である。つまり家族とは、農地と農具を所有する経営体なのである。跡取り以外が遺産相続から排除されるという、一見非情に見える事態も、そのことを踏まえて受け止める必要がある。トッドは、この家族構造においては、親が子供に対して長い間、権威を揮うのであるから、親子関係は権威主義的であり、兄弟関係は不平等主義的であると結論する。この家族制度の下で生まれ育った者は、権威と不平等という価値を無意識のうちに内面化する。さらに兄弟は不平等で異なるものであるとする確信は、人間とは不平等で異なるものであり、諸国民も不平等で異なるものであるとする、無意識の「先験的な形而上学的確信」へとつながる。

## 平等主義核家族

子供は成人し、結婚すると、親の家を出て、独立の世帯を構える。親が死ぬと、遺産は子供たちの間で平等・均等に分けられる。親の生前に何らかの贈与がなされている場合は、それも厳密に計算される。この家族型は、西ヨーロッパでは、パリ盆地を中心とする北フランス、北部沿岸部を除いたイベリア半島の大部分、イタリアの北西部とシチリアを含む南部に分布し、またポーランド、ルーマニア、ギリシャもこの家族型の地域である（古代ギリシャは直系家族地域であったようだが、現代ギリシャは平等主義核家族地域とされている）。総じてラテン的なイメージと結びついていると言えよう。ヨーロッパ外では、キリスト教エチオピアがこの家族型に属するようである。またコロンブス以降のヨーロッパの世界進出の結果として、ラテン・アメリカ諸国は総じてこの家族型の地域となっている。

この家族構造においては、子供が結婚とともに家を離れて独立するのであるから、親子関係は自由主義的であり、遺産は均等配分であるから、兄弟関係は平等主義的である。この家族制度の下で生まれ育った者は自由と平等という価値を内面化する。言うまでもなくこれはフランス大革命の主導理念である。トッドによれば、フランス大革命が自由と平等の理念を掲げたのは、それがまさに革命の根拠地たるパリ盆地の農民たちの家族制度に根ざした価値に他ならないからである。また兄弟の平等の確信は、人間というものは平等にしてどこでも同じであるという、普遍的人間の観念を産み出すことになり、それはさらに諸国民は平等で同様のものであるという「先験的な形而上学的確信」へとつながって行く。肌の色の異なる人間も分け隔てなく受け入れる、人種差別感の少ない鷹揚さという明るい側面と、尺度に合わない者を「非人間化」してしまう暗い側面とが、混在することになる。

## 絶対核家族

子供は成人し、結婚すると親の家を出て、独立した世帯を構える。また遺産相続は主に遺言によって行なわれ、相続者間の平等はあまり顧慮されず、親は自分の好みと意志を主張することができる。トッドはここから、この家族構造における親子関係は自由主義的であり、兄弟関係は平等に対する無関心を特徴とすると結論する。この家族型はヨーロッパ特有のもので、イングランドの大部分、オランダの大部分、デンマークの大部分とノルウェー南部のちょうどデンマークの対岸に当る地域、そしてフランスのブルターニュの大部分に分布する。それほど広大な面積を占めるわけではないが、イングランドやオランダといった、世界史的に重要な地域を含み、ヨーロッパの世界進出と植民活動の結果、アメリカ合衆国、カナダ、オーストラリア、ニュージーランド、南アフリカが、この家族型の地域に加わることとなった。したがってこの家族型は、おおむね「アングロ・サクソン」的家族制度と受け止めることができよう。

早くから子供の独立を促すこともこの家族制度の特徴で、イングランドでは古くから、子供を他家に奉公に出す、「送り出し」(sending out)と呼ばれる制度があった。現在でもイングランドの子供たちは牛乳配達などのアルバイトを年少の頃からよく行なうようであり、少年エジソンを初めとするアメリカの立志伝中の人物の少年時代の才覚ある働き振りも、アングロ・サクソン的家族制度の下で可能であったことかも知れない。また産業革命がかくも急速にイングランドで進展した原因の一つは、こうした子供の早期の独立性であったと考えられる。

この家族制度の下に生まれ育った者は、自由という価値を内面化するが、平等にはあまり関心を払わない。われわれの抱懐する世界史的なイメージでは、自由と平等とはともすると不可分の一対をなしていると見えるのだが、トッドは『新ヨーロッパ大全』や『移民の運命』の中で、平等とは無縁の自由の観念の顕現の例を示してくれる。例えば議会制民主主義の祖国と目されるイギリスで、政治的平等原理の表現である普通選挙が実現するのは、フランスに遅れること七〇年、ドイツに遅れること四七年の、一九一八年であるという事実、あるいは総得票数で劣る政党が比較多数の議席を獲得することに対する無関心(一九五一年の総選挙の結果)。これに類似の事例は、最近のアメリカ合衆国大統領選挙で記憶に新しい。また自由の国アメリカにおける人種差別の根強い存続も、有力な例証に他ならないだろう。

またこの家族型は、兄弟の平等に無関心で、差異を当然視するところから、人間は互いに異なるものであり、諸国民・諸民族も異なるものであるという無意識の「先験的な形而上学的確信」を産出する。あの名高いイギリスの植民地帝国における「分割統治」と、多様な民族を巧みに統治したその手腕は、このような諸民族の差異への生来の感受性から招来されたものと言えよう。

## 外婚制共同体家族

子供は成人し結婚しても親の家に住み続ける。したがって妻帯者である兄弟同士が父親の下に同居する巨大な家族構造が成立する。遺産は兄弟間で平等・均等に分配される。したがってこの構造においては、親子関係は権威主義的で、兄弟関係は平等主義的である。これは西ヨーロッパでは少数派の家族型で、トスカーナを中心とするイタリア中部がほとんど唯一の分布地域であり、他にフランス中部にもこの家族型が有力な少数派として分布する地域があるというにすぎない。しかし全世界的には、これは圧倒的に多数派的な家族型である。**地図1「世界の家族型」**は、『第三惑星』から取ったものだが、これを見れば、広大なユーラシア大陸の大部分がこの家族型の分布で占められていることが分かるだろう。ロシア、中国、ヴェトナム、北インド、フィンランド、ブルガリア、旧ユーゴスラヴィア、フィンランド等がこの家族型の地域となる。

この地理的分布は、かつての共産圏のそれとほぼ一致する。トッドの人類学の斬新で衝撃的な側面は、家族制度と近現代のイデオロギー現象を結び付けた点であるが、その着想の最初のヒントとなったのは、この外婚制共同体家族と共産主義との地理的分布の共通性であったらしい。かつてイタリアは西ヨーロッパ最強の共産党を擁していたが、その金城湯池がトスカーナであった。その点に着目したトッドは、やがて全世界の家族型の分布地図を作成して、自分の直観の正しさを確認することになる。しかしそれよりも家族制度の多様性それ自体にトッドの目を開いてくれたのが、どうやらイタリア中部のこの共同体家族であった。トッドがケンブリッジでピーター・ラスレットの指導の下で研究していた頃、ラスレットはイングランドの家族制度が十七世紀においてすでに絶対核家族であったことを発見し、したがってこの家族型が、近代の工業化・都市化によって生まれたものではなく、古来よりの伝統的なものであることを確認したところであったが、今度はそれが全世界に普遍的な家族形態であると考えるようになったらしい。その師の見解に対抗してヨーロッパ各地に多様な家族制度を探し求めたと、トッドは告白している（日仏学院講演後の質疑応答）が、その出発点は、イタリア中部トスカーナ地方の家族形態が共同体家族であることを発見したことであった、と思われる。

この家族型の担う価値は、権威主義的な親子関係と平等主義的な兄弟関係から派生する権威と自由であるが、これはまさに共産主義を支えた根本的価値に他ならない。共産圏崩壊の後、直系家族の国チェコや、平等主義核家族の国ポーランド等は、資本主義市場経済への適応が順調に進んでいるのに対して、共同体家族のロシアや旧ユーゴスラヴィアは難渋しているのも、まことに意味深長である。

以上四つの家族型は、いずれもヨーロッパに分布するものだが、偶然かはたまた何らかの有意的なメカニズムが働いた（例えば、キリスト教の普及というような）のか、いずれも外婚制であり、また親子関係が権威主義的か自由主義的か、兄弟関係が平等主義的か否かという、二つの基準の正と反からなる四つの要素の可能な組み合わせを網羅した形になっている（**略図1**参照）。つまりヨーロッパは、家族制度という点では、左右対称の二乗という極めて整合的なマトリックスを見せるわけである。これを家族型の担う価値という形で略図にすると**略図2**となる。

このうち絶対核家族が、コロンブス以降のヨーロッパの世界への拡大という契機を除けば、ヨーロッパのみに固有の家族型であること、平等主義核家族も、キリスト教エチオピアでの分布という点を除けば、同様である（ラテン・アメリカへの進出）ことは、先述した通りであるが、『第三惑星』以降の研究の精密化によって、アノミー的と呼ばれる家族型（そもそも全体として外婚制核家族の変種群と考えられるが）の中に、むしろ明瞭にこの二種の核家族型に属すると考えられるものがいくつも確認されているようである。

ここでヨーロッパの家族制度の分布を示す地図を二つ提示することにしよう。**地図2「ヨーロッパの家族型」**は

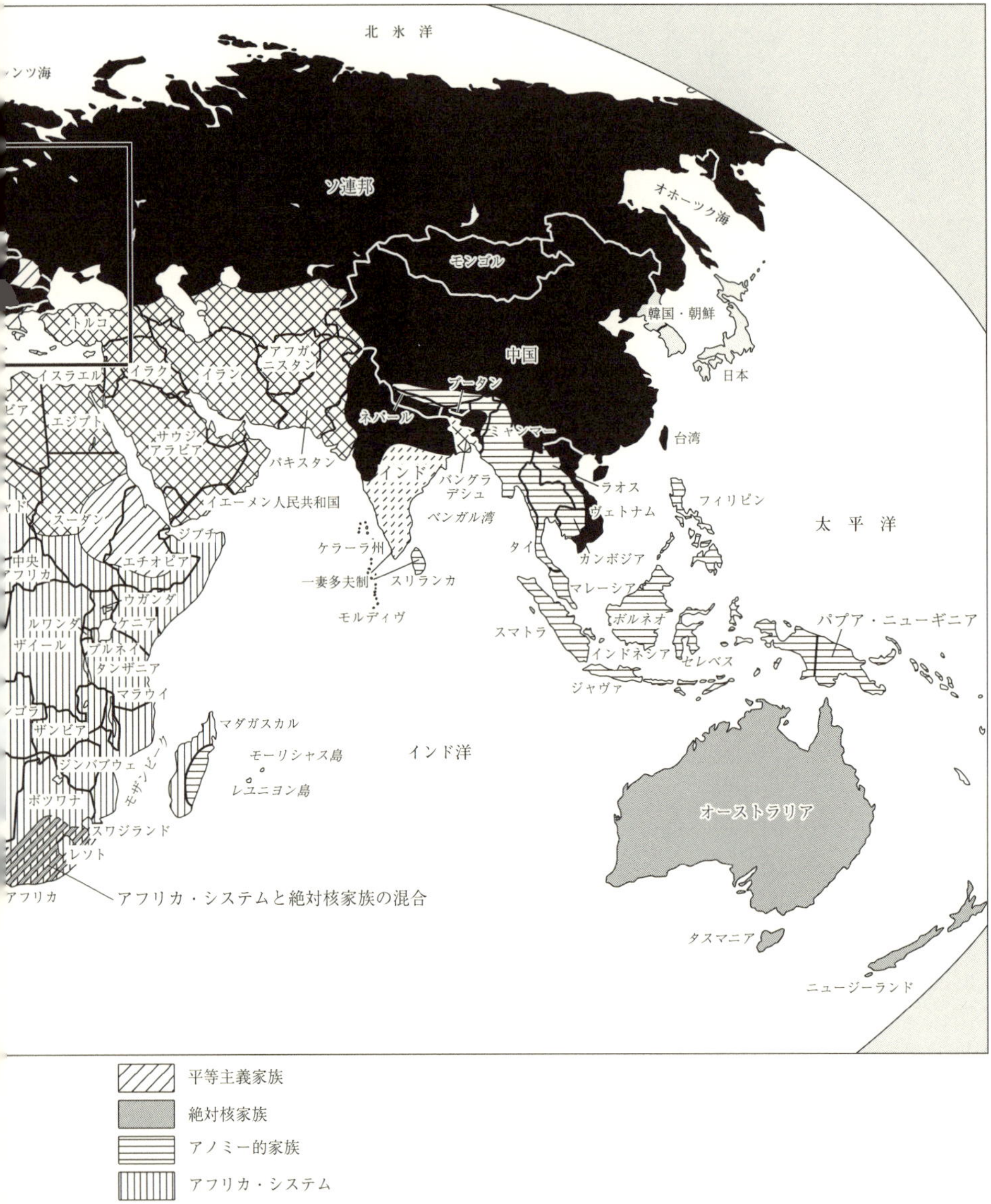
北氷洋
ンツ海
ソ連邦
オホーツク海
モンゴル
韓国・朝鮮
トルコ
中国
日本
アフガ
ニスタン
イスラエル
イラク
イラン
ブータン
ビア
エジプト
ネパール
ミャンマー
台湾
サウジ
アラビア
パキスタン
インド
バングラ
デシュ
ラオス
フィリピン
ド
イエーメン人民共和国
ヴェトナム
スーダン
ベンガル湾
太平洋
ジブチ
タイ
中央
アフリカ
エチオピア
ケララ州
カンボジア
一妻多夫制
スリランカ
マレーシア
ウガンダ
ルワンダ
ケニア
モルディヴ
ボルネオ
パプア・ニューギニア
ザイール
ブルンジ
スマトラ
インドネシア
セレベス
タンザニア
ジャヴァ
マラウイ
ンゴラ
マダガスカル
ザンビア
インド洋
モーリシャス島
ジンバブウェ
モザンビーク
レユニオン島
ボツワナ
オーストラリア
スワジランド
レソト
アフリカ
アフリカ・システムと絶対核家族の混合
タスマニア
ニュージーランド
平等主義家族
絶対核家族
アノミー的家族
アフリカ・システム

**地図1　世界の家族型**

この地図は大まかな人類学的地域を示すのみである。地方別の研究の現状からして、これ以上の詳細を提示することはできない。

外婚制共同体家族
権威的家族（直系家族）
平等主義核家族
絶対核家族
この地図は大まかな人類学的地域を示すのみである。地方別の研究の現状からして、これ以上の詳細を提示することはできない。
フィンランド
ウェーデン
ゴットランド
バルト海
ポーランド
ソ連
チェコスロヴァキア
ハンガリー
リア
ルーマニア
アゾフ海
黒　海
ユーゴスラヴィア
ブルガリア
リア海
タリア
アルバニア
ギリシャ
ア
クレタ
地　中　海

## 地図2　ヨーロッパの家族型

| 兄弟関係 ＼ 親子関係 | | |
|---|---|---|
| | 自由主義的<br>平等主義的 | 自由主義的<br>平等に無関心 |
| | 権威主義的<br>平等主義的 | 権威主義的<br>不平等主義的 |

**略図1**

| 兄弟関係 ＼ 親子関係 | | |
|---|---|---|
| | 自由<br>平等 | 自由のみ |
| | 権威<br>平等 | 権威<br>不平等 |

**略図2**

先に掲げた**地図1**とともに、『第三惑星』に掲載されたものである。**地図3「西ヨーロッパの家族型」**は『新ヨーロッパ大全』から取ったもので、これは厳密に定義された西ヨーロッパのみを対象としているが、**地図2**よりはるかに正確に分布のありさまを表現していると考えられる。

『新ヨーロッパ大全』は、歴史的共同体としてのヨーロッパにおける近代性の形成の歴史を、家族制度ならびに副次的に農地制度を用いて人類学的に解読し直そうとする試みであるが、トッドはそれに最大限の厳密性を与えるため、研究対象を厳密に確定した。それは地理的には、宗教改革以前にカトリック教に支配されていた地域であり、それゆえギリシャは除外される。ギリシャを除外しなければ、ロシアを含むギリシャ正教文化圏も対象に加えなければならなくなるだろうが、そうなると近代性を形成した歴史的主体としてのヨーロッパという枠から大幅にはみ出すことになってしまうだろう。

また旧東ドイツ、ポーランド、チェコスロヴァキア、ハンガリーという、旧社会主義諸国は、戦後の政治データの不在という理由で除外されている（バルト諸国については、明示的な言及がないが、やはり同じ理由で除外されたと考えられる）。最近年の歴史の分析もこの本

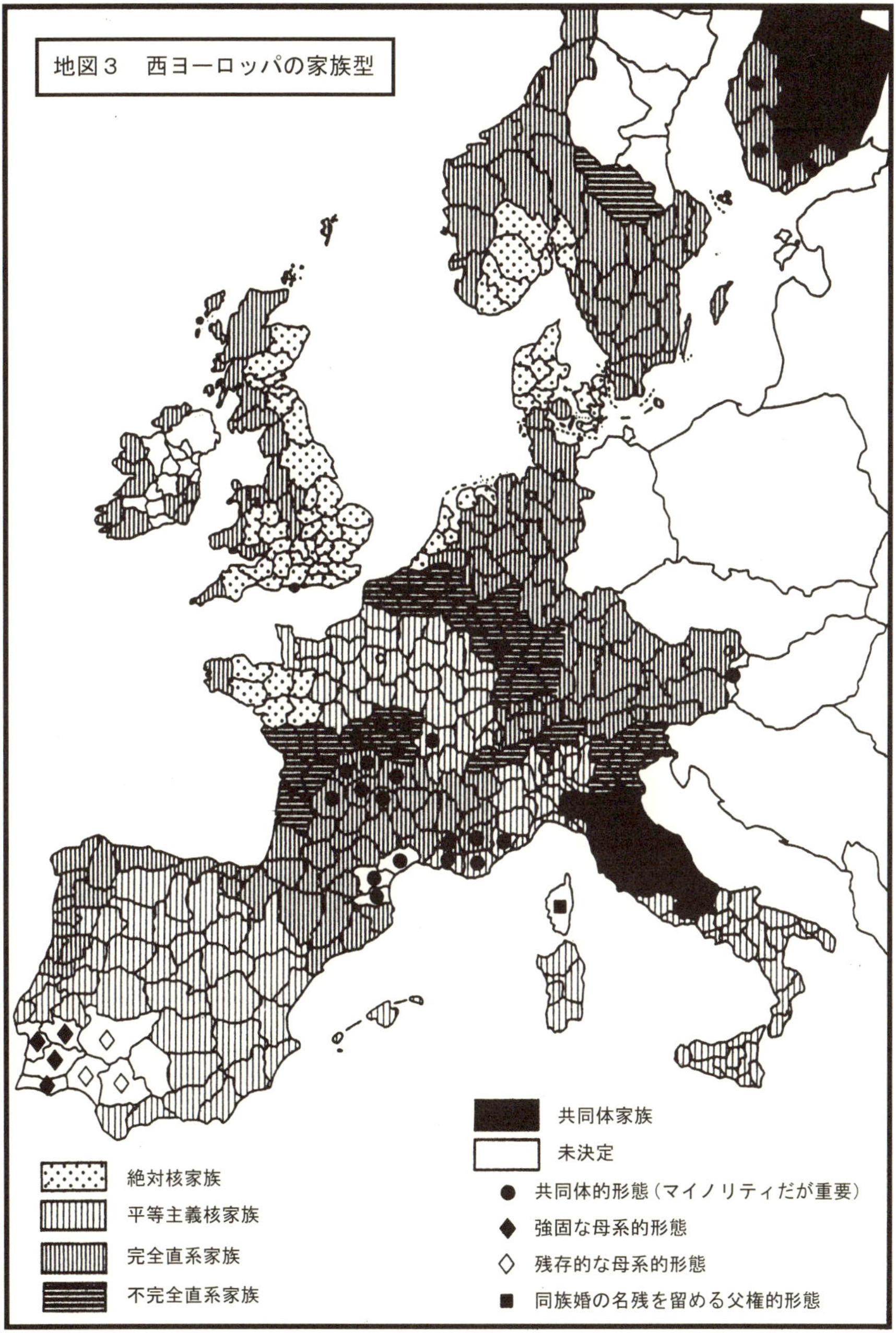

地図３　西ヨーロッパの家族型
共同体家族
未決定
絶対核家族
平等主義核家族
完全直系家族
不完全直系家族
共同体的形態（マイノリティだが重要）
強固な母系的形態
残存的な母系的形態
同族婚の名残を留める父権的形態

の重要な課題の一つだからである。ただし旧東ドイツについては、戦後の東西分裂以前のデータによってかなり言及されることになる。一方フィンランドやポルトガルやアイルランドは、きちんと研究のフィールドに加えられている。ここには、カトリック圏と非社会主義国（データの不在）という大きな原則以外には、先験的な判断を差し控えるという態度が伺えるのである。

地理的にこのような厳密な限定を行なったのに加えて、トッドは時間的にもプロテスタント宗教改革の開始という明確な限定を行なっているわけだが、それに加えて、家族型の分布を確定するための地理的単位の設定も、まことに厳密に行なわれている。国という単位は広すぎて不適当である。そこでトッドが「人類学的基底」と呼ぶ家族制度や農地制度を調査する上でも、近世以降、特に近現代の政治的動向や意見を調査する上でも適切な大きさを持つ地理的単位として、フランスの県におおむね対応する各国の地方行政単位（例えばドイツのラントは大きすぎるので、「行政管区」Regierungsbezirk を採用する）を選びだし、それによって西ヨーロッパ全体を四八三の地理的単位に分割した。**地図3**は、そのような単位ごとに家族型を確定した結果得られた地図であり、ヨーロッパ諸国が、それぞれ複数の異なる家族型の地域を含んでいることが一目瞭然である。いずれにせよ**地図2**よりはるかに正確な分布図となっている。

これを見ると、家族制度の異種混合性がない国は、一様に直系家族の分布地帯となっているドイツ語圏諸国（ドイツとオーストリア）だけで、他の国は、イギリス（絶対核家族地帯と直系家族地帯）にしても、イタリア（共同体家族と直系家族と平等主義核家族）にしても、スペイン（平等主義核家族と直系家族）にしても、複数の家族型地域を抱えている。なかでも最も複雑なのがフランスで、共同体家族や絶対核家族も含めて、ヨーロッパの四つの家族型がすべて存在するが、主要な家族型は、パリ盆地を中心とする北フランスの平等主義核家族（マルセイユを中心とする地中海沿岸にも分布する）と、オック語地方と呼ばれる南フランスの直系家族である。十世紀のカペー朝の発足以来、フランスの歴史はパリ盆地の勢力とオック語地方の勢力の対立、前者による後者の征服・統合の歴史であったが、それがトッドによって、家族型の違い、家族型がそれぞれ担い産出する価値を基盤とする異なる気質、異なる心性を持つ二つのフランス、要するに自由と平等のフランスと権威と不平等のフランスの対立として、把握し直されるのである。

さてヨーロッパに存在しない残りの三つの家族型の分布についても、簡単に触れておこう。**内婚制共同体家族**は、**地図1**に見られる通り、アラブ・イスラム圏をその領域とする。イスラムという点で、トルコとイラン、さらには中央アジアのトルキスタン、アフガニスタン、パキスタンという非アラブ地域にまで広がっているが、イスラム圏であっても、マレーシアやインドネシアは含まれない。七、八世紀のイスラムの勃興は、またたく間にペルシャ帝国とビザンツ帝国という強大な帝国を蹴散らして、広大な地域の征服を実現したが、イベリア半島北部の諸王国、アルメニア、エチオピアといった弱小キリスト教国の抵抗を打ち破るに至らなかった。この世界史の奇蹟と不思議の理由は内婚制共同体家族にあったのだと、トッドは説明する。要するにイスラム教は、いとこ婚を許容するその教義によって、内婚制共同体家族地帯に急速に広まり、それとは異なる家族制度の下で生きる人々の抵抗を前にして停止したのである。

この家族型は、外婚制共同体家族と同様、兄弟の平等と結束を根本原理とするところから、普遍主義的人間観を産出する。このような普遍主義的人間観は、他民族を寛大に同化する能力を持つが故に、大帝国を築き上げる傾向があるが、果してアラブ人、ペルシャ人、トルコ人は、歴史に名高い大帝国を築き上げた。

**非対称共同体家族**は、インド南部をその領域とする。インドのカースト制という現代イデオロギーを支えているのがこの家族型、ないしインドにおける二つの家族型の存在である。インド亜大陸は北部は父権制的傾向の強い外婚制共同体家族に占められるが、ケラーラ（あの共産党政権の成立で世界の耳目を集めた）を中心とするドラヴィダ系の南部はこの非対称共同体家族に占められる。そして母系的内婚を優先し、父系での内婚を禁ずるこの家族構造は、人間の絶対的な差異の観念を産出し続け、それがカースト制の主たる支柱となるが、同時に女性の地位が高く、それに連動して識字率も驚異的に高い。インドはアーリア系の北部が政治的には亜大陸全体を支配するが、文化的には南部が優越している。北部はカースト制に対する執着は少ないが、カースト制に執着する南部が「己自身の劣等性を産み出す」という逆説によって、亜大陸全体のカースト制が維持されている。ただしその後の研究の進展によって、この家族制度の分布地域は、『第三惑星』の世界地図が示すものよりはるかに狭小になっているようであるし、この家族型自体の中にもかなりの多様性が考えられるようである。

最後に**アノミー的家族**は、東南アジア諸民族（ミャンマー、タイ、カンボジヤ、ラオス、マレーシア、フィリピン、インドネシア）とアメリカのインディオの家族形態である。マダガスカルのマレー系の地域も当然ここに加えられる。この不安定で無限定な家族制度の中に生きる人々は個人主義と共同体主義の間を揺れ動き、時に政治におけるアモク（精神錯乱による凶暴な殺人）現象を招来することになる。トッドは、かつて強大を誇ったインドネシア共産党の壊滅やクメール・ルージュの自国民ジェノサイドもこのような現象として説明している。

## 教育潜在力

以上のあらゆる要素を盛り込んだ総合的一覧表が、**表1「家族型と社会現象」**である。これは『世界の幼少期』の巻末に掲げられたもので、ご覧の通り、七つの家族型が、その代表的な地方の例によって示されており、女性の地位、兄弟関係、親子関係、近親相姦の規制法（要するに結婚制度）、教育潜在力、イデオロギーの形態という関連要素がすべて記載されている。

これらの関連要素のうち、女性の地位と教育潜在力については、あまり体系的に述べる余裕がなかったが、教

## 表１　家族型と社会現象

| 『第三惑星』で定義された家族型 | 地域例 | 家族構造の要素 | | | | 社会的帰結 | |
|---|---|---|---|---|---|---|---|
| | | 女性の地位 | 親子関係（権威） | 兄弟間関係（平等） | 近親相姦の規制法 | 教育潜在力 | イデオロギーの形態 |
| 権威主義的家族 | ドイツ | 双系 | 縦型 | 不平等 | 強い外婚制 | 極めて大 | 自民族中心的権威主義 |
| | 日本 | 双系 | 縦型 | 不平等 | 弱い規制 | 極めて大 | |
| 絶対核家族 | イングランド | 双系（母系的偏り） | 非縦型 | 無関心 | 強い外婚制 | 中（＋） | 自由主義的個人主義 |
| 平等主義的核家族 | 北フランス | 双系（父系的偏り） | 非縦型 | 平等 | 強い外婚制 | 中 | 平等主義的個人主義 |
| 外婚制共同体家族 | ロシア | 父系（弱い） | 縦型 | 平等 | 強い外婚制 | 中 | 共産主義 |
| | 中国 | 父系（中ぐらい） | 縦型 | 平等 | 強い外婚制 | 中（－） | |
| | 北インド | 父系（強い） | 縦型 | 平等 | 強い外婚制 | 小 | 不確定性 |
| アノミー的家族 | タイ | 双系（母系的偏り） | 非縦型 | 無関心 | 弱い規制 | 中（＋） | 概念的不明瞭（イデオロギーのアノミー） |
| | 中央アメリカ | 双系（父系的偏り） | 非縦型 | 無関心 | 弱い規制 | 中（－） | |
| 内婚制共同体家族 | アラブ圏 | 父系（強い） | 非縦型 | 平等 | 父方平行いとこ優先婚 | 小 | イスラム |
| 非対称共同体家族 | タミル・ナドゥ（南インド） | 父系（弱い） | 縦型 | 平等 | 非対称婚姻 | 中 | カースト制＋共産主義 |
| | ケラーラ（南インド） | 母系 | 縦型 | 平等 | 非対称婚姻 | 大 | |

育潜在力について、ここで代表的な例を挙げて説明しておこう。

特筆すべきは、直系家族の教育潜在力である。この家族制度は、家の継続性を重視し、子供たちを長く家に留め親の監視・保護下に置こうとするものであるから、当然子供の教育にも熱心である。ヨーロッパで大衆的識字化が開始したのは、自分で聖書を読むことを信仰生活の基本として推奨したルター以降のドイツとスウェーデンであったが、これらの地域において、文字の獲得はまさに数代にわたる家の事業となった。スウェーデンでは早くも十八世紀半ばには、大衆識字化の過程は終了したと考えられるが、それが学校制度が整備されていない時代に、もっぱら家庭教育によって成し遂げられたのである。家の継続性と親の権威がこれほど濃密ではない核家族では、こうは行かない。例えば同じプロテスタントのイングランドでは、識字化の進展はこれよりはるかに遅いだけでなく、時には識字化率の低下現象、つまり識字化の後退さえ起こっている。

こうした直系家族の教育潜在力は、民族の坩堝たる現代アメリカでも発揮される。アメリカはアングロ・サクソン的絶対核家族が支配的な国である。放任主義で子供の教育に特に熱心とは言えない絶対核家族文化の中で、ユダヤ人、次いで日本人が、そしてそれ以前にはドイツ人、スウェーデン人が、この教育潜在力を生かして子女の教育水準を上昇させ、それによって中産階級への参入を果している。この潜在力は、ひとたび同化が完成すると失われ、アメリカ社会の一般性に同調して行くことになるようである。

同じような現象はフランス国内にも見られる。フランスは伝統的に平等主義核家族地帯である中心部が、直系家族地帯である周縁部を支配して来たが、自由と平等という価値を基盤とする中心部の政治勢力は、右はド・ゴール主義のＲＰＲ（共和国連合）、左は共産党という二つの政党に代表されていた。ところが六〇年代より大きな変動が起こり、右では中道を標榜するＵＤＦ（フランス民主主義連合）、左では新社会党の勢力が強まり、七四年の大統領選挙で、中道派のジスカール・デスタンが、ド・ゴール派のシャバン＝デルマスを破って当選し、次いで八一年には社会党のミッテランが大統領となった。このような変動の背景にトッドは、周縁部の直系家族地帯の教育的優位を嗅ぎ付けている。少数の子供を作って、きちんと教育しようとする周縁部フランスの子供たちの学歴水準の方が、多数の子供を作って、あまり教育に力を注がない中心部フランスの水準を上回ったのである。

## 『新ヨーロッパ大全』――近代世界の形成

以上、トッドの人類学の基礎的与件を一通り紹介した。『新ヨーロッパ大全』と『移民の運命』の読者なら、すでにご存知のことが大部分かとも思うが、本邦未訳の『第三惑星』と『世界の幼少期』（この両著は一九九九年に『世界の多様性』というタイトルの下に併せて一冊として再刊された。邦訳も藤原書店より刊行の予定で、現在準備中である）の内容にもかなり触れている。

「トッド人類学の基礎」というタイトルの限りでは本稿の使命は一応果されたと言えようが、『新ヨーロッパ大全』と『移民の運命』の中に繰り広げられる驚くべき分析と発見の数々について、いささか紹介したいという誘惑に身を任せることにしよう。

ヨーロッパに存在する四つの家族型が担う価値を整理すると**略図2**のようになることはすでに触れたところであるが、『新ヨーロッパ大全』は、それぞれの家族型が優勢的に分布する地域は、当該家族型の価値に支配され続けるという仮説の下に、各家族型の分布地域の歴史の並列と絡み合いとしてヨーロッパ史を説明しようとする、まことに画期的なヨーロッパ史の試みである。

ヨーロッパは宗教改革という近代の開始以来、必ずしも至る所で均等な歴史の進展を見せたわけではないことは言うまでもないが、それは従来はせいぜい国単位で分析されるにすぎなかった。これに対して家族型地域を単位として分析するとはどういうことか。最も印象的な例として、パリ盆地中心の北フランスを見てみよう。この地域は十八世紀末にフランス大革命を引き起こすが、同時に十六世紀に、プロテスタントに対して戦闘的な反撃（あのサン・バルテルミーの虐殺）を組織した反宗教改革の最大の勢力、カトリック・リーグの金城湯池でもあった。そしてサン・バルテルミーの虐殺とフランス大革命とを行なった主体は、自由と平等という価値を内面化して生きる、同じパリ盆地の平等主義核家族の民衆なのである。世界史のウルガタ版は、この二つの事件を、歴史的に正反対の意味を持つものと描き出しがちであるが、実はこの二つは同一の地域の連続性から発生した、同じ心性、同じ精神を体現するものなのである。

これについては、トッドによるプロテスタント像の転倒について述べる必要があるだろう。形成期の資本主義の精神を体現するイデオロギーという、ウェーバーが確立したイメージに真っ向から対立して、トッドは、プロテスタンティズムとは何よりも、直系家族地域に群立する小貴族たちのイデオロギーであると言う。その救霊予定説は絶対的な神の意志と霊の救済の不平等を内容とするものであり、権威と不平等の価値観に根ざすものだからである。それゆえこれは直系家族地域に広がったが、自由と平等の価値観に立脚する平等主義核家族地域には頑として受け入れられなかった。当時のカトリック教は、トリエント宗教会議によって、救済の平等と人間の自由意志の観念に基づいて再編成された、自由と平等の価値に立脚するイデオロギーであった。フランスにおいても、ユグノーの中心勢力は南部直系家族地域の貴族たちで、これが人口的に劣勢なプロテスタントがかくも長くカトリックに拮抗する武力を保ち得た理由である。要するにサン・バルテルミーは、フランス大革命につながる貴族の虐殺であった。

西ヨーロッパは、このように連続性を持ついくつもの地域から成るのであり、同じインパクトに対しても異なる反応を示すそれらの地域の自律的な変遷と地域間の相互作用とから、ヨーロッパ史は成り立っている。そして十六世紀以来の西ヨーロッパ史の研究とは、世界史を主導した近代性というものが西ヨーロッパで形成されたものである以上、近代性の発生・形成史の研究でもある。

近代性はこのヨーロッパのどこに発生したのだろうか。トッドによれば、特定の地域（ないし国）を指名することはできない。彼は近代化の主たる要因として、識字化、脱キリスト教化、工業化、そして副次的に受胎調節を挙げる。識字化の先進地域は、先述の通りドイツ語圏である。イングランドや北フランスは、識字化については凡庸な記録しか残さない。一方、脱キリスト教化が最初に進展したのは、平等主義核家族地帯、すなわち北フランス、北部を除くスペイン、南イタリアである。北フランスを除く二つの地域は、常識的イメージでは、カトリックに最も忠実な信仰篤い人々が住むと考えられている地域であり、これも驚くべき「トッドの逆転」と言えるだろうが、それは統計資料等を用いた周到な論証の結果である。

トッドは受胎調節を、識字化と脱キリスト教化の合成と考える。つまりそれには知的水準の高さとキリスト教からの解放が必要なのである。しかし十八世紀において最も識字化率の高いドイツ語圏は、脱キリスト教化をまだ開始していない。スペインや南イタリアでは識字化が進展していない。残る北フランスにおいてのみ、受胎調節の条件が整うのである。さらに識字化と脱キリスト教化とは、トッドによれば、近代イデオロギーの発生の条件でもある。近代イデオロギーが生まれる（先進国の影響を受けた一部知識人だけでなく、大衆的現象・運動として）ためには、民衆が天上の神の国を諦めて、この地上に理想の国を築こうと志向するのでなければならない。つまり脱キリスト教化されていなければならない。そして国民全体が政治的情報の大量の受容と交換の手段を手にしていなければならない。つまり識字化していなければならないのである。こうしてヨーロッパで最初に（と言うことは、世界で最初に）受胎調節が始まった北フランスにおいて、近代イデオロギーも発生するのである。それがフランス大革命に他ならない。

表2　ヨーロッパのイデオロギー

| | イデオロギー・システムに伝えられる基本的価値 | 社会主義イデオロギー | 民族主義イデオロギー | 反動的宗教イデオロギー |
|---|---|---|---|---|
| 平等主義核家族 | 自由と平等 | 無政府社会主義 | 自由軍国主義 | キリスト教共和主義 |
| 直系家族 | 権威と不平等 | 社会民主主義 | 自民族中心主義 | キリスト教民主主義 |
| 共同体家族 | 権威と平等 | 共産主義 | ファシズム | — |
| 絶対核家族 | 自由 | 労働党社会主義（ゼロ社会主義） | 自由孤立主義 | — |

近代イデオロギーもまた一様ではない。家族型によって異なる特徴を持つイデオロギーが形成されるからである。トッドはまず、産業革命による労働者階級の出現により、地上に建設されるべき理想社会の主体を労働者階級とする左の社会主義イデオロギーと、それに押されて右に位置することになった、民族共同体こそが理想社会の主体とする民族イデオロギー、そして脱キリスト教化が完成されていない地域で、近代イデオロギーの攻撃に晒されたキリスト教が、防衛的に近代イデオロギーとしての体裁を整えるところに成立する「反動的宗教イデオロギー」の鼎立構造を定義する。各家族型地域は、それぞれ特有のイデオロギー的鼎立構造を現出することになるが、上掲の**表2「ヨーロッパのイデオロギー」**はその一覧表である。

例えば平等主義核家族地帯の自由軍国主義とは、フランス近代史の中でボナパルティスムやブーランジェ主義として具体的な形を取ったものであり、現代のド・ゴール主義もこれに連なる。これは卓越した個人への、普通選挙や国民投票を通じて表明される信任を基軸とする独裁制志向であるが、その卓越した個人とは何らかの原理が人間として降臨したもの（例えばスターリンや毛沢東の個人崇拝）ではなく、ひたすら純然たる個人として卓越している。その意味で彼は、平等主義核家族地帯の住民一人一人と同質の、自由にして独立不羈の個人なのである。それは軍国主義ではあるが、普遍的人間を信じ、そうした人間の自由なる結集として社会を構想する点で、その政敵たる無政府社会主義と基本的な構えを同じくする。無政府社会主義は、スペインにより典型的に現れたが、フランス共産党も、強固な中央集権よりは下部の自主性を容認する点で、無政府主義的色合いが濃厚である。ただしフランスの中央部には共同体家族が有力な地域があって、純粋な共産主義の基盤を提供しており、従ってトッドによれば、フランス共産党とは、無政府社会主義が純粋な共産主義に補強されたものということになる。

これに対して直系家族地帯の自民族中心的民族主義の究極の顕現はナチズムである。社会民主主義については、説明を要しないと思うが、隅々まで組織の行き届いた強大な組織体への志向や、社会全体が複数の身分からなることへの承認等を特徴とするこの社会主義イデオロギーは、その対立物たる自民族中心的民族主義と同様、権威と不平等という価値に立脚している。

要するにトッドのこの一覧表の意味するところは、一つの家族型地帯のイデオロギーは、民族主義と社会主義の対立を越えて、同じ気質・同じ心性の表現であり、本性を同じくするものである、ということに他ならない。逆に言えば、無政府社会主義と社会民主主義は、無政府社会主義と自由軍国主義ほど互いに類似していないということになる。これは、右派のイデオロギーと左派のイデオロギーを根本的に対立するものと見ようとする、マルクス主義に代表される従来のものの見方に対する根底的な意義申し立てに他ならない。

## マルクス主義への反駁

これまでに述べて来たところで、トッド人類学の最大の目的が、マルクス主義的歴史学に対する反駁であることは、十分に示されたであろう。事実、あからさまにマルクス批判を行なっている例も散見する。重要なもののみを見るとするなら、まず農地制度について、彼はヨーロッパ各地の農地制度が時代を越えて「安定」していることを示した。つまり家族農場（家族規模で農業を営む中農）も大規模経営（農業賃金労働者を雇って広大な農場を経営する大地主）も、その地域的分布は中世以来変わらないのである。その前提の一つは、中世カロリング期の大荘園が現代の大規模経営の原型をなすという発見であるが、この発見の根拠は、大荘園における農奴保有地が、旧ソ連のコルホーズの構成員の家庭菜園のような補助的なものにすぎず、大荘園の主たる側面は、食住を支給された農業労働者（農奴）による領主の農地の集団的耕作であるという分析に立脚している。つまり例えば北フランスは、カロリング期から現代に至るまで、大規模農業経営の地帯であり、ドイツや南フランスは常に自作農による家族農場の地帯なのである。これはマルクスが『資本論』の中で展開した本源的蓄積の概念、つまりエンクロージャーによって中農が土地を奪われ、農民は大規模農地経営者と生産手段を持たない農業プロレタリアに分化するというシナリオ（資本主義発達史の不可欠の段階）に、真っ向から異議を唱えるものであった。これは同時に、歴史の推移を単一の線的推移に還元しようとする歴史観への痛烈な反駁でもある。

工業化が、文化的発展ではヨーロッパで最先進地帯とは言えないイングランドでまず始動した原因の分析（労働者の知的水準の高さを必要としない単純な技術体系）と、その結果、本来的に平行して進むものであった知的・文化的進歩と経済的進歩が、工業化がイングランドでのみ進展した第一次産業革命期にのみ一時的に乖離することになり、そのことがマルクスとエンゲルスに知的・文化的発達と無縁な経済発展の自律性という確信を与えることになった、との分析も示唆に富んでいる。

そして共産主義革命が実現した国の分布図。それはマルクスが予言したように資本主義が発展した諸国ではなかった、というところまでは、久しい以前から常識である。しかし、それが実現したのは共同体家族地域においてである、という命題は、漠然と第三世界を指定する命題よりは、はるかに具体的にして積極的な特定ではなかろうか。

## 『移民の運命』——トッド版欧米近現代史の完成

『新ヨーロッパ大全』に続く『移民の運命』は、西欧四大先進国（アメリカ、イギリス、ドイツ、フランス）を移民受け入れ国としての限りで検討する。移民労働者の流入と民族的・人種的マイノリティが大きな社会問題となるのは戦後であるから、本書はまさに現代の社会現象を主題とするわけだが、根本的に移民によって形成されたアメリカ合衆国については、原住インディアンの征服と白人と黒人の葛藤という「人種問題」は、最初のヨーロッパ人入植以来の歴史の全幅を形作る。したがって『新ヨーロッパ大全』では研究対象に組み込めなかったアメリカ史がここに盛り込まれているのであり、これによってトッド版の欧米近現代史が完成した、と言うことができよう。

『新ヨーロッパ大全』は、四つの家族型の基本的価値（「自由／権威」と「平等／不平等」）を分析の基盤としたが、本書のそれは普遍主義と差異主義である。それはこの基本的価値のうち、平等／不平等の対立軸（つまり兄弟間の関係のみに注目して抽出した概念である。すなわち兄弟が平等な家族システム（平等主義核家族と共同体家族）は、人間と諸国民の同等性、普遍的人間の存在という確信を子供たちの無意識に対して植え付け、兄弟が平等ではない家族システム（絶対核家族と直系家族）は、人間と諸国民が相異なるものであり、したがって普遍的人間は存在しないと、子供たちの無意識に教え込む。このような無意識の確信をトッドは「先験的な形而上学的確信」と呼ぶ。「先験的」と言うのは、それが現実の経験によって形成されるものではないからである。例えば平等主義核家族の、したがって普遍主義者たるフランスの住民は、到来した有色人移民の形態的差異に当初は驚くとしても、接触の経

**表3　受け入れ国の人類学的システムと主要な移民集団**

| 受入国 | 人類学的システム | 移民（マイノリティ） |
|---|---|---|
| アメリカ | 絶対核家族　差異主義 | インディアン<br>黒人<br>ユダヤ人、日本人　（直系家族） |
| イングランド | 絶対核家族　差異主義 | シーク教徒　（直系家族）<br>パキスタン人　（内婚制共同体家族）<br>ジャマイカ人（母権制的偏り） |
| ドイツ | 直系家族　差異主義 | ユーゴ・スラヴィア人　（外婚制共同体家族）<br>トルコ人　（双系核家族） |
| フランス | 平等主義核家族　普遍主義 | マグレブ人　（内婚制共同体家族）<br>アフリカ人　（多様なシステム）<br>アンチル諸島人　（母権制的偏り） |

験を積むうちに次第にそれに慣れて行くのに対して、差異主義的なドイツやイギリスの住民には、接触の期間が長くなればなるほど、憎悪が募って来る傾向がある、とトッドは言う。

こうして普遍主義と差異主義という二つの概念によって、四大移民受け入れ国とそれぞれの移民集団の関係が分析されて行くわけであるが、**表3**は受け入れ国の人類学的システムと主要な移民集団（その人類学的システム）とをまとめた一覧表である。

受け入れ国住民と移民集団のそれぞれが抱えている人類学的性向同士の関係によって、移民問題のあらゆる側面が説明される。例えばフランス人の普遍主義は、肌の色にこだわらず、外婚制と双系性という習俗上の最低限の共通基盤を満たす者は、容易に受け入れる。最大の移民集団マグレブ人（北アフリカ人）は、その家族型が女性の地位の低い内婚制共同体家族であるため、フランス住民の普遍主義に対して正反対の普遍主義を対置することになるが、集団には敵意を抱いても、個人は容易に受け入れるフランス普遍主義の行動様式によって混淆婚による融合が進み、ひとたび融合が進むと、アラブの普遍主義は何らかの特殊性に依拠してそれに抵抗するということができない。

イングランドでは逆に受け入れ社会の差異主義が、パキスタン人に差異を押し付けた結果、イスラム原理主義を育むことになる。同じ現象はドイツにおいてさらに増幅され、本来、文化水準も高く、脱イスラム教化の進んだ近代的民族であったトルコ人が、強要された差異性を探究した結果、強硬なイスラム原理主義へと移行して行く。より悲劇的なのは、イングランドのジャマイカ人であって、本来、文化的水準も高く、習俗面でも受け入れ国に近い彼らが、アメリカ流の「黒人」という分類法によって、心理的・道徳的解体に追い込まれる、等々。

トッドの鋭く核心を突く分析の一々をここで取り上げることはできないが、最も印象的な例を二つだけ挙げることにしよう。一つはアメリカ合衆国の歴史を通じて展開する差異主義と平等の追いかけっこである。イングランド絶対核家族と救霊予定説の苛烈な差異主義を母胎として形成されたアメリカ社会が、人間の平等を前提とする模範的な民主主義を実現し得たという不思議。これを解く鍵をトッドは、ファン・デン・ベルへが南アフリカとアメリカ合衆国における人種差別と民主主義の両立を定義するために案出した「領主民族の民主主義」(Herrenvolk democracy) という概念に見い出す。Herrenvolkとは、その構成員が奴隷主＝領主であるような国民＝民族の謂いであり、支配者としての同等性がこの民主主義の基盤となる。その最も明快な例は古代アテナイの民主主義であろう。奴隷制をこの民主主義の抱える不備ないし矛盾と捉える常識に逆らって、この概念は逆に、奴隷制のような差別的体制こそ民主主義という制度が成立し得る条件なのかも知れないことを暗示するのである。トッドによれば、差異主義的社会であるアメリカ社会は、何らかの民族集団の上に差異を固着させることによって、それ以外の諸集団の融合と民主主義を実現することができるのであって、奴隷制廃止以来の合衆国の黒人への対応の歴史は、黒人も同じ人間と考えようとする自覚的意識と、黒人を嫌悪し隔離しようとする差異主義的な無意識との葛藤の歴史に他ならず、普遍主義的・平等主義的方向での制度的改革は、常に住民の差異主義的行動によって空洞化されるのである。

もう一つは、平等主義核家族の北フランスと直系家族の南部および周縁部という、対立する二つの部分からなるフランスという独特の国の分析からトッドが導き出す「普遍に奉仕する差異主義」という概念である。フランスという国は、北の勢力が南部を征服することによって成立したが、このような対立にも拘わらず、南フランスは中世以来、フランスの国としての一体性に異議を唱えることはなかった。トッドはそれを、直系家族の差異主義が分泌する自民族中心主義がフランス国家を拠点として選び、権威と規律という直系家族的価値観がフランス国家に奉仕することになった、という風に説明する。普遍主義だけであったら、フランスは民族として成立し得なかったかも知れず、少なくとも近代ヨーロッパの大国たり得なかったかも知れない。フランスという国が存立し、フランス大革命が自由と平等の普遍主義を全世界に明示することができたのも、「普遍に奉仕する差異主義」というこのフランスの全国システムのメカニズムのお陰なのである。

『新ヨーロッパ大全』の「はしがき」においてトッドは、近代性を作り上げるのにヨーロッパのあらゆる民族が貢献したとしつつ、ヨーロッパ型民主主義の主要な成分が特に英独仏三カ国の貢献である（個人の権利の尊重はイギリス、普通選挙はフランス、社会保障はドイツ）と述べている。しかしトッドの公正への配慮にも拘わらず、自由主義的民主主義という近代的政治制度ないし社会慣行は、自由と平等を掲げる平等主義核家族の北フランスと、もっぱら自由に依拠する絶対核家族のアングロ・サクソンの対立的競合の中から、最終的に完成したと、考えることができよう。しかし共産主義崩壊後の主要イデオロギーが、平等の契機を脱落させた純粋な自由主義であるとするなら、その形成者はもっぱらアングロ・サクソンということになるだろう。『移民の運命』の中に、「普遍の国」フランスの「特殊性への転落」のテーマが主調低音のように鈍く響き続けるのは、それと無縁ではない。そして今トッドは、「世界の多様性」を楯に、グローバリゼーションという、アングロ・サクソン的価値観による世界の一様化に反駁しようとしている。

## トッドは正しいか——決定論論争

いよいよわれわれは、トッドの分析と方法の妥当性について検討することができる。トッドはいかなる点で非難を浴びたのか？　少なくとも、家族制度の分析そのものについては反駁されたことがない、と彼は言明している。この言明と、例えば速水融氏のような日本の専門家の証言とから、われわれとしても、家族制度そのものについてのトッドの分析は妥当なものであると受け止めることができよう。問題はあくまでも、彼が家族制度とイデオロギーを関連づけるそのやり方についてであって、それが「決定論」だとして非難されたわけである。

ところで「決定論」というのが、決定因が事象を「決定」するという主張であるなら、そこで問題になるのは、その決定作用が本当に確実な、「決定的」なものであるか、という点であるはずであり、「決定論である」ということ自体は、本来なんら非難されるべきことではない。したがって問題は、果してトッドの「決定論」は「十分に決定論であるのか」という風に立てられるべきであり、次いで「その決定作用のメカニズムは立証されたのか」という問題が立てられるべきであろう。これについては、トッドが『移民の運命』の中で、家族制度（システム）から人類学的システムへの転換という仮説について述べているところが極めて示唆的であるから、やや詳しく見てみよう。

トッドの分析の基盤は、伝統的家族制度である（『新ヨーロッパ大全』においては、副次的に農地制度という要因も用いられたが）。しかし工業化と都市化の進展によって、伝統的家族制度は至るところで解体しているように見える。外見的な核家族化にもかかわらず、例えば直系家族なり共同体家族なりのシステムが家族のつながりの中に残っているにしても、やはり解体して行く趨勢にあることは、トッドも否定しない。しかし各家族型地域が、依然として同じ価値観を産出し続けていることも、同様に確認出来る。そこでトッドが想定するのは、残存する家族的集団に加えて、学校や企業、地域共同体など、「一定地域の中での人間関係の総体」から成る人類学的システムが、価値の産出を継続しているという仮説である。この仮説を検証することはさしあたっての課題ではないと、トッドは考える。何故なら、古典物理学において万有引力の仮説は事物の動きを把握し記述することを可能にしたが、引力という力の本性は解明されていなかったではないか。事象を説明する要因についての解明がないからと言って、その要因による説明を放棄してはならないのである。

ここで問題になっているのは、決定因と想定された家族制度の消滅であるが、しかし考えてみれば、家族制度そのものの決定作用も、解明され、立証されているわけではない。トッドの「決定論」において、決定作用それ自体は解明されていないのである。要するに、あたかも家族制度がイデオロギーを決定しているように見える、ないし、決定していると考えると説明がつく、というだけのことである。そしてトッドによれば、それで十分なのだ。まさに経験主義者の面目躍如と言うべきだが、確かにトッドの言う通り、絶対的確実性を求めようとするのは、現象学以来、哲学自体が放棄した思弁に他ならないだろう。

だとすると問題は、実際上「十分に決定論である」かどうか、つまり彼が家族制度の決定作用によって説明するこれこれの現象は、本当にそれで説明できるのか、という具体的な問題となる。例えば、北仏ピカルディー出身のカルヴァンが構築し、ジュネーヴを根拠地としたカルヴィニスムは、本当に直系家族地帯の貴族のイデオロギーなのか、といった議論である。トッドの分析はまことに示唆に富み、多くの事象を説明してくれるが、時にあまりにも話がうますぎる、都合の良い事例だけを並べているのではないか、という印象を与えることもある。こうした具体的な分析と解釈の妥当性については、問題の具体的事象についての個別・具体的検討と論争によって判定されなければならないだろう。そのようなスタンスで多くの歴史家がトッド検証の作業に乗り出されることを期待したい。

彼の人類学が「十分に決定論でない」ことのもう一つの理由は、それが統計資料から読み取られる確認事項に基づくものである、つまり統計的決定論であるということである。統計は確率一〇〇％の事柄を扱わない。直系家族地帯の住民のだれもが例外なしに、不平等と権威の価値を内面化している、ないし差異主義者である、ということをトッドの分析は主張しない。あくまでも集団の全体的な傾向を分析し記述するのみである。

トッドに対する決定論との非難（それが意図的に誇張されたデマゴギー的非難ではないとして）の最大の理由は、われわれ人間の意識が、物理的因果関係のように決定されるのであり、自由なものではないという考えへの忌避、ないし嫌悪だろう。それに対しては、統計的決定論という釈明は有効であろう。われわれは統計的に、つまり集団的に決定されているだけで、一人一人は決定作用に対してかなり大幅な自由を保持している、という釈明である。

しかしこれに関しては、もう一つの回答を援用したい。それは同じく決定論（社会学的決定論）との批判を受けたピエール・ブルデューの反論である。すなわち、人は自分が自由だと思い込んでいる時に、かえって自由を失う。社会的決定作用というものは、自由の幻想を通して力を揮うものだからである。「社会学は、人を自由の幻想から解放することによって、人を自由にする」のである。かくしてブルデューは、自分が自由なる主体であると思い込んでいる知識人が、自分が社会的に決定されていることを自覚することを期待する。ブルデューの場合も、統計的決定論であることは、言うまでもない。

マルクス主義という大きな「決定論」の失墜以来、人間の意識に関わる事柄を神のごとく解明し説明すると称する理論は、とかく不信の目で見られがちである。それには歴史の流れを、神のように横から眺めるというスタンスに対する懐疑も付け加わる。しかし例えば精神分析は、当人の自覚し得ない無意識の闇を解明し得るものであることは、だれもが素直に認めるところであるのだから、自分では自覚し得ない自分の本性の解明を助けてくれる、ブルデュー流の「社会学的精神分析」も、トッド流の「人類学的精神分析」も、受け入れることはできるのではなかろうか。

ただしここでトッドの統計処理に関する多少の疑問点を指摘しておこう。例えばフランスにおけるマーストリヒト条約についての国民投票の結果を用いる時、フランスのすべての地理的単位は、白(賛成)と黒(反対)のいずれかに分けられ、それがフランスの現状を分析する出発点になる。実際は賛成と反対の比率には無限のヴァリエーションがあるはずだが、それは白と黒に単純化されるのである。単純化、もしくは記号化とも言えよう。脱キリスト教化にしても、ある地域が一定の基準を越えれば、ひとしなみに脱キリスト教化地域に分類され、細かい差異は無視される。骨太の解釈で大胆に裁断するために、ひとまずは必要な段階として容認できるとしても、よりニュアンスを救い上げる精緻な分析が期待されるところではある。

トッドへの批判でもう一つ気になる点。それはトッドの理論は、結局、民族性というロマン的な概念に帰着するが故に科学的普遍性を持たないとの主張である。これこそは誤解というもので、トッドは民族性ないし国民性と呼ばれるものを、家族制度のタイプによって説明しようとした。そして各家族型の特徴は、民族や地域を越えて普遍的に妥当するのである。例えばよく話題とされる日本とドイツの国民性の類似は、二つの特殊的なものの類似という偶然性を脱却して、直系家族という普遍的な共通性という根拠を持つことになるわけである。

## トッドはどこへ行くのか――共時態から通時態へ

これまでトッドは、家族制度の分布を共時態において記述し、その通時的起源を示すことは、かなり禁欲的に差し控えて来たと思われる。ところどころ、例えば絶対核家族の分布をアングル、サクソン、ジュートのゲルマン三部族の原住地と征服地とする暗示や、平等主義核家族をローマの遺産とする指摘などが、通時的な仮説がある程度存在することを伺わせてはいたが。しかし一九九二年に『ディオジェーヌ』誌（*Diogène*）一〇・一一月号に発表された論文「共同体家族システムの起源に関する一仮説」（言語学者のローラン・サガールとの共同執筆、本書最終章）で、初めて明示的に家族制度の通時態に取り組んでいる。それは家族型の世界分布地図を目にした言語学者サガールが、ユーラシア大陸の中央部の広大な地域に切れ目なく広がる共同体家族の分布のトポロジーは、それが革新的家族形態であることを暗示している、と示唆したのを受けて開始された研究であり、共同体家族を最も新しい家族型とする仮説を打ち出している。

それだけでなく、エジプト、メソポタミア、中国といった地域に共同体家族が伝播した時期についても、大胆な推定を提出している。例えば中国では、それは秦による戦国中国の統一の時期であるらしい。してみるとあの秦の峻厳な法家思想は、まさに共同体家族特有の共産主義思想の古代版であったのであり、それまで中国を支配していた直系家族のイデオロギーである儒教が焚書坑儒によって徹底的に弾圧されたのも、まことに当を得た話なのである。自らが策定した厳罰主義の法によって密告され、車裂きの刑に処された苛烈な改革者商鞅《しょうおう》も、何やら共産主義的英雄に思えて来るではないか。

またこの家族型が広大な地域に広がった理由としては、それが軍事的組織化に適性を持つことが、指摘されている。そしてもしこの仮説が正しいなら、近代性を形成する主力となった核家族、特に絶対核家族は、最も古い、原始的な家族型（父系制の枠内で）であるということにもなるのである。これまで最も近代的とイメージされていた絶対核家族にとって、何とも逆説的なことではないか。そしてこの逆説こそは、高度の軍事的組織力によって諸帝国が栄枯盛衰を繰り広げるユーラシアの西の果てに、それとは全く異質の原理として芽生え、成長し、やがて全世界を征服するに至った、近代性というものの逆説に他ならないのではなかろうか。

これは短い雑誌論文にすぎない（しかし今回、両著者の了解の下に和訳を掲載することができた）が、トッド自身が、現在、家族制度の歴史の著作を準備していると語っている。それが規模と精度においてどの程度のものとなるのか。世界のあらゆる家族制度の歴史的研究であるとするなら、それはまさに人類史の新たなヴァージョンであることが期待できるだろう。

# わが「世界像革命」の歩み
## ――『世界の多様性』序文――

エマニュエル・トッド
荻野文隆訳

ここにまとめられたふたつの著作〔『第三惑星』『世界の幼少期』〕が提示する歴史的な展望は、それぞれ一九八三年と一九八四年に出版された時点で、極めて活発な論争を巻き起こした。農民家族の構造の多様性によって世界に存在するイデオロギー的な差異を説明し、それぞれの文化的な発展のリズムの違いを説明しようとするこの試みは、満場一致の好意によって迎えられたわけではなかった。共産主義、ナチズム、アングロ・サクソン型自由主義、フランス大革命の平等主義的な個人主義、またはイスラム原理主義などは、人類学的な構造によって開闢の時代から何世紀も受け継がれてきた諸価値――自由または権威、平等または不平等、外婚制または内婚制――が識字化の時代に適応するかたちで出現した形態にすぎないという認識が、賛否両論を引き起こしたのであった。

ピエール・ショーニュ[*1]によって強く支持され、エマニュエル・ル＝ロワ＝ラデュリ、[*2]アンリ・マンドラース、[*3]ジャン＝フランソワ・ルヴェル[*4]らによって好意的に受け入れられたこの仮説は、政治学者たちの敵意の的となった。人類学者たちからはさらに激しい反発を食らったが、このような敵意は、この仕事の性急で不完全な性格にもかかわらず、ひとつの根本的な説明原理を発見したと確信していた若い研究者にとっては、かなりきついものであった。『リベラシオン』紙は、この試みがピエール・ショーニュによって支持されていたこと、そして〈家族〉という概念を使用していることから、反動的で、人種主義的な性格の仕事であると確信してしまったようであった。(1) カトリックによる焚書、スターリニズムによる焚書、またさらに悪質なかたちで進められた焚書の歴史に裏打ちされた大いなる伝統に則って振舞うかのように、〈D. E.〉と署名した記事の執筆者は速やかにこの本を破棄するようにと示唆したのであった。研究者の世界の反応に今よりは敏感であった私にとっては、ミッシェル・ポラック[*5]のテレビ番組〈答える権利〉(Droit de réponse) の驚くべき展開はとりわけ忘れがたいものであった。この討論番組のなかで、人類学者であり、当時、国立科学研究所における人文科学の主任研究員であったモーリス・ゴドリエ[*6]が、彼の研究領域には不相応な外国人排斥の姿勢を示しながら、私に博士論文を執筆したイギリスへ帰るようにと強く忠告したのである。

政治学者と人類学者たちのこのような抵抗は、しばしば同業組合主義に色濃く塗られた科学界の在り方に付きまとう伝統的な問題であったのである。イデオロギーの形態を家族によって説明するという試みは、人類学と政治学の融合を必要とするものであった。原理的なレベルで多領域的で自由交易的な意見を表明する多くの大学人たちが、いざ自分の占有領域に関わる実践上の問題に関する場合になると危険な保護主義者として振る舞うものである。『第三惑星——家族構造とイデオロギー形態』と『世界の幼少期——家族構造と発達』のなかで提示されている人類学的なモデルは、おそらくあらゆる制度的な構造の特徴ともいえる大学機構の保守主義の枠を越えた三つのタイプの反論を引き出すことになったのだ。

○第一の反論は、〈進歩する〉という歴史の可能性とそこにおける決定論の有効性そのものを疑問視するものである。

○第二の反論は、第一の反論と理論上密接に繋がっているものだが、この人類学的モデルの決定論は人間の自由を侵害する、というものである。

○第三の反論は、事実上、一体性を形づくるものとして構想されたこの二つの著作の最初のものである『第三惑星』に関して、その性急な論証の仕方にとりわけ違和感を抱くというものであった。その必然的な続編である『世界の幼少期』では、論証の調子とリズムははるかに落ち着いている。この二冊目の本は、証明のために踏まなければならない手続きは思ったよりも長く、説得するためには、膨大な実例、統計資料そして重要な関連性を整理して提示する必要があるのだ、ということを理解した研究者によって著されたものであることが感じられるものとなっている。

この意味で、**『世界の幼少期』**は、人類学的な基底の多様性をもとに地域別あるいは国別に見られる歴史的な発展の多様性を説明するという『第三惑星』で提示したモデルを発展させたものである、その後の一連の分析の最初の試みなのだ。**『新たなフランス』**（一九八八年）は、フランスというひとつの国のケースに限定して、近代における政治的な展開に焦点を合わせたものであるが、それに続く著作のための予行演習ともなっている。プロテスタントの宗教改革以降のヨーロッパの歴史の人類学的な読み直しである**『新ヨーロッパ大全』**（一九九〇年）は、その構想から実現に至るまでに六年ないし七年を要したものだが、『第三惑星』に浴びせられた批判に対する私の総括的な回答となっている。また、アメリカ合衆国、イギリス、ドイツ、フランスにおける移民の受け入れの諸形態の多様性を分析した**『移民の運命』**（一九九四年）は、ポスト・モダンと思われている幾つもの都市とその郊外で、家族的価値が今でも意味をもっていることを明らかにしている。『経済幻想』（一九九八年）は、同様の家族構造の類型をいくつかの資本主義システムに適用したものである。一九八三年には気付いていなかったことだが、一年で構想、執筆された著作である『第三惑星』は、その後一五年間にわたって、研究者としての私を導く道路地図となったのである。暴力的に凝縮されたこの本は、イデオロギー、経済あるいは外国人に対する関係といったその後の私の分析が対象とするすべてのテーマを内包している。

私のこのようなこだわりはどこから出てくるのか、そして間違ってはいないという確信は何によるのだろうか。それはなにも特別な知的傲慢さによるのではない。自分の過ちを認めるということが、私にとってはなんら心理的な問題にはならないということをこの序文の末尾でお示しできるだろう。家族に関する仮説についての私の確信は、研究と証拠の確定のプロセスそのものに支えられているのだ。歴史的に先行する外婚制共同体家族型の存在と近代における共産主義イデオロギーの定着との間の関連性に気が付いたとき、私が持ち合わせていた人類学的な情報は部分的なものにすぎなかった。私が理解していた家族システムについての概要は、ロシア、中国、トスカーナ、セルビアの共同体家族、フランス北部の平等主義核家族、イギリス、アメリカの絶対核家族、さらにはドイツ、日本、スウェーデンそしてフランス南西部の直系家族についてのものであった。しかし、地球上のその他の地域については、全くの白紙状態であった。したがって、その後六カ月間、私は人間博物館の図書館に閉じこもり、私がまだ知らなかった家族構造を分類し、それら一つひとつを、神秘を前にするかのように確信を持てない不安のなかで検証しなければならなかった。私の仮説を無効にしてしまう家族構造が、いつどこから現れてきても不思議ではなかったのである。ヴェトナムの共産主義の背後に、共同体型ではない家族システムが姿を現わしてきたかも知れない。タイの反共産主義の背後に、ロシアもしくは中国の農民家族の構造に類似した構造を確認し、南インドのケララ州の共産主義的な特徴が、人類学的な特性とはなんら関係はないと悟ることになったかも知れないのだ。

ヨーロッパの中心部から南へ、アジアからラテン・アメリカへと進められたこのサスペンスに満ちた解読の作業が長期に及ぶうちに、私のなかには次第に、この仮説が実に強力に機能しているという確信が根付いていったのである。私の仮説が根底的に間違っていることを示す事態に何度直面してもおかしくはなかったのである（そういう事態に一度でも遭遇すればこの仮説の有効性は崩壊するのだが）。その単純さ故に社会科学では例外的なこのような状況は、科学的な検証としては実は通常のものにすぎないのだ。

直感というもの、つまり少数の事例から導き出された仮説というのは、すべての事例と突き合わせて検証されなければならない。そのようなやり方を行なうことが出来たのも、主要な政治イデオロギーがそれぞれ図式的で規格化された性格をもっていたこと、そして家族モデルを描写するための実証済みの技術が既に存在していたことによるのである。十九世紀中葉からル＝プレー[*7]によって始められた研究は、一九六〇年代末にはその問題提起がケンブリッジのピーター・ラスレット[*8]によって受け継がれていた。それに加えて一九七〇年代には、アングロ・サクソン系の社会人類学が、第三世界の様々な農村社会の血縁関係だけではなく、多様な家族の在り方についての実証資料を大量に生み出していた。これらの成果が、私の仮説の検証に必要な諸概念と実証的な資料を準備してくれていたのだ。この領域を専門としない方々には、次のことを知っておいていただきたい。つまり、ロシア、中国、インド南部、日本そしてアラブの農民家族のそれぞれの性格については、専門家の間で合意ができているということを。事実、私の行った家族形態の描写あるいは家族の類型化についてはほとんど批判はでていないのである。

とはいえ一九八三年の私の本には、幾つかの不完全なデータが記されている。その後、二十世紀初頭のオーストリア・ハンガリーの国勢調査の記録を私自身が直接検証する機会を得たことや、最近発表された他の研究者たちの研究の成果を考慮した結果、今日では、マジャール人の家族構造が、単純に外婚制の共同体家族だとは考えてはいない。中央ヨーロッパの直系家族型と東ヨーロッパの共同体型が接する境界線であるこの地域には、人類学的な形態のかなり複雑な混合型が存在するのだ。しかし、共産主義に対してハンガリーが結んできた関係そのものが両義的であったことを考慮に入れれば、この変更が解釈上の問題によるものではないことを理解することができるだろう。何故ならこの国は、半世紀足らずの間に、一九一九年の共産主義革命と一九五六年の反共産主義革命を経験した唯一の国だからである。『新ヨーロッパ大全』では、ベルギー、ライン河流域、ヴェネト地方〔ヴェネツィアを中心とする〕の特徴を描くために、不完全直系家族型という概念を導入して、直系家族の描写にニュアンスをつけている。

## 人類学的決定論と人間の自由

『第三惑星』が刊行された当時、私に向けられた主要な批判のひとつは、下部構造としての家族システムと上部構造としてのイデオロギー形態を、かなり機械的に結びつけるこのモデルの決定論に対するものであった。一九八〇年代の初頭は、ときまさに史的唯物論の凋落の時代であったのだ。多くの人々にとって、ひとつの決定論から別の決定論へと鞍替えすることは論外であり、階級への所属から解放されたと思いきや、家族の伝統に縛られるなどということは許せないことであった。実際、単純な説明で理解することができるという考えそのものが、信念の単純さから解放されたと感じ、世界と生命に複雑さを発見しようとしていた人々にとっては耐え難いものと映ったのである。この時代の思想の流行は、モラン[*9]やアトラン[*10]に追随するように〈複雑性〉であり、〈システミック〉であったのだ。

また私が講演する度に、またしても人間の自由が度を越した科学によって否定されているとする発言を一度ならず耳にしたものだった。その後、偏狭なまでにネオ・リベラリズムへと傾斜していくことになるこの時代の精神は、概ね絶対自由主義的であった。だがこのような批判は、正当であると同時に間違っているのである。イデオロギー的な傾向を経済的な層状構造もしくは家族構造から導き出すことは、それぞれ論理的には類似した操作である。だがマルクス主義モデルと人類学モデルとの間にある確実な相違は、前者が観察された事例を説明できないのに反して、後者はそれが可能であるという点である。共産主義革命は、成長した労働者階級を有する工業先進諸国では実現しなかった。共産主義革命のすべてが、伝統的な農民家族が外婚制共同体家族である国々で生起したのである。このような事実と歴史のデータは、マルクス主義の仮説を否定しており、人類学の仮説を根拠づけているのである。

このような結論は、人間の自由にとって絶望的なものであるだろうか。私はそうは思わない。第一に、この人類学モデルは、システムとシステムの間の統計的な関係の存在を示唆するものであって、個人のレベルでの絶対的な拘束力を意味するものではないのである。家族システムは、人口のなかの一定の割合のひとびとがかくかくしかじかの行動パターンをとるように予め条件づけているものなのであり、特定の個人が、特定のやり方で思考するように拘束するものでは決してないのである。ましてや、識字化の過程で、共同体型の家族構造をもつ地域では、人口のうちの絶対多数が共産主義に好意的であるなどと主張するものでは決してない[*11]。マルクス・レーニン主義の政党が、選挙で絶対多数を獲得したことは、いかなる国においてもいまだなかったのである。大衆社会が誕生し、得票率が四〇%を越える状況が出現したとき、ボルシェヴィキ型のクーデタがほとんど避けがたいものとなったのは、共産主義のイデオロギーを支持するひとびとの優れた組織力によるものであった。逆に自由主義イデオロギーについては、家族構造による決定作用と自由への夢との間の葛藤を強調して語ることもできるのである。『第三惑星』では、イギリスとアメリカの自由概念は進歩によって誕生した普遍的なものではなく、ある特定の決定作用がもたらしたひとつの結果として説明しているのである。いわば絶対核家族の中で形成されたアングロ・サクソン世界の平均的な個人は、予め自由へと条件づけられているのだ。戯画化していうならば、そこでは権威主義は許されてはいないのである。

都市化と文化的な近代へと移行する第一次過渡期を後方に残して進みつつあった世界のなかで共産主義が崩壊したことは、自由の価値の進歩を意味するものであったことに異論はないであろう。だがそのことで、家族構造とイデオロギー形態との関連性の議論が意味を失ったのだろうか。『第三惑星』と『世界の幼少期』で私が試みたことは、近代化の段階を通して、農民家族の構造の多様性が、イデオロギー的な選択における多様性を引き出してきたことを単に確認することであった。だがこの時点では、家族の諸形態は進化し、炸裂することで核家族の理想に向けて収斂していくのだ、という考えに敵対していたわけではまったくなかった。つまり人類学的な多様性の減少が、いずれは自由主義へと収斂する方向で各国を歩み寄らせることになるだろうという考えに批判的であったわけではないのである。

だがはたして、ロシア、中国あるいはセルビアの共同体家族の価値が消滅したと本当に断言できるのだろうか。いやむしろ、新たな歴史的な文脈のなかで、共同体家族の価値は、逆に資本主義社会、あるいは伝統的にリベラリズムの社会と今日もなお懸け離れたこれらの国々の再編の行方に様々な困難を既に創り出しているのではないだろうか。共産主義からの離脱が単純に進んでいるところは、人類学的基底が核家族型であるポーランドや直系家族型であったチェコのように、共産主義が押しつけられたものであった国々に限られているように見える。その他の地域では、共同体家族の直接的な拡張形態である集団やマフィアが数多く台頭し、ナショナリズムの全体主義的な諸形態が隆盛を極める一方で、経済機構の方は競争原理による市場とは反対の、脱貨幣化により近づいている様相を呈している。現在では、人類学的な多様性は、都市化と伝統的な農民家族の消滅にも拘わらず生き延びるものだと私は考えている。『移民の運命』では、原理的には消え去ったはずの家族構造からくる平等あるいは不平等の価値が、どのようにアメリカ合衆国における黒人たちに対する執拗なまでの隔離状況を生み出しているのか、またイギリスとドイツにおける特定の移民の子供たちに対する差別的な対応をどのように支えているのか、そしてフランスにおける同化主義の活力をどのように創り出しているのかを示そうと試みた。さらに最近の『経済幻想』では、アングロ・サクソン世界の個人主義的で消費型の資本主義とドイツあるいは日本の統合的で生産型の資本主義とに明瞭に分かれるふたつのタイプの資本主義の存在が、絶対核家族と直系家族との対立を経済的な表現として具現化したものであることを示唆している。

アメリカ合衆国における黒人女性たち、ドイツにおけるトルコ系移民の娘たち、そしてイギリスにおけるパキスタン系の移民の娘たちが他の共同体出身者と結婚する比率は二%に満たない。それをフランスにおけるアルジェリア系の移民の娘たちのそれが二五%を越えるケースと比較することによって、私は人類学的な決定作用の抵抗がそこに機能しているという結論に到達したのである。心的な母型がそこに在り、それは進歩によっても消し去られることなく、開闢の時代から引き継がれ、経済のさまざまな変容をくぐり抜けてきているのである。いやそれどころか、減少する気配すらみせないアメリカの貿易赤字や膨大な日本とドイツの貿易黒字といった幾つかの経済的な異常行動を説明してくれるのが、人類学的条件なのである。このような私の知的なレベルでの判断を導き出しているのが、事実の観察と経験主義的な基礎的な原則である。しかし哲学的には、人類学的システムが永続してしまうことを私は残念に思っているのである。

倫理的な判断をもって、さまざまな決定作用の現実を否認する権利を人は有しているのだろうか。普遍的な重力の存在を確認した科学者はファシストなのだろうか。重力は間違いなく自由に対する障害である、なぜなら人間が空間のなかを自由に浮遊するのを妨げるものだからだ。だが重力は存在しないと宣言する者が何かから自由になるのだろうか。そのような科学者は、確実に重大な事故に遭遇する危険を冒すことにはなっても、その倫理的な姿勢によってスーパーマンに変身することはないのだ。反対に、重力現象を認めモデル化する者は、飛行機を発明し、ひいては月への到達を目指すことができるのである。また、死についてはどうだろう、人間の自由の完全さを妨げるこのもうひとつの障害については。死が存在しないと宣言する者は、確かに、宗教を開くだろうが、知と政治の領域においては、必ずしも実際的かつ現実的な自由主義者ではない。彼は聖書の真理の名においてダーウィンの進化論を否認する世界創造論者に近い古い蒙昧主義者でしかありえないのである。

仮にこの人類学的な仮説が広く受け入れられていたならば、かつて共産主義を支えていた共同体家族の価値体系が集団主義的な国家形態となって再現されかねないということを、予見できたのではなかろうか。とりわけユーゴスラヴィアにおいてはこの集団主義的な形態が血で血をあらう衝突を引き起こしたが、私たちは受け身な観客として、涙に暮れながらも何もできなかったのである。また、自由主義の経済政策をロシアに適用することによって、ロシアの男性の平均寿命を五十七歳まで引き下げることになるということを予想できたのではないだろうか。理解することを拒否すること、それは予測する能力を拒否することを意味するのである。

『第三惑星』では、近代化の段階における直系家族の活力に満ちていると同時に病因ともなる性格に焦点を当てるとともに、それがナチズムの起源において重要な役割を果たしたことをも指摘している。このような仮説を考慮していたならば、悲劇的な結果をもたらす幾つかの政治的な誤ちを避けることができたのではないだろうか。とりわけもう一つの民族大量殺戮であったルワンダでの悲劇を。フツ族とツチ族の家族構造は、ドイツ人とユダヤ人がそうであるように、直系家族で不平等主義的であり、それは、この国の農村地帯の優れた集約性の高さが示しているように社会的な効率性を実現することを可能にする特質を持っていると同時に、人種差別的になりかねない差異に対する強迫観念をも持っていることを意味しているのだ。

共産主義崩壊後の文脈において現存する全体主義体制の一例を創り出している中国型家族の途方もない権威主義的で平等主義的な性格を考慮に入れるとき、善意と貿易を組み合わせながら北京と交わされる人権問題についての議論が、それに相応しいカテゴリーのレベルで行われていると確信できるだろうか。

イスラム世界において常に高い頻度で行なわれたいとこ同士の結婚が、都市化と識字率の上昇にも拘わらずこの西暦第二千年紀末になっても低下しないということを知っておくこと、また内婚制共同体家族の抵抗と原理主義の台頭との間には関係があるということを理解しておくことは有用なのではないだろうか。パキスタン、イラン、アフガニスタンまたはアルジェリアについての極めて政治的な見方から、一体どのような具体的な自由を、我々もしくは彼らのものとして引き出すことができるだろうか。フランスの住民がもっているかなり女性の地位の高い血縁システムとマグレブ系の移民の内婚制父権主義の血縁システムとの間にある潜在的な葛藤の存在を知らないことによって、フランス社会へのマグレブ移民の子供たちの受容がより容易になっただろうか。そのことで、国民戦線のイデオロギー基盤の減少が実現しただろうか。エレクトロニクス時代のコミュニケーション手段によってグローバル化され、狭くなった地球上では、人類学的な誤解のなかで生きることは許されない。お互いに何者かを理解しないまま接近するということは、長期的に見れば、紛争と禍を保証するようなものなのである。

無意識という概念に依拠しているという点でかなり精神分析と類似しているこの人類学的モデルは、精神分析がそうであるように人間の自由についてのより合理的でより有用な理解の仕方に行きつくだろう。フロイトにとって、個人の無意識の決定作用についての知識は、非合理的なメカニズムへの服従を意味するものではない。楽観的な見方からすれば、精神分析は根本的な解放の可能性を示唆するものである。実用的な見方からすれば、それは心的葛藤のより良い管理ということに尽きる。それもやはりある程度の自由の獲得を意味しているのである。[*12]

個人相互の関係の唯一のシステムを想定した古典的な精神分析の認識に、この人類学的仮説は、イデオロギー的気質の多様性を説明できる唯一のものとして家族構造の多様性という観念を追加しているのである。ともかく重要なのは、決定作用を理解するのは、その作用から逃れるためであり、絶対的自由では決してあり得ないながらも、より大きな自由へ向けて進むためであるということである。

## 性急さと暴力性

『第三惑星』について一言。この著作が、性急で荒削り、また集団的な信念を執拗に戯画化してみせる点ではときには残酷ですらあることは議論の余地はない。わずか数百ページをもって、人類のイデオロギーの歴史を意味を持たないものとして提示しようとしたことが人々にショックを与えたのだ。しかも、私が家族構造の分析の専門家であることを読者に知らせるという用心を怠ったばかりか、一九七六年にケンブリッジ大学で審査を経た「工業化以前のヨーロッパの七つの農民共同体」と題する私の博士論文を、そのかなり充実した資料目録のなかに書き加えなかったからなおさらである。当時の私は、トスカーナ地方、ブルターニュ地方、アルトワ地方[*13]そしてスウェーデン南部地方の村落における家族構造と地理的な移動性の分析に当てられたこの論文が、まだ余りに経済主義に影響されているという意識をもっていた。論文の指導教授は、家族構造の分析の権威であるピーター・ラスレット、そして二人の審査員のひとりが歴史人類学の重要な分析の著者であるアラン・マクファーレン[*14]であった。ラスレットは工業化以前のイギリスの家族が既に核家族型であったことを明らかにした分析を著していた。マクファーレンは、『イギリスの個人主義の起源[(2)]』によって、家族構造が核家族型であることとイギリス人の性質としての個人主義の間に関係性を見出していたのであった。ところが私は、自分の研究が——ラスレットが私の結論に賛成していないとはいえ[*15]――ケンブリッジ学派ともいえる歴史人類学の一連の仕事の連続線上に位置付けられるものであったことを明記しなかったのだ。この言い落としは、『イデオロギーの説明』The Explanation of Ideology という、より明快なタイトルで一九八五年に出た『第三惑星』の英訳の刊行の際には修正された[(3)]。

このような『第三惑星』の書き方と出版の性急さは、加速度的なリズムで様々な家族構造を目録化していた歴史学と人類学研究の進歩の非常な速さに原因するものであった。共産主義と外婚制共同体家族との間の一致は、私の目には明白なものであった。そこで私は数多くの研究者たちにも、明白なものとして速やかに受け入れられると想像していたのである、結局のところ、私はあらゆる科学者がそうであるように、〈先を越される〉ことを恐れていたのである。社会諸科学の調和的な発展に関する私の楽観主義は、このとき頂点にあったのである。

イギリスから寄せられた批判は大部分が大学人の手になるもので、家族に関する研究全般との関連を踏まえたものだったが、それらの批判のほとんどが指摘したように、このような分析の証明の仕方が性急なだけではなく、暴力的なものであったこともまた事実である。ある種の家族型の病因的な性格、さらには母親の役割の両義性についての幾つかの論証が、科学的な実証なのか、個人的な体験なのか定かではない認識の仕方を思わせるものともなっている。著者は三十歳を過ぎたばかりであった。

イデオロギー的な幻想に対してこのように喜々としてまた残酷なまでの告発を突きつけたことそのことは、当時の文脈に置き直して見なければならない、当時は現在も抜け出すことのできない経済的停滞が始まっていたにも拘わらず、状況は楽観的であったのだ。当時は、様々な集団的な信念の崩壊が、社会の分断化をもたらし、職を得られない若い人々を郊外に封じ込めてしまい、パリのエスタブリッシュメントが自分たちの村社会に閉塞してしまうことになろうとは、想像もしていなかったのだ。本格的な後退が起こり得るなどとは、思ってもいなかったのだ。『世界の幼少期』での進歩の描き方は、断固として楽観的なものとなっており、成人のすべてが読み書きができるようになっている世界の情景を描き出して終っている。このような目標は現在、第三世界では達成されつつある。ところが、先進社会において、なかでも最も重要なアメリカにおいて逆の兆候が見られるのである。一九六三年から一九八〇年にかけて、アメリカ合衆国における教育レベルは低下に転じたのである。この重大な現象は、一九八三年には認識されることができたはずだが、私個人は、一九九八年の『経済幻想』で初めてその影響を確認し理解することができたのであった。一九八三年の時点では、左翼の伝統的イデオロギーを揶揄すること、それは右翼のニヒリズムに落ちていくことを意味するものではなく、様々な拘束を逃れることでさらに自由なより良い未来へ向けて進むことを意味していたのであった。たとえ残酷ではあっても、すべての真理に耳を傾ける価値があったのである。私が真にイデオロギー的な感化を受けたのは、十九世紀の反動的な社会学者であったル＝プレーではない。私が彼の仕事を利用したのは、純粋に技術的な意味においてである。私にイデオロギー的ヒントを与えたのはあのライザー[*16]その人だった。彼は性の革命やフランス共産党のプロレタリア独裁放棄に対して情愛と皮肉のこもったコメントを著した人であった。時代は軽佻であり、私自身、そのわずか前に、ニューギニアの社会のなかで流通する精子についてのモーリス・ゴドリエの質の悪い本について、「精子通信社会」(spermissive) と題したお道化た論文を書いたことを覚えている。それを『ル・モンド』の紙上でやったのだ。その他にも色々と楽しんでいた。エイズが性の自由を悲しさと恐怖で変質させることになり、一九八四年には国民戦線が、ほとんど何もないところから台頭してこようとしていたとは、だれも知らなかったのである。そして株式市場には誰も関心をもっていなかった。とりわけ、子供の教育と社会の進歩には最低限の自己規律と家族的な拘束が必要なのだ、ということを忘れてしまっていたのだ。この観点からは、女性の地位の高い権威主義的な家族システムがもつ文化的な潜在力の大きさを、ことさら熱狂することなく誠実に測定している『世界の幼少期』は、この当然のことが再び省みられるための第一歩でもあった、といえる。

## ふたつの科学的な誤謬

『第三惑星』は、二つの誤謬を含んでいる。しかしそのいずれも、そこに示されたモデルの核心を揺るがすものではない。そのひとつは、説明のための変数として結婚年齢を使用していることであり、もう一つは、家族構造によるイデオロギーの決定作用のはるか以前、人類学的類型そのものの起源に関わるものである。

結婚年齢を直系家族のなかの副次的な類型を識別するための二次的な独立変数として使用することは、『フランス社会学研究』*Revue française de Sociologie* に掲載された批判的分析のなかでアンリ・マンドラースが指摘しているように、十分なものではない[4]。結婚年齢は重要であり、『世界の幼少期』で展開されたテーマである、識字化率と強い相関関係を持つものではあるが、厳密には独立した変数ではない。教育と結婚年齢という一組のブロックの中では進歩に向かおうとする人間精神の傾向そのものが、定義は曖昧であっても、まさに独立した変数なのである。さらに、結婚年齢について当時私が理解していなかった重要なことは、それが宗教上の変化の影響を強く受けるということである。宗教システムは、ある程度はイデオロギー的なものであり、それ自体が、家族構造に内在する諸価値を反映しているものだが、別の次元では進歩の速さを大きく決定する独立したひとつの変数でもあるのだ。プロテスタンティズムは、大衆の識字化を後押ししたが、反改革であったカトリシズムはそれに対立したのである。私は、『新ヨーロッパ大全』では、この誤謬を大幅に修正することができたと考えている。『新ヨーロッパ大全』は、様々な社会の人類学上の三極構造を、はるかに微妙な差異を浮かび上がらせるかたちで定義している。その三極構造は、家族構造にそって構成されながらも、農地制度と密接な関わりをもち、宗教システムとの絶え間ない相互作用のなかで構成されるのである。

『第三惑星』の第二の誤謬は、このモデルそのものを丸ごと包み込んでいるものであり、かくも多様で矛盾した家族構造の起源に関わるものである。私は、当時の文脈で悪意の決定論とされたこの家族構造によるイデオロギーの解明を提示しただけではなく、その上、家族型の地理的分布は偶然のものであり、環境や歴史とは何の関係もないものだと主張して、その決定作用をこぼれた油の上に浮かべようとした。家族に対するこのアイロニカルな視線は、家族構造がイデオロギーに及ぼす影響を明らかにした反面、六八年世代の著者の性癖を露呈させてもいたのだった。

家族構造の起源に関する私の説明は、私の出版者であり共犯者であるジャン＝クロード・ギィユボーを納得させるにはほど遠いものだった。彼は次のように言い続けた。「あなたの家族システムは一体どこから来たんだろうか。いずれその問題と取り組まなければならないね」。言語学者で、中国の方言とアジアの諸言語の系譜学の専門家である友人のローラン・サガール*17は、私の家族システムの類型の地図が偶然できた配置などではなく、類型の起源とその論理についての何か単純で明解なものを表している、ということを私に気付かせてくれたのだ。「周辺地域に旧いものが残る」という言語学的な原則が、東ヨーロッパからヴェトナムに至り、またモンゴルからアラブ世界に及ぶ――内婚制であれ外婚制であれ――「ひと続き」になっている共同体家族地帯の存在の理由と、もうひとつ、この共同体家族地帯の両端に存在するドイツや日本の直系家族の地域、さらにその先の周縁部に、イギリスやフィリピンの核家族型が存在するという配置の理由を説明してくれるのである。このような配置は、ひとつの同質のシステムのなかに或る時点で生起した革新が、中心的な場所を基点にして広がり始め、観察された別の或る時点ではまだそれがこのシステムの周辺地域には到達していないという状態を想起するものである、というのだ。数日間に及ぶ知的な抵抗の末、私は、自分で採集しながら理解できていなかったこれらのデータについてのこのような解釈の有効性を認めざるをえなかった。その後、ローラン・サガールと私は、旧世界に在住する二〇七の民族についてのサンプルを補充して詳細なひとつの論文を『ディオジェーヌ』誌（*Diogène*）に発表した(5)〔本書所収〕。共同体家族の諸類型は、そのほとんどのケースが父親および妻帯の息子たちを集団の組織の中核に据える父権制の構造物である。したがって、共同体家族型の伝播は、父権原理と男性優位の伝播をも意味しているのである。このような解釈は、父権制の段階に先行する母権制の存在についての強力で、ときには逸脱した考察である『母権制』のなかで、一八六一年にバッハオーフェン[*18]によって開かれた古典的な人類学上の論争につながるものである。私が、ローラン・サガールとともに行なったこの分析は、多くの進化の後、さらに或るかなり古い時代に、女性に与えられていた高い地位（しかしバッハオーフェンが考えていたような支配的な地位ではない）が低下するという変化を経験したという仮説の信憑性を確認するものとなっている。このような解釈は、個人主義的な核家族と近代とを結びつける古典的な社会学諸理論に馴染んでいるひとびとには驚愕すべき認識に至りつくことになる。中心部における変化として発生した共同体家族の伝播という仮説は、核家族類型を、反対に、原初的なものとして定義するに至るのである。

共同体家族システムの起源に関するこの〈伝播理論〉による仮説は、哲学的には極めて私の好むところのものである。何故ならば、それは家族型によって分断されている人類の一体性を回復するものだからである。諸家族システムの起源の問題、さらには自由または権威、平等または不平等、外婚制または内婚制という基本的な価値の出現の問題が、私の現在の研究の中心課題である。

この序文を結ぶにあたって、『第三惑星』、『世界の幼少期』、『新しいフランス』、『新ヨーロッパ大全』そして『移民の運命』の出版者であるジャン＝クロード・ギィユボーに心からの感謝の念を捧げたい。彼は、この冒険を始めたばかりの私を私自身から守ることに完璧に成功したとはいえないとしても、その後、さまざまな障害を私から遠ざけてくれた。彼の弛まない励ましなしでは、私はここまで来ることはできなかっただろう。

『世界の幼少期』は、初版でロールに捧げたように、今回も彼女に捧げる。『第三惑星』については、何も記さなかったが、この再版で、私の母アンヌ＝マリーの思い出に捧げたい。

### 原注

（１）『リベラシオン』、一九八三年一月十八日付け。
（２）Alan Macfarlane, *The Origins of English Individualism*, Blackwall, 1978.
（３）『世界の幼少期』は、一九八七年、同様により明快なタイトルである『進歩の諸原因』The causes of Progress として翻訳された。両方ともに Blackwall から刊行。
（４）Henri Mendras, *Revue française de Sociologie*, Juillet-septembre 1984, XXV-3, pp. 484-489.
（５）〈Une hypothèse sur l'origine du système familial communautaire〉, *Diogène*, no 160, octobre-décembre 1992.

### 訳注

＊１　Pierre Chaunu——歴史家、『歴史のデカダンス』大谷尚文訳、法政大学出版局、一九九一年、『自由とはなにか』西川宏人、小田桐光隆、大沢善朗訳、法政大学出版局、一九八五年。
＊２　Emmanuel Le Roy Ladurie——歴史家、『新しい歴史——歴史人類学への道』樺山紘一（他）訳、新評論、一九八〇年、藤原書店、一九九一年、『ラングドックの歴史』和田愛子訳、白水社、一九九四年、『気候の歴史』稲垣文雄訳、藤原書店、二〇〇〇年。
＊３　Henri Mendras——社会学者、『農民のゆくえ——フランス農民社会の変動と革新』津守英夫訳、農政調査委員会、一九七三年。*Les champs de la sociologie française, études réunies*, Michel Verret, Armand Colin, 1988.
＊４　Jean-François Revel——歴史家、『グローバル・デモクラシー』荻野弘己訳、青土社、一九九七年、『民主主義国の終焉——宿命の東西対決』後藤敏雄・大沢敏雄訳、芸艸堂、一九八七年。
＊５　Michel Polac——ジャーナリスト、公共放送のテレビ局であった〈ＴＦ１〉で、土曜日夜に放送されていた討

論番組〈Droit de réponse〉の司会者。出版から芸術・文学、思想、社会、政治、経済に至る幅広い問題を、調査にもとづいて議論をつくっていくそのやり方は十分挑発的なものであった。一九八七年、〈TF1〉はゼネコン企業のブイーグ社に民営化された。その後もこの番組は存続したが、間もなくブイーグ社の公共事業受注にまつわるスキャンダルを扱ったために廃止に追い込まれた。

*6 Maurice Godelier――人類学者『人類学の地平と針路』山内昶訳、紀伊國屋書店、一九七六年、『経済人類学序説』今村仁司訳、日本ブリタニカ、一九八〇年。

*7 Frédéric Le Play――社会学者、*La réforme sociale en France de l'observation comparée des peuples européens*, Genève, Slatkine, 1982 ; *La Méthode sociale : abrégé des «Ouvriers français»*, Méridiens Klincksieck, 1989.

*8 Peter Laslett――家族構造研究の第一人者、ケンブリッジ大学教授、『ヨーロッパの伝統的家族世帯』酒田利夫・奥田伸子訳、リブロポート、一九九二年、『われら失いし世界――近代イギリス社会史』川北稔・指昭博・山本正次訳、三嶺書房、一九八六年。

*9 Edgar Morin――社会学者、『意識ある科学』村上光彦訳、法政大学出版局、一九八八年、『方法1～4』大津真作訳、法政大学出版局、一九八四、一九九一、二〇〇〇、二〇〇一年、他。

*10 Henri Atlan――生物物理学者、『正も否も縦横に――科学と神話の相互批判』寺田光徳訳、法政大学出版局、一九九六年、『生命科学と生命――知識と世論のはざま』カトリーヌ・ブーケ共著、仲沢紀雄訳、国文社、一九九六年。

*11 十九世紀の文脈のなかで、実証主義科学と社会、人間そして自然の関わりの可能性についての認識のなかに文学を位置付けたエミール・ゾラに向けられた批判が、決定論批判の形式をとっていたこと、さらには二十世紀においてエミール・ゾラを近代的な知識人の創始者と評価するピエール・ブルデューへの批判が、同様に決定論批判の形式をとっていることは、決して偶然の一致ではない。ひとつのイデオロギー上の系譜が継承されていることを見逃してはならない。

*12 ピエール・ブルデューのような社会学者が『世界の悲惨』のような仕事を、社会そのものの精神分析として位置づけていることは注目に値する。また社会が個人の行動、志向をどのように条件付け、拘束しているのかを明らかにし理解することが、そこから自由になる唯一の可能性を提供してくれるという彼の認識が、トッドの人

類学の仮説に関する認識と呼応することは興味深い。このことはさらに、家族・遺伝、社会階層、歴史という条件のもとで、拘束され、条件づけられている人間が、唯一そこから自由になれる可能性があるとすれば、それらの条件を明らかにし、理解することを通してなのだとするエミール・ゾラの認識へとつながるものでもある。

＊13　フランス北部、現在のパ・ドゥ・カレー県に当たる。

＊14　Alan Macfarlane――『再生産の歴史人類学――一三〇〇～一八四〇　英国の恋愛・結婚・家族戦略』北本正章訳、勁草書房、一九九九年、『資本主義の文化――歴史人類学的考察』常行敏夫、堀江洋文訳、岩波書店、一九九二年。

＊15　二〇〇〇年六月一四日、東京日仏学院での講演の際、エマニュエル・トッドは、自らの博士論文の結論に関するピーター・ラスレットとの意見の相違が、家族構造そのものに対する両者の根本的なスタンスの違いに由来していたことを明らかにしている。イギリスに見られる絶対核家族型の構造が普遍的に存在するというラスレットのスタンスに対して、ヨーロッパの七つの地域の農民家族の構造の多様性の存在を実証するものとなっているトッドのそれが対立するかたちで生まれた認識の相違であったと指摘している。

＊16　Reiser――風刺漫画家。

＊17　Laurent Sagart――フランス国立科学研究所研究員、言語学者。専攻は中国の方言およびアジア諸言語の系譜学。論文に “Old Chinese and Proto-Austronesian evidence for Sino-Austronesian”, *Oceanic Linguistics* 33, 1994、著書に *The Roots of old Chinese*, Amsterdam, John Benjamins, 1999 がある。

＊18　Johann Jakob Bachofen――『愛情論』富野敬邦訳、万里閣、一九四六年、『母権制――古代世界の女性支配に関する研究――その宗教的および法的本質１、２、３』岡道男・河上倫逸監訳、みすず書房、一九九一、一九九三、一九九五年。なお一八六一年に刊行された『母権制』は、エンゲルスの『家族・私有財産・国家の起源』（一八八四年）の第四版の序文（一八九一年）で家族史研究の嚆矢として詳しく言及されているが、アイスキュロスの悲劇『オレステイア』等ギリシャ神話を通して、母権から父権への変化を探ろうとした分析がよく知られている。

# 第Ⅱ部　トッド日本で語る

# グローバリゼーション下の世界を読み解く

## エマニュエル・トッド

石崎晴己編訳

このテクストは、「現代世界をいかに読み解くか――人類学的システムとマイノリティー」と題して、二〇〇〇年六月二一日（水）に立命館大学にて、また六月二三日（金）に青山学院大学にて行なわれた講演の記録である。二つの講演は基本的には同一の準備原稿に依って行なわれた。もちろんトッドのことであるから、実際の講演は自由闊達に展開させたわけだが、それでも内容的には大幅に重複するものであるため、記録としては一つだけを掲載することにした。その際、青山学院のものを基準としていることをお断りしておく。通訳には両方共に石崎が当った。立命館では、国際情勢についての興味深い質問が学生より出された。青山学院では、一般参加者や国際政治や経済学関係の教員からも活発な質問が、日本語、フランス語、英語にて提出された。英語の質問には、トッドは英語で答えたことは言うまでもない。

## 世界は均質化したか

ただいま石崎氏よりご紹介頂いたわけですが、石崎氏は私を完全に理解して下さっていますので、このご紹介が立派なものであったと確信しております。とりわけ『最後の転落』についての言及があったようですが、この本のお陰で私は、預言能力がある、未来を見抜く力があると考えられているようでして、この本を書いてからは、将来に関してあることないことを述べても納得して頂けるという権利を手にするということに快適な立場にあります。(笑)

今日お話ししようとするのは、グローバリゼーション(フランス語では「世界化《モンディアリザシオン》」と言いますが)が進行する今日において横行している、いくつかの常套句についてです。つまり世界はいくつかの単純な価値を中心として統合されて行く、という紋切り型の考えです。この場合、世界というのは、アメリカ、イギリス、フランス、ドイツ、日本のような発展した諸国だけでなく、旧共産主義国や第三世界の一部も含みます。その統合の枠となる共通の価値とは、ヒステリー的な発作にまで達したアングロ・サクソン流デモクラシーの価値であり、経済的にはウルトラ自由主義とまでは言えないにしても、極めて自由主義的な資本主義、政治的には政治的自由、社会的行動としては個人主義であって、これらを共通の価値として統合が進みつつある、ということが言われています。このような極めて自由主義的な資本主義の考えからすると、国家というものは不吉なものであり、ナシオン(nation)というものは自由な経済活動のブレーキ、疎外要因である、ということになってしまいます。

共産主義が存在していた時代には、世界を記述・描写するのは簡単でした。カテゴリー化を可能にするイデオロギーが存在していたからです。例えば共産主義国があり、純粋資本主義の国があり、あるいはスウェーデンのような社会民主主義国がある、という具合でしたが、いわゆる共産主義崩壊後の現在においてはそのような形のカテゴリー化が非常に困難になっています。世界はそうしたカテゴリーがなくなったかのように見えます。しかし世界をいささか旅行してみると、例えばアメリカ社会の中にいるのと、また一方でドイツとかスウェーデンとか日本のような社会の中にいるのとでは、全く異なる体験なのです。アメリカは個人主義的で動的であり、ドイツやスウェーデンや日本ははるかに規律化された世界で、雰囲気は全く違うのです。どうしてそういうことになるのか。これはなかなか説明できません。少なくともかつてのイデオロギーの違いのような形で明快に説明することはだれもしていません。これをどのように説明するかについて、私はお話しする積りです。

私は家族構造の専門家で、伝統的な農民の家族の家族制度を研究したわけですが、その結果、全世界の家族構造の多様性を突き止め、確認しました。またそうした家族構造の多様性が、世界のイデオロギーの差異というものに対応しているということ、さまざまな社会が近代に入るに際してこれこれのイデオロギーを産み出したのは何故かを説明することを、家族制度というものが可能にしてくれるということを突き止めたのです。例えば何故ロシアは共産主義であったのか。何故フランスはフランス大革命の際に自由と平等の観念を産み出したのか。何故アングロ・サクソン世界はもっぱら自由主義のみの世界になったように見えるのか。あるいは日本やドイツといった社会はどうしてより権威主義的なイデオロギーを産み出したのか。私はこの講演の中でそうしたことにもちろん触れる積りですが、さらに今日でもなお、こうしたかつての家族制度の多様性というものが世界の多様性を説明することを可能にする、と考えています。そこで私は二つの例を挙げる積りです。一つは資本主義のあり方にも違いがあるという点。アングロ・サクソン的資本主義と、ドイツや日本のより組織立った資本主義との間に存在するかも知れない差異について、お話しします。その次に移民現象の分析を行ないます。ヨーロッパの先進国における移民現象についてお話し、同じ先進国なのに、移民に対する態度が一つに収斂して行かないことを、示す積りです。何故フランス、ドイツ、イギリスという主要な移民受け入れ国において移民に対する態度が非常に異なるのか、これについてはきちんと説明することができるのです。

## 四つの家族型

今から黒板に、かつての伝統的農民家族の発展サイクルの概念図を描いてみます（「トッド人類学の基礎」図1「家族型の特徴」二二ページ参照）。これは男、これは女です。このカップルが二人の子供を作るという風に単純化します。そこでこれから四つの家族サイクルをお見せします。まず北フランスの家族型（平等主義核家族）。大革命の前夜におけるパリ盆地の農民とお考え下さい。息子たちが結婚年齢に達すると、彼らは家を出て、結婚して、同じように子供を作る。つまり新しい家族を創設するわけです。両親が死ぬと、遺産は平等主義的な形で均等に分けられます。したがってこの家族の組織原則は、親子関係は自由主義的、兄弟関係は平等主義的であるということが言える。このシステムは北フランス、スペイン中央部および南部、イタリア北部および南部に分布しており、要するにこれはラテン世界に典型的で、ローマ帝国の遺産と考えることができます。

フランス革命の前夜において、パリ盆地の農民たちが文字を読むすべを手に入れた、つまり識字化された時に、彼らは自由と平等の価値を大革命を通して表現することになるわけですが、それは啓蒙思想家たちの著作の中にそれが謳われていたからというだけでなく、彼ら自身の家族構造の中心にそうした価値が存在していたからなのです。

次にイングランドの家族制度（絶対核家族）で、イングランド、オランダ、デンマークの大部分、それにもちろんアメリカがこれに属すわけですが、この家族制度については別の図を描く必要はなく、同じ図で済みます。子供たちは成人すると家を出ますが、ただし遺産相続の際に平等主義的な分配が行なわれません。両親が遺言を用いて自由に、両親の好きな形で遺産を分けることができるのです。

ここには根本的価値としては唯一自由のみがあります。十七世紀のイングランド、次いで十八世紀のアメリカが自由を核心とするイデオロギーを産み出したのは、自由という価値が家族制度の中にもともと存在したからなのです。イギリス人は、フランス人の自由という理想は受け入れたのに、平等の理想を受け入れるのははるかに困難でした。フランスとイギリスは自由という共通の文化を持っていますが、平等という点ではこの二つの文化は区別されます。そのような差異は、イデオロギーとしてあらわれる以前に、家族制度の中に存在したのです。

今度は非自由主義的な家族制度についてお話しますが、まずドイツ、スウェーデン型の直系家族です。これは両親が子供を作り、その息子たちのうちの一人が結婚し、家に残り、最終的には遺産を相続する、というものです。他の息子たちは家を出て、他の場所で運命を切り開くわけです。これがいわゆる直系家族で、英語では stem family「株家族」と呼ばれるものです。この家族制度の基本的価値はまず第一に権威です。子供が両親の権威の下に残るからです。第二の基本的価値は不平等です。息子たちの扱いが不平等であり、兄弟関係が不平等であるからです。

これはヨーロッパ大陸のあちこちに広く分布する型で、ドイツ、スウェーデン以外にも、ウェールズ、アイルランド、イベリア半島北部、フランス南部（いわゆるオック語地方）にも分布します。これらの直系家族地帯は、近代に入ってから、フランス、イギリス的な自由主義的理念に抵抗を示した地帯で、そこで興隆したイデオロギーは、より権威主義的で、より個人を統合する底《てい》のものです。しかし非常に多様な形があり、ドイツ、スウェーデン流の社会民主主義、あるいはキリスト教民主主義、また危機的局面においてはナチズムというような形態を取ったわけですが、いずれにせよ自由主義への抵抗であるわけです。

もちろん直系家族は日本の伝統的家族構造でもあります。日本では跡取りになるのが、長男、つまり息子たちのうちの最年長者である場合が多いのですが、例えば南西日本のいくつかの村では、末息子が跡取りになるケースもあり、また日本の北部では、男とは限らないで、女子も含めて一番年上の子供が跡を継ぐという形もあります。こうした直系家族のあらゆるヴァリエーションはヨーロッパにも見られます。ですから研究者としての私を最も驚かせたのは、日本が非常にヨーロッパに類似しているということでした。ヨーロッパと言っても、ヨーロッパ全般ではなく、ヨーロッパのある特定の地域ということですが。この直系家族はヨーロッパでは非常に頻繁に見られる型で、アジアでは日本と韓国・朝鮮に見られますが、それ以外では全世界で極めて希な型なのです。

非常に興味深いことは、家族型は世界の多様性を説明することができるわけですが、ここでいう多様性とは、我々に取って見なれた多様性ではないということです。ヨーロッパとかアジアとか、こちらにキリスト教徒がいて、あちらには仏教的伝統の下に生きる人々がいるというような多様性ではなく、全くちがった世界の分け方、これまでとは異なる別の切り方を可能にしてくれるのです。

最後に四つ目の家族発展サイクル（共同体家族）ですが、これは両親が息子を二人作り、この二人の息子が結婚し、子供を作ったのちにも両親の家に住み続ける、というものです。そして父親が死ぬと、遺産は平等に相続されます。このような家族は縦には三世代、横には複数の兄弟に拡大する大家族になりますが、その価値は権威と平等です。

この家族制度は、ロシア、中国、ヴェトナム、ユーゴスラヴィア、つまり自発的に共産主義革命を行なった地域の家族制度ですが、またイタリア中部、フランスの中央山塊の北縁といったヨーロッパの小地域にも分布しています。私はこの家族制度の分布の地図と政治的な分布の地図を重ね合わせた時に、家族制度と社会的行動の間に関連が存在することを悟るに至ったわけです。

この家族形態の価値は権威と平等です。これは共産主義の価値に他なりません。これらの地域で共産主義革命が起こったわけですが、共産主義はこの家族制度の上に重なり合ったわけではありません。近代性によってこの家族が解体し始めた時、人々が家族的拘束から解放されて自由になった時、彼らはその自由に耐えられなくなり、同じように個人を統合してくれる構築物を再建しようとしたのです。中央集権的な党、中央集権的な経済、中央集権的な警察をです。つまり共産主義は、この家族の後を引き継いだわけなのです。

以上の四つのカテゴリーで全世界の家族制度をすべて記述したということにはなりません。ヨーロッパの四つの家族型はいずれも外婚制です。つまりいとこ同士の結婚を禁じています。世界にはこの禁止を設けない地域も沢山あります。例えばアラブ圏の家族制度は、今ここに描いたロシア・中国型の家族と同じような図になりますが、但しいとこたちが優先的に結婚するということがあります。つまりこの二人の兄弟の子供たちが結婚する、したがって家族の円環が閉じるわけです。アラブ圏におけるこのようないとこ婚の率は二五〜五〇％になります。

日本の直系家族とヨーロッパの直系家族の唯一の違いは、日本のそれがいとこ婚を許容している、ないししていた、という点です。ただし日本のいとこ婚の率は最大でも一〇％を越えることはありませんでしたし、とりわけ戦後になると姿を消しました。ところがアラブ圏ではいとこ婚の率は今日に至るまで同じものに留まっています。

もちろんこうした伝統的な家族システムは今日ではもはや存在しません。しかし社会の間の違いは依然として残っており、家族システムの組織原理であった価値は存続しており、相変わらず現代社会の構造を作り続けているかのように見えます。

## 二つの資本主義

例えばアメリカやさまざまな国々の経済学者や現代の経済に関心を持つ人々の間に広まっている考え方に、資本主義の二つのタイプという区別があります。それはフランスではミッシェル・アルベール*のような人、それにアングロ・サクソン系の多くの経済学者が言っていることなのですが、その一つはアメリカに代表されるアングロ・サクソン型資本主義で、それはモビリティ、つまり資本の移動性や労働力の移動性、個人主義、英語で言うところの short-termisme（短期主義）、つまり短期的な利益、短期的な収益性への執着、といった特徴を持ち、能力水準とか、労働力の教育・養成といったことに関心を持ちません。

アングロ・サクソン型資本主義はどんどん変化・変貌して行くことを特徴とするわけですが、その変化能力は一部は、その産業システム、ないしその産業システムの主要な部分を急速に破壊するというところから来ています。このことこそが、すべてのアングロ・サクソン諸国が貿易収支の厖大な構造的赤字を抱えているのは何故かを説明するのです。

これに対してもうひとつの資本主義は、ミッシェル・アルベールがラインラント型資本主義と呼ぶもので、要するにドイツの資本主義ですが、そのモデルはスウェーデンの経済や日本の経済にも当てはまります。それは利潤やモビリティにあまり執着せず、むしろ経済活動の連続性、テクノロジー、市場の獲得、労働力の養成、そう

* Michel Albert, *Capitalisme contre capitalisme*, Le Seuil, 1990（『資本主義対資本主義』小池はるひ訳、竹内書店新社、一九九六年）。なお二つの資本主義については、エマニュエル・トッド、『経済幻想』（平野泰朗訳、藤原書店、一九九九年）八四〜八五ページを参照。

いうものにはるかに関心を寄せる資本主義です。

この資本主義は、より強固な産業システムを存続させるのであり、アングロ・サクソン型資本主義が構造的貿易赤字を産み出すのに対して、構造的黒字を産み出すことになります。

もちろん私はこの二つのどちらがいいか判断しようとするものではありません。それぞれに長所と短所があります。一方は流動性、移動性、可塑性、変化を受け入れることができるという点が長所ですが、また労働力の教育水準が低いとか、構造的赤字という短所も持っています。それに対してもう一方のドイツや日本の資本主義は、労働力の教育・養成水準が高いという点が長所と言えますが、その一方で硬直性、変化を受け入れにくいという点が短所となっています。

ここで重要なことは、このような二つの正反対の資本主義の形態が存在するということ、これは経済的な分析では、経済学では説明出来ないということなのです。しかし人類学的分析、家族的価値の分析はこれを説明することができます。第一のタイプのアングロ・サクソン型資本主義の基本的価値が、アングロ・サクソンの伝統的家族制度の持つ価値であることは明らかです。個人主義や移動性、流動性という価値であり、その家族は、子供を変化や流動性に慣れさせる教育を行ないますが、学校的水準としては成績があまり良くはありません。この資本主義の労働力の教育・養成の弱さは、ここから説明されます。

これと同様に、ドイツ、スウェーデン、日本の資本主義の持つ価値と、直系家族の担う価値との間には、容易に関連性を読み取ることができます。経済活動の連続性、労働力の教育・養成に非常に力を注ぐ、社会的規律、個人の企業への統合といった、この資本主義の価値は、いずれも直系家族の伝統的価値に他なりません。つまり個人の統合、社会生活の連続性といった価値であります。そもそも直系家族とは、連続性を目指す家族構造、連続性を次代へと伝えるための家族システムです。こういうわけで、家族制度という人類学的暗号解読のグリルは、今日の経済現象、正反対の二つの資本主義の存在を説明することを可能にするのであり、家族制度そのものは消えたかも知れませんが、暗号解読のグリルとしては相変わらず機能していると言えるのです。

## 移民の問題

さて今度は、もう一つのグローバリゼーションの問題点、現代の最も重要な問題のひとつである、移民の問題に話を移します。現在、各先進国は労働力の不足を補うために移民を導入しますが、その結果起こる住民の混淆によって、行動の同質化が進行して行くという風に、先験的に考えられている節があります。しかし私は特にイングランド、フランス、ドイツという三つの社会における移民への態度、扱い方を比較してみたいと思います。これらの三国は極めて近い国と見えるのですが、実際に起こっていることは、逆にこの三国の基本的価値が互いに異なるばかりか、互いに対立するものであることを、改めて浮き彫りにするのです。

移民にはヨーロッパ系の移民もいれば、アフリカ人もおり、非常に多種多様なわけですが、比較検討のために最も単純なのは、イスラム系移民に検討を集中することです。すなわちドイツのトルコ人、フランスのアルジェリア人（マグレブ人の中の最大集団）、イングランドのパキスタン人を取り上げるのが適当と考えます。

受け入れ社会の移民への受け入れ態度がどうなのかを理解するのに一番いいのは、移民そのものより移民の子供たちと受け入れ国の住民との結婚の率を見ることです。もしこの率が高く、移民の子供たちと受け入れ国の社会の住民との結婚が多数に上るなら、その移民たちはそこに受け入れられ、国の中に次第に拡散し、溶け込んで行く、ということになります。それに対して、この率が低ければ、移民集団は分離・隔離されており、やがては受け入れ国の中に新たな民族的ないし人種的マイノリティが形成されることになってしまいます。

フランス、イングランド、ドイツの三国の間には、非常に大きな違いが観察されます。すなわち一九九〇年前後のフランスにおけるアルジェリア人女子の受け入れ社会住民との混淆婚の率は二五%なのに対して、ドイツのトルコ人女子の場合は二%、つまり一〇分の一、イングランドのパキスタン人の場合は非常に率が低く、測定不可能という結果が出ています。

パキスタン人については、パキスタン本来の要因を持ち出すことができるかもしれません。パキスタン人の本来の内婚率、つまりいとこ婚の率は五〇%で、これは世界でも最も高い内婚率です。それに対してアルジェリア人とトルコ人では逆転が見られます。トルコ人の本来の内婚率は一〇%、アルジェリア人のそれは二五%です。つまりトルコ人の内婚率はアルジェリア人のそれより低いのですから、理論的にはフランスのアルジェリア人よりドイツのトルコ人の混淆婚率の方が高くなって、同化が進んでもおかしくないのですが、しかし実際の結果は逆なのです。

このように我々が直面している、産業社会ないしポスト産業社会の中に存在する差異は、経済的な要因で説明することはできないのです。フランス、ドイツ、イングランドの三国の社会は、経済発展の水準はほぼ同じですが、そのうちの二国、つまりドイツとイングランドでは分離あるいは隔離された集団の出現が見られるのに対して、三番目の国フランスでは、それとは全く異なる、移民と現地住民が混ざりあう過程が進行しているのですから。

明らかにフランスの住民としては、移民の子供が学校制度を通してフランス語を話すようになると、結婚の相手として認めることができるのに対して、ドイツやイングランドの場合には単にドイツ語ないし英語が話せるようになるだけでは、同じ市民と認めるために不十分であるわけです。

フランス人は人間はみな同じであると考えますが、このようなフランス人の態度における普遍主義の恒常性、それに対してドイツやイングランドの人間は、人間にはいろいろな種類があり、違うものだと考えるわけですが、こうした差異主義の恒常性、こうしたものは古来よりの心性的カテゴリーに基づくものであり、この心性的カテゴリーの源泉は常に、古い家族組織のあり方の中に求めるべきであると、私は考えます。

フランス的心性の根底には、兄弟が平等であるという原則が横たわっています。兄弟を平等なものと定義する時、人はそれだけに留まらず、人間はみな平等である、さらに諸国民も平等である、という風に定義することになります。その結果、この世にはただ一つの同じ人間、普遍的人間が存在するのであって、人間には根本的な差異はないのだということが、示唆されるわけです。集団的無意識に対してと言うべきかどうか分かりませんが。

イングランドやドイツの場合は、これとは正反対に機能する差異主義的心性がありますが、それは兄弟は異なるもの（ドイツでは不平等、イングランドでは単に互いに異なるというだけですが）とする家族システムから由来しています。このような家族制度は子供たちの無意識に対して、人間は異なるもの、不平等なものであり、さらには諸国民も異なるもの、不平等なものである、普遍的人間は存在しない、と教え込むのです。

この分析はまことに逆説的です。というのは私は、伝統的家族制度はもはや存在せず、遺産相続規則はどこでも形式上は平等主義的なものになっていることを承知しています。しかしこれまで挙げたデータがあるわけで、平等、不平等、差異の観念は発展した社会の中にも存在し、それは家族という非常に古いものを参照しなければ説明できないと思われるのです。そこで私が言いたいこと、つまりこの講演の趣旨ということになりますが、それは移民の問題や資本主義の組織の仕方の問題を考えるにつけても、すべての先進国が同じ高度な技術水準にあり、同じ国際経済の一員となっているからという理由で、それらの先進国のすべてが一点に収斂して行く過程に入ったと考えるとしたら、いささか慎重を欠くだろうということです。アメリカと日本という二つの経済社会には、運行の仕方に大きな違いがあるというのは、それほど驚くべきことではないかも知れません。いつまでも差異が存続することは、予想できます。しかしフランス、ドイツ、イングランドのように地理的にも歴史的にも近い国々の間で、移民の問題について、収斂ではなく、現実に分岐の過程が始まっているのです。そのことは近代性だとか経済的なものを越えて、諸国民の生活の中には、なにか不合理なものが埋もれて機能しているということを示唆しています。それが諸国民を互いに区別し、隔てているのであり、世界を平和の内に編成しようとするなら、そのことを斟酌しなければならないのです。

＊　＊　＊

## ■質疑応答■

現在フランスでは、メティサージュ（混淆、混血）ということが話題になっていますが、これはフランスの一般的傾向の直接的表現なのでしょうか、それとも一時的な流行にすぎないのでしょうか。（フランス語による質問）

――この件について重要なことは、私が混淆婚について語る時、もし私がこれにメティサージュという言葉を用いるとしたら、それは人種的メティサージュのことであって、文化的メティサージュのことではない、ということです。フランス人は人種的要素、つまり肌の色に対しては比較的無関心であり、アングロ・サクソンのように肌の色に対して敏感ではありません。しかし文化的な違いには非常に敏感で、例えば国民戦線を考えてみても、フランス人の移民に対する反感の一番の対象となっているのは、例えば肌の色が黒いアンチル諸島人ではなく、アラブ人です。ところがアラブ人は身体的にはフランス人に極めて近く、ほとんど同じとさえ言えます。文化的違いというのは、家族制度や、その中での女性の地位とか結婚制度を含むわけですが。したがってフランスでメティサージュが進行しているとして、それは文化的メティサージュであるとは考えられません。文化的には移民たちがフランス文化を受け入れるということが、人種的ないし民族的メティサージュの条件になっているわけです。

現在日本では都知事が外国人を排斥するようなことを平気で言っているような現状があります。また日本には在日朝鮮人がいて、混淆しているとは言えない現状があります。欧米各国と違って日本という国は、まだ移民を合法化していませんが、今後移民が議論に上るのは間違いないと思います。そういう日本社会と移民の今後の関係はどのようなものになるとお考えですか。例えばオーストリアのように社会的に緊張関係が生じることになるのでしょうか。(日本語による質問)

——私は預言者ではありませんから、はっきりした見通しを述べることはできません。しかし今の日本は戦前のように若くて貧しい国ではなく、年老いて豊かな国ですから、こういう問題に関して破滅的なことが起こるとは考えにくいと思います。日本は同じ直系家族の国であるドイツやオーストリアで起こることに注目し続けるといいでしょう。ドイツは、国籍問題について従来の血統主義から脱却することに成功しました。* しかし今度は、二重国籍の問題をめぐって論争が起こっています。フランス人は二重国籍を気にしません。ドイツは出生地主義というものを受け入れましたが、ある程度の人種的純粋性を護ろうとしています。二重国籍の拒否というのはそういうことです。それともうひとつ、アングロ・サクソンやフランスの影響で法律的には改善が実現しても、例えばトルコ人の隔離は進行しているということがあります。法律とは無縁のところで、社会そのものの中において進行しているのです。その一方でユーゴスラヴィア人の方は同化が進んでいます。私は日本のことについて何かを言う能力も資格もありませんが、この問題がドイツにとってよりも日本にとって簡単な問題であるとは考えられない、と申し上げておきましょう。

* ドイツの国籍法は従来、血統主義に基づいていたが、一九九九年五月に改正され(実施は二〇〇〇年一月から)、ドイツ国内で生まれた子供は、両親のいずれかが八年以前より合法的にドイツ国内に居住する場合、ドイツ国籍を取得することができることになった。ただし二重国籍は排除され、移民の子供は十八歳になると、ドイツ国籍と出身国の国籍のいずれを保持するか、五年以内に決定しなければならない、とされている。

あなたは資本主義のタイプの違いについてお話しになりましたが、資本主義の発生そのものについてはお話しになりませんでした。そこで資本主義の発生はどのような家族制度、どのような家族的価値と関わるものなのか、についてご質問致します。（フランス語による質問）

——私はその点について『新ヨーロッパ大全』の中で書きました。ヨーロッパのテイクオフについて書いたわけです。まず識字化、大衆的識字化において先進的であったのはドイツなどの直系家族地帯で、しかもプロテスタント地域であった、というように私は分析しました。ところで産業革命が起こったイングランドは核家族地帯で、しかも識字化についてはドイツ、スウェーデンの後塵を拝していました。では何故産業革命があのように急速にイングランドで進展したかというと、一つは絶対核家族は子供の早期の旅立ちという要素をもともと持っていて、可塑性に富んでおり、農民たちを根こそぎにしてしまうという点において非常に有利であった、そういうことがしやすかった、ということがあるというように私は分析したのです。イングランドで粗暴な資本主義革命が起こったあと、今度は識字化が進んだ国々で産業革命が起こります。これらの教育水準の高い国々における第二次産業革命は、アングロ・サクソン的な絶対自由主義的なものに激しい抵抗を示しました。

逆に言うと、アングロ・サクソン的自由主義の侵入は、これらの国々にかなりの攪乱を引き起こしたということになります。このような攪乱を今日、アングロ・サクソン的ウルトラ自由主義が直系家族諸国に再度引き起こすことのないことを私は願っています。

# ネーション消滅の幻想――ヨーロッパ統合の根本問題

## エマニュエル・トッド

石崎晴己編訳

このテクストは、「ヨーロッパに対するフランス」と題して、二〇〇〇年六月一四日（水）に日仏学院にて行なわれた講演の記録である。石崎が紹介者として壇上に上り、三浦信孝氏が通訳を務めた。講演に先立って、日仏学院院長、ド・ナヴァセル夫人による挨拶に続き、石崎がトッドの紹介を行なったが、そこで石崎は、特に『新ヨーロッパ大全』の中で出会った「衝撃的な啓示」のいくつか――プロスタント宗教改革を直系家族的イデオロギーと把握する解釈、カロリング期荘園の性格を大規模農地経営とする解釈、等――を紹介したのち、パリでのトッドとの交友の思い出にも触れ、国立人口学研究所にトッドを訪れた際、研究所裏の路地を一緒に散歩して、子供たちが遊んでいる情景に出会った時のことを語った。子供たちは、ちょうどその年にサッカーの世界大会で優勝したフランス・チームと同様に、多様な肌の色からなる集団だった。「ご覧なさい、いろんな民族が交じっているでしょう。これがアメリカやイングランドでは、民族ごとにグループを作ることになるのです」とトッドは述べた。それはフランス的普遍主義の実物教育だったのである（『移民の運命』訳者解説を参照）。

当日は日仏学院の二階ホールが、空席なしの満員となった。講演に引き続いて質疑応答が行なわれたが、特にド・ナヴァセル夫人の提案で、日本人に質問の優先権が与えられた。荻野文隆、堀茂樹両氏からフランス語による質問が出された他、日本語での質問もあり、活発な質疑応答が展開した。ここでは荻野、堀両氏の質問のみを訳出するに留める。
このテクスト作成に当っては、当日の三浦氏の通訳を大幅に参考にさせて頂いた。感謝の意を表するものである。
また講演の内容には、同時期に青山学院と立命館大学で行なわれた講演と重複する部分があるため、その部分は省略した。

## フランスの多様性

今日はヨーロッパ統合への私の懐疑についてお話したいと思います。私はフランスでは反ヨーロッパ統合派、反マーストリヒト条約派とみなされていますが、それは私が、ヨーロッパのナシオン（nation）が統合によってそう簡単になくなることはない、それは幻想だと考えているからです。これからお話ししようとする分析は、マーストリヒト条約が調印された九二年当時に私が行なった分析に基づいています。

九二年当時、私は『新ヨーロッパ大全』を書き上げていましたが、その中で私はヨーロッパの人類学的多様性を分析しました。その際、このような多様性をひとつのメタ・ナシオン（超国家）にまとめ上げることは不可能と言うこともできましたし、一方では、フランスという国それ自体、極めて多様性に富んだ国であり、そのような多様性を抱えていたフランスが一つの国として統一されたのだから、ヨーロッパもその人類学的多様性にも拘わらず、統合されることは大いに可能であると考えることもできました。私としてはどちらにするか、決めかねていたのです。

その後、私はヨーロッパ統合は疑わしいという結論に達したわけでして、そこでまずフランスの多様性（家族構造、風俗、心性、イデオロギーの）を分析し、しかるのちにヨーロッパの人類学的多様性を分析して、ヨーロッパを一つのメタ・ナシオンに統合することは不可能であることを、証明したいと思います。

人類学者としてフランスの多様性を語る時は、「三五〇種類のチーズを作る国」といったレベルの多様性ではなく、家族制度の多様性が問題となります。その点ではフランスは、単に多様であるというだけでなく、平等主義核家族と直系家族という対立する二つの家族制度が国土を二分している矛盾的な国です。

平等主義核家族（以下に提示される四つの家族型については、本書所収「トッド人類学の基礎」を参照）は、フランスという国の中心部たるパリ盆地に分布し、それが担う価値は自由と平等です。それに対して直系家族は、ブルターニュ、アルザスといった周縁部、それにとりわけオック語地方と呼ばれる南フランスに分布しますが、その価値は権威と不平等です。

直系家族は日本の家族制度でもあります。実を言えば、前回私が日本に来たのは、直系家族の調査のためでした。当時、日本は非常に変わった不思議の国と言われていましたが、人類学者たる私にとっては日本はまことに親しみのある国でした。直系家族はヨーロッパ大陸のあちこちに見られる家族形態で、その意味で日本は、不可解な神秘の国ではなく、ノーマルな国なのです。

さてフランスは、その中心部は自由と平等を価値とする平等主義核家族が占めるのに対して、その周縁部は、それとは正反対の、権威と不平等という価値を担う直系家族によって占められています。それゆえフランスは、己自身に逆らって組織立てられた国なのです。フランスの歴史のあらゆる段階にこの二つのシステムの対立・対決が感じられます。

フランス大革命の際に啓蒙思想家が説いた自由と平等の思想は、パリ盆地のブルジョワや小商人や農民には非常に分かりやすかったのですが、それは彼らの家族生活が自由と平等に基づいていたからです。それに対してこの自由・平等の価値は、直系家族地帯の住民には全く理解できないものでした。フランス大革命期の歴史を繙いてみると、大革命の合言葉たる自由・平等は、フランスのナショナル・システムの中心部では全く問題がなかったのに対して、王党派的気質の周縁部では受け入れられず、武力をもって押し付けられた、ということが分かります。フランス大革命とはすさまじい内戦でもあり、それを通して中心部が周縁部を制圧したのです。

フランスには他に絶対核家族の地帯（ブルターニュの中心部寄りの地域）と、共同体家族の地帯（中央山塊の北西の縁）という、二つの少数派家族制度の小地帯があります。とくに共同体家族地帯は、共産主義の根拠地となっています。

私が語っているのは伝統的な農村の家族制度で、今日ではおおむねどこでも姿を消しています。しかしこうした家族的伝統が今日でも残っており、機能し続けていると考えられるような事例は少なくありません。二つの例を挙げてみましょう。教育と人口動態です。バカロレア〔大学入学資格〕取得の率には、かなり地域的偏りがあり、パリ盆地の児童の学校の成績は芳しくありません。逆にトゥールーズを中心とする南西部の教育水準は極めて高いのです。八〇年代初頭、ピカルディーでのバカロレア取得率は一五％であったのに対して、南西部のそれは三〇％以上に達していました。これは大きな差ですが、学校制度は国内どこでも同じですから、この差は学校制度では説明できません。家族的なものによって初めて説明がつく、と考えられます。

人口動態、つまり出生率を見てみると、パリ盆地では再生産を十分に充足する、女性一人当り子供二人という率で子供が生まれますが、南西部では一・四というように極めて低い。まるで二つのフランスがあるという印象を受けます。十分な数の子供を作るが、教育は不十分なフランスと、子供の数ははるかに少ないが、その子供たちがはるかによく教育される、もう一つのフランスがあるのです。

ここに家族的理念の永続が伺えます。すなわちかつての直系家族の企てとは、一人の跡取りを決め、その跡取りが家族が所有する農場の永続と繁栄を保証する、というものでしたが、今日、南西部においては、この一人の跡取りという伝統が一人っ子という形で現れているという印象を受けます。北フランスでは子供に対してあまり配慮しないわけです。

この対比は全世界的規模では、アメリカと日本の対比によってはるかに華々しく表現されます。アメリカは再生産のために十分な出生率で子供を作りますが、教育水準が低く、識字化の困難を抱えています。対するに日本は、出生率は一・五という低率ですが、教育の水準は高い。

こうした人類学的な多様性がフランスに存在するにもかかわらず、フランスという統一国家の誕生と形成が妨げられることはありませんでした。フランスは歴史上最初の国民国家であり、国民国家のモデルです。とはいえ国民国家フランスの出現に関してあまりナイーヴな見方を取ってはなりません。それは平和的で理性的で善良な活動の結果ではなく、中央政府による周縁部の軍事的征服という暴力的過程の結果です。パリ盆地の人口的優位が周縁部を軍事的に粉砕することを可能にしたのです。中世以来のフランスの歴史は、国内の征服の歴史に他なりません。その第一の大きなステップはアルビジョワ十字軍で、中央政府は正統カトリックの名において南フランスを制圧しました。フランス大革命、ヴァンデの乱は、これもまたある意味で、軍事的征服の最終段階であったと言えます。

ルナンの『国民とは何か』の中に、「国民とは日々の国民投票である」という有名な定義があります。つまりすべてのフランス人は毎朝目が覚めると、自由にフランス人であることを選び直すというわけで、これはフランスという統一国家について非常に感じの良いイメージを与えますが、この本の中においてルナンは、フランス統一に至る歴史の闇の部分、暴力的過程に言及してもいます。

## ヨーロッパ統合は実現可能か

このような考え方をヨーロッパ統合に適応したらどういうことになるか。人類学者としてまず言えることは、ヨーロッパは人類学的に言って、フランス以上に多様であるわけではないということです。ヨーロッパの人類学的記述を可能にする家族制度、つまり平等主義核家族、絶対核家族、直系家族、共同体家族の四種はすべてフランス国内に存在します。

実はフランス以外のヨーロッパ諸国は、人類学的多様性という点からすれば、いずれもフランスより単純です。ドイツやロシアやイギリスは、家族構造という点ではフランスよりはるかに同質的です。またイタリアなどはフランスに劣らず多様性を含んでいるかも知れませんが、イタリアが国家的統一を実現したかどうかは、いまだに確実ではありません。したがってここには根本的に逆説的なものがあります。つまりフランスはもっとも典型的な国民国家、国民国家のモデルとされますが、国民国家フランスは、人類学的構造からすれば、もし国家構造というものが人類学的土台から出現するのだとするなら、本来存在するはずのなかったものだ、ということになるのです。

マーストリヒト条約をめぐる論争の際、フランスがこうして存在する以上、ヨーロッパも存在し得ないわけはない、統一ヨーロッパとは、多様性を克服して成立したフランスをさらに大規模にしたものとなるだろう、と考える人たちがおり、私もそう考えたこともありましたが、私はそうした人たちに、フランスは暴力によって出現したのだ、と答えます。武力によるヨーロッパ統一は、過去二回企てられました。一度目はナポレオンによって、二度目はヒトラーによって。しかしその二度にわたる企ては失敗しました。今日のヨーロッパには、力によって統一を押し付けるような勢力は存在しません。だから統一国家フランスが実現したからといって、統一ヨーロッパが実現するということは、考えにくいのです。

国民国家の終焉ということはよく耳にする言説で、コミュニケーションの発達やグローバリゼーションの進展の中で、ナシオンの役割はもう終わった、とよく言われます。しかし例えば言語的に言っても、ナシオンの統一性・均質性が今日ほど強まった時はありません。私自身、十歳の時、一九六一年にアルザスを旅行した時、フランス語が話されていない現場を目にして驚いたものですが、今日ではアルザスの住民はみなフランス語を話します。ことほど左様に近年、言語的統一は目覚ましく進展し、フランス人はますますフランス語を話し、ドイツ人はますますドイツ語を話すようになっています。古いナシオンの文化的統合がますます進み、各ナシオンの自律性はますます強まっている。ということは、そうした自律性を乗り越えることがますます難しくなっているということになります。

私がヨーロッパ統合に懐疑的である、具体的根拠を二つ挙げてみます。

まず人口動態の差異の問題。もう一つは移民の問題。さきほどパリ盆地を中心とする北フランスと南西フランスの出生率の差について語りましたが、フランスの枠内ではこの差は、国内での人の移動と異なる地域の人間同士の結婚によって解消されます。要するに地域間の交流によって解決するわけです。しかしヨーロッパ規模での同じような人口動態の差は、このように容易に地域間の交流で解決することはできません。フランス人はフランス語を話し、ドイツ人はドイツ語、イギリス人は英語といった、言語の差が存在するからです。六〇年代にヨーロッパ中で出生率は低下し始めますが、その現れは各国によって千差万別です。フランスやイギリスは、女性一人当たり子供一・七〜八人という率に落ちます。ドイツは最初に女性一人当たり一・三〜二人に落ち、イタリアはそれより遅れてドイツより低い率にまで落ちます。九〇年代から、各国で人口の少ない年齢層が現われて来るのですが、その年齢層が国によって異なるところから、大きな問題が生じているのです。一九九〇年代から二〇一〇年代の二十~二十四歳の青年層の人口の落ち込みは、フランスでは一一%、連合王国では一四%、ドイツでは二三%、イタリアでは四〇%と予想されます。このイタリアの例などは、人口動態の歴史の中にも例のない低下です。今後のヨーロッパの実際の歴史とは、統一通貨ユーロの歴史であるよりは、こうした人口動態の差に対する各国の社会システム、経済システムの適応、それに対する対処・対応の歴史となるでしょう。これほどの人口動態の多様性を抱えたヨーロッパが、共通の財政や行政の規則や、共通の改革案を策定するのは難しいと思われます。

ヨーロッパ内の経済の格差は、単一通貨の制定にも拘わらず広がっています。経済的によりダイナミックな国とそうでない国との差が広がっているわけです。フランスのように人口減少に見舞われていないか、青年人口の低下率がそれほど大きくない国は、ヨーロッパ規模ではダイナミックな国となります。そこでフランスはヨーロッパ経済の新たな牽引車と言われるわけです。イタリア経済ははかばかしくありませんが、イタリアは同時に急激な人口減に見舞われた国でもあります。つまり経済的な活力の差の背後には、人口動態の差があるのであり、人口動態の差の背後には古い家族構造から来る風俗慣習の伝統の違いがあるのです。

## 移民に対する態度の違い

さて移民に対する各国の態度の違いという、私としては最も重要と考える問題に移ることにします。私はフランス人らしからぬ経験主義者で、知識人としての教育はイギリスで受けました。従って私は常に事実に従います。人類の運命を自分が決めようなどとは考えず、数字を通して現実を観察するのです。マーストリヒト条約の頃、私は『移民の運命』に取りかかっており、移民現象を非常に具体的に観察しましたが、その結果、旧来の国と国の間の差異は移民問題を通して厳然と存在し続けていることが分かったのです。*

＊　以下に、ヨーロッパ主要三国における移民の子供の混淆婚率の比較検討が展開するが、これは前章「グローバリゼーション下の世界を読み解く」に含まれるものと共通であるため、省略する。同章を参照のこと。

マーストリヒト条約当時、フランスは極右、国民戦線、ル・ペンの存在の故にヨーロッパ中から人種差別を非難されました。また「あなたは人種差別主義者ですか？」というようなアンケートを各国で行なうと、「はい」と答える者が一番多いのがフランスでした。そこでやはりフランスは人種差別が最もひどい国だ、ということになってしまうのです。しかし移民の子供と混淆婚を行なって、移民を社会の中に受け入れているのは、フランスだということが分かります。

このフランス、ドイツ、イギリスというヨーロッパの主要三国の、移民に対する態度の違いは、私の人類学的モデルで説明することができます。*

＊　以下に、平等主義核家族のフランス人の普遍主義と、直系家族のドイツ人、絶対核家族のイギリス人の差異主義についての、原則的説明が続くが、これは前章「グローバリゼーション下の世界を読み解く」に含まれるものと共通であるため、省略する。同章を参照のこと。

フランスのような普遍主義的な先験的確信を持つ国では、移民が入って来る当初は、移民に対する激しい反発が現れます。例えばアラブ人は、妻を家の中に閉じ込めて表に出さない、等々といったことがあります。これはフランス人の、人間はみな同じであるという確信に反するような差異であって、フランス人の普遍主義的確信に対して反証が突き付けられる恰好になります。そこで当初は苛立ちを感じるわけです。しかしその時期が過ぎて、移民の子供がフランス語を話すようになると、普遍的人間の公理は証明され、さらに移民の子供がフランス人と性的交わりを行なった結果、中間色の子供が生まれると、それはさらに普遍的人間の確証となるわけです。そして移民への反発や苛立ちはなくなってしまいます。これは単にフランス的過程ではなく、ローマ帝国以来のラテン的過程と言えます。

これに対して、差異主義の国では、過程は逆になります。イギリスでは、肌の色のさまざまに異なる移民が到来すると、人間は多様で異なるものだという先験的確信は満足します。したがって初期の局面では、フランスの国民戦線のような、移民への苛立ちの現象はありません。しかし移民の子供たちが英語を完璧に話すようになり、さらには混血の子供が生まれると、それは人間は異なるものだという確信を揺さぶることになり、人々は不安にかられるようになるのです。

私はヨーロッパ統合に対して懐疑的ですが、それは以上のような事実の確認から由来しているのです。統合が一歩一歩進むにつれて、ヨーロッパの単一性の神話はますます分解してしまいます。ヨーロッパ人は、自由主義的民主主義とか、法治国家とか、例えばアメリカに較べて社会保障制度が発達しているといった、共通の価値を持っているという神話がありますが、混淆婚の率を比較しただけでもヨーロッパは共通の価値観を持っていないということが明らかです。さきほど石崎氏は、私が案内したパリ郊外での異なる肌の色を混ぜ合わせた少年集団の話をされましたが、フランスはそのような人種混淆の能力を持っています。もちろん移民青年の労働市場からの閉め出しなど、フランスにも問題は沢山あり、フランス社会を天使のような社会と描き出すことなど問題外です。普遍主義的というのは必ずしも優しく親切ということを意味しません。普遍主義はどこでも人間は同じだと考えるのですから、異なる行動様式を見せる人間に出会うと、ひどいことをすることもあれば、暴力的になることもあります。しかしともかくこのような普遍主義的気質の国民がおり、一方で差異主義的気質の国民がいるのであって、これらが集まって一つのナシオン（国民）を形成することはできないのです。

最後の例として、最近のオーストリアのハイダー率いる自由党について触れたいと思います。移民を悪魔扱いすることを専らとする極右政党という点では、フランスの国民戦線に該当する政党ですが、国民戦線は分裂し、周縁化したのに対して、自由党は政権に加わることとなりました。フランスとオーストリアは、同じ移民の問題に直面して、同じ外国人嫌いの、ポピュリズム的運動、極右政党を産み出しましたが、それはそれぞれ異なる歴史をたどったわけです。オーストリアそれ自体は小国で、それほど重要視するには及ばないとしても、オーストリアは言わばドイツ文明圏の一部をなしているという意味では、非常な重要性を帯びます。これらの考察の結果として、私は、単一通貨ユーロの創設にも拘わらず、確固たる反ヨーロッパ連合の立場を取り続けるものです。

＊　＊　＊

## ■質疑応答■

**荻野文隆**　二つの質問をしたいと思います。まず、最近、行なわれた独仏首脳会談で、ドイツのフィッシャー外相が、ヨーロッパの統合のあり方について、マーストリヒト条約が規定するのよりもフェデラリスト（連邦主義的）な展望を提唱しましたが、これをあなたはどう評価されますか。

もう一つ、『世界の多様性』（『第三惑星』と『世界の幼少期』を併せて再刊）が最近出版されましたが、その「序文」（本書所収）であなたは、初期の著作が発表された時、これは決定論であるという激しい非難が起こったこと、特に「答える権利」というテレビ番組でモーリス・ゴドリエが、あなたは実際はイギリス人だと決めつけたことを記しています。いずれにせよこれらのことは、あなたの学問の傾向に関わっています。そこで質問ですが、あなたがル＝ロワ＝ラデュリの勧めでケンブリッジに赴いた時、あなたはすでに家族制度の分析を志していたのでしょうか、フランスにはあなたの学問的志向を満足させるものがなかったわけでしょうか？　またこの「序文」の中であなたは、指導教授のピーター・ラスレットがあなたの「博士論文の結論に賛成ではなかった」と書いています。どのような点に彼は賛成でなかったのですか？

――独仏関係については、私は不安を抱いていません。私は反ヨーロッパ論者ですが、幸せな反ヨーロッパ論者です。フランスには主権至上論ないし主権主義と呼ばれる傾向が強まっていますが、マーストリヒト条約反対派の大部分は、国家というものにすさまじい信頼を捧げる者たちで、国家はフランス国民を形成する主体であって、国家がなくなるとフランスは消滅してしまうと主張します。しかし私は人類学者ですから、フランスとは多様性を含みながらも、ひとつの習俗のシステムであると考えます。したがって国家を超えるスーパーストラクチャーによって、ないし、それのために調印されたあらゆる条約などによって簡単に消え去るものではないと考えるのです。だからフランスのアイデンティティーがヨーロッパ統合によって脅かされることはないと考えます。

その点に不安を抱いたことは一度もありません。ただ単一通貨というのは誤りだと思っていますが。独仏の接近は、両国が非常に異なるということを、改めて浮き彫りにすることになりました。ドイツ人とフランス人が一緒になにかをやってもうまく行きません。ただ政府間協定がある時は、うまく行くのです。独仏の協力は本性に沿ったものでは決してないので、自覚的に、言わば社会の本性に逆らって構想される必要があるのです。宇宙開発やエアバスなど、国家主導型の協力はうまく行っているし、私も常にそれに賛成して来ました。私のドイツに対する見方は尊敬と恐怖感とを同時に含んでいます。私は例えばナチスのようなドイツの歴史のネガティヴな側面については、これはドイツでしか起こり得なかったことだと、はっきり述べます。フランスの普遍主義者は、むしろこれはフランスにも起こり得たことだと主張するのです。しかし彼らフランス普遍主義者たちは、ドイツの歴史の極めてポジティヴな側面に触れることはありません。ヨーロッパの識字化はドイツから始まった、大衆が文字を覚えるということは、ドイツの発明であって、ドイツがなかったならフランスは今ごろ低開発国に留まっていただろう、等といったことです。私はドイツに対して物を言う場合は、直接ドイツのプレスに対して言うのであって、最近も『フランクフルター・アルゲマイネ・ツァイトゥンク』紙にオーストリアの極右政党の問題について発言しています。ドイツ人はフランス流の普遍主義者ではないので、自分たちがフランス人と違うということをよく知っています。また私が彼らと共通点を持っているとすれば、それは彼らドイツ人はドイツを恐れているという点です。

ケンブリッジについてですが、私はケンブリッジに具体的な計画を持って行ったわけではありません。父（オリヴィエ・トッド）がケンブリッジで勉強しましたし、ル＝ロワ＝ラデュリは父の友人で、彼がラスレットと親交があったため、私にケンブリッジに行くよう勧めてくれました。これは全くの偶然と言うこともできますが、私は数字や統計が好きで、歴史人口学をやりたいと思っていました。ラスレットが研究していた家族制度という主題がたまたま私の興味を引いたわけです。私は学者になりたかったのです。何の学者だか、その時はまだはっきりしていませんでしたが……。ラスレットとの不一致はかなり根本的なもので、私は家族制度と政治的イデオロギーの間には関連がある、過去の農民の中に十八世紀から二十世紀にかけてイデオロギー化されたものを観察することができる、フランスが自由と平等の理念を信じるのは、パリ盆地の農民たちが自由と平等を信じていたからだ、ロシアが共産主義になったのは、ロシアの農民が一種の権威主義的かつ平等主義的な大家族の中で生きていたからだ、と考えましたが、ラスレットはそうした命題全体に反対でした。当時ラスレットはイギリスの家族は十七世紀にはすでに個人主義的で核家族であったことを発見したところで、今度は世界中が最初から核家族であることを実証しようと考えていました。私はフランス人でひねくれ者ですから、ヨーロッパ各地を歩き回って、核家族ではない家族形態を探し出そうと努めたのです。イタリアでロシア型の大共同体家族を発見し、ブルターニュで調査する、等々。だから私はいつもラスレットと衝突していました。私は自分では過度に経験主義的と自認していましたが、イギリス人から見ると私は、何でも一般化したがるあまりに体系的なフランス人のカリカチュアだったようです。

**堀茂樹**　あなたが人類学的観点から反ヨーロッパ統合の立場を取ることはよく分かりましたが、ドイツは昨年五月に国籍法〔前章九四ページ訳注を参照〕を変えました。二重国籍は認めないものの、出生地主義を認めることとなりました。つまりフランスに歩みよったわけです。私はこれまで、ジスカール・デスタンの主張などから、フランスがドイツに歩み寄ることになるのではないかと恐れていましたが、逆になったわけです。このことについて、どうお考えですか。

――私は諸国民を永遠に固定してしまおうとする決定論者ではありません。私のモデルは伝統的な農民社会が近代性に入って行く時点に関わる部分的なモデルであり、農民社会の価値観が近代性を構成した諸価値に変換されたとするもので、それが近代世界のイデオロギーの多様性を形作ったわけですが、私はその後の推移について先験的推論を持ち合わせているわけではありません。私も一時、すべての諸国民が合理的な基盤に基づいて収斂するだろうと考えたこともありましたが、移民現象を研究するうちに、人類学的差異の存続を確認したのです。ご指摘の国籍に関わる法的変化は、普遍主義的方向への合理的収斂で、私の説明モデルに合致しないように見えるかも知れませんが、しかし地方的、家族的レベルでの人間の根本的行動様式は変わりません。ドイツ国籍の拡大は被差別集団の形成という文脈で実現するという、矛盾的、逆説的状況があります。この事実確認からいくつかの仮説が可能となります。普遍主義的で楽観的なら、この法律は他の行動についてのドイツ国民全体の教育のスタート・ラインとなり、習俗が最終的に法に従って変化することになる、例えばトルコ人の娘との混淆婚が増える、等々、と考えることができるでしょう。しかし私が心配するのは、長期的な歴史的過程が逆になること、つまりドイツが移民に対して優しい普遍主義的な国際世論に強制されて、本性に反することをせざるをえなくなり、結局、より暴力的な反動を産み出すことになるということです。フランス、イギリスがユダヤ人解放を行なったのに倣って、ビスマルクのドイツはユダヤ人を解放しましたが、やがてそれはより暴力的な反撃を引き起こすこととなったという歴史上の例があります。私にとっては、この問題は開かれたままで、明確な答えはまだありません。あなたはまさに二重国籍の問題に触れられましたが、出生地主義と血統主義という形で考えるなら、二重国籍の拒否とは、まさに民族的血統の純粋さへの固執であり、混血への拒否に他なりません。その点ではドイツは譲歩しなかったわけです。

# 科学性と政治性——E・トッド氏を囲んで


エマニュエル・トッド
荻野文隆　三浦信孝
［司会］石崎晴己

石崎晴己編訳　荻野文隆・三浦信孝訳


この討論会は二〇〇〇年六月一六日午後六時より藤原書店会議室にて行なわれたものである。司会は石崎晴己が務め、特に荻野文隆、三浦信孝両氏が質問を準備して臨んだ。他に伊藤るり氏、堀茂樹氏、筆宝康之氏等より質問が出された。出席者は二〇名以上に及び、予定の午後八時を大幅に超過して、熱心な討論が展開した。なお討論は終始フランス語で行なわれた。ここでは荻野、三浦両氏の質問とそれに対する回答を中心に、その他、特に重要と思われる質疑応答を再現することにする。またこの稿作成に当っては、荻野、三浦両氏にそれぞれご自分の質問とそれに対するトッドの回答について、テープから訳出することをお願いし、それに対して石崎が必要最小限の修正を加えた。それ以外の部分については石崎が担当した。

初めに藤原書店社長より挨拶があり、それを受けて石崎より、今回のトッド氏の滞在に関して、座談会の企画、ジャーナリストのインタビュー等、いろいろと尽力なされたこと、特に社の会議室を開放して、このような討論会を企画されたことに対する謝意が表明された。さらにトッド氏よりも、藤原氏に対する謝意が表明された。これに次いで討論に入る。

## 研究者トッドの個人史

**石崎**　では始めます。本日は最初に荻野氏と三浦氏がそれぞれまとめて質問をしますので、それに答えて下さい。その後、他の方からも質問があると思いますので、それに答える、という風に進めたいと思います。トッドさん、これまでに講演の後やインタビューですでに沢山の質問に答えていらっしゃいますが、今日は同じ質問が出されることもあろうかと思います。それには反復を恐れずに答えて下さい。では荻野さん、よろしくお願いします。

**荻野**　手短かに四つの質問をさせていただきます。

先ず最初の質問ですが、トッドさんの研究者としての個人史のなかでどのような展開があったのかについてお話しいただければと思います。ケンブリッジ大学で書かれた博士論文が、すでにヨーロッパの七つの地域の農村共同体の家族構造の差異の存在を検証したものでした。その論文の結論に、指導教授であったピーター・ラスレットが賛成しなかったと、昨年、『第三惑星』と『世界の幼少期』の二つを合わせて再版された『世界の多様性』の序文（本書所収）であなたは記していますが、具体的には何が争点となっていたのでしょうか。またこの『世界の多様性』に収められた二つの著作のなかに、すでにその後のあなたの仕事の展開を支える全ての要素が含まれているとご自身おっしゃっています。博士論文から今日にいたるまで研究者としてどのような展開を経験されたのでしょうか。

第二の質問は、知識人の世代間の相違に関わる問題です。

あなたの研究者としての出発点は一九七〇年代ですが、そのこと自体が共産主義の分析にあなたを駆り立てたという意味で、人類学と政治学の二つの領域に橋をかける形の仕事の仕方を開いたといえるように思います。しかしフランスの文脈において、あなたよりも先にやってきた人々は、七〇年代とは全く異なる状況に直面していたわけです。たとえば、ブルデューなどが若くして直面したのは脱植民地主義化の状況だったわけです。この脱植民地主義化の分析の軸があなたの仕事のなかにはどのように導入されているのでしょうか。このことをお伺いするのも、フランスの歴史を眺めるとき、ドレフュス事件を通して現れたことが極めて重要だと思えるからです。ドレフュス派の人々は、勇敢にドレフュスの擁護のために立ち上がったわけですが、その倫理的な姿勢にもかかわらずかれらのほとんどが当時の植民地主義者であったわけです。ところが、半世紀を経て、このドレフュス主義の論理が植民

荻野文隆

地主義の批判を支える論理として動員されることになります。つまりドレフュス主義の論理が、植民地主義の批判の論理として動員されるためには半世紀の時間の経過を必要としたわけです。つまりある時点で動員された論理が、半世紀という歴史の厚みがあって初めてフランスの植民地主義の批判を支える論理として有効になった訳です。その意味で、植民地主義の批判の要請と直面した前の世代との関係の問題をお訊きするわけです。

第三の質問は、ヨーロッパ統合の論理に対するあなたの批判の仕方に関わるものです。現在、ヨーロッパは、少なくとも一九七五年のロメ協定に始まるＡＣＰ（Afrique, Caraïbes, Pacifique）としての交易圏の構築、さらには一九九五年のバルセロナ宣言に始まるヨーロッパ地中海自由交易圏の構築と、ヨーロッパと特権的な関係を有する二つの交易圏の構築を進めていますが、*問題はそれらの交易圏の構築がヨーロッパの統合においてあなたが批判している論理と類似したやり方で進められているという事態についてどのようにお考えになるのか伺いたいと思います。

---

＊　一九七一年にイギリスがヨーロッパ共同体に加盟して間もなく、フランスのイニシアティヴにより準備され一九七五年トーゴのロメで締結されたロメ協定は、旧殖民地地域と特権的な関係を打ち立て影響力を維持しようとするものであった。ただそこには、ヨーロッパ共同体の市場を旧植民地地域からの産物に一方的に開放するかたちで、開発の援助に供するという姿勢が存在していた。ロメ協定に代わるものとして二〇〇〇年、ベナンのコトヌーで締結されたコトヌー協定は、この姿勢を雲散霧消させることになる。ネオ・リベラリズムの論理に支えられた双方向の市場開放をアフリカ・カリブ・太平洋地域の諸国（ＡＣＰ）に強制することで、これらの地域をグローバリゼーションの論理のもとに一方的なヨーロッパの影響力のもとに組み入れる構図が打ち出されたのである。この状況は、今日のヨーロッパ連合が北アフリカ、中近東諸国（アルジェリア、モロッコ、チュニジア、エジプト、シリア、レバノン、イスラエル、トルコ、パレスチナ自治政府、ヨルダン、キプロス、マルタ）との間で結んでいるヨーロッパ地中海自由交易圏の展開にも同様に見出されるのである。〈Le partenariat euro-méditerranéen et la fin des accords de Lomé〉, Isabelle Seelemann Ogino,『日仏経営学会誌』、第一八号、二〇〇一年；*The Future of EU-ACP relations*, edited by Susanna Wolf, Peter Lang, 1999 参照。（荻野）

## 絶対核家族型の政治学は日本に当てはまるか

最後になりましたが、『第三惑星』で展開されている政治体制についての分析のなかに、日本のそれについての分析もあるのでお伺いしたいのですが、現在の日本社会のなかで動いている政治的幻想についてのものです。二大政党制への移行が民主主義を前進させるために不可欠なものという認識が、メディアと政治関係者によって強力に主張されています。そしてこのような方向で語る多くの政治学者たちが、アメリカ政治の用語と図式によって、日本の政治の変革の可能性を語っているわけですが、そこには、あたかもアメリカの選挙制度を導入すれば、アングロ・サクソンの社会におけると同様の効果を生み出すことができるのだという、前提があるのです。絶対核家族型の人類学的な条件をもつ社会の制度を、権威主義的直系家族型という人類学的にみて全く異なる社会に導入することで、類似の帰結を引き出せるという幻想がそこにあるのです。具体的には、小選挙区制の導入がなされたわけですが、それによって政権交代が生まれやすい条件を整えたのだと主張されてきたわけです。しかし、そのとき、意図的にかまたは無意識的にか見落とされてきたのが、小選挙区制によって政権交代がコンスタントに繰り返されてきたのは、イギリスやアメリカという絶対核家族型の家族構造を伝統としている社会においてであるという事実です。『第三惑星』では、人類学的な類型によって投票行動のパターンに大きな隔たりがあることをアメリカ、イギリス、ドイツ、スウェーデン、イスラエル、アイルランド、ノルウェー、日本について分析されていますが、この点をどのようにお考えでしょうか。

**トッド**　既にかなりの質問になりましたね。最初の質問は私の研究者としての経歴についてのものでしたが、この質問は、同時に他の質問にも関連してきます。私は自分のことを基本的に研究者だと考えていますが、この五年来の状況のなかで、自分の意に反して、イデオロギーと政治について発言し、政治的な論争において態度表明するというフランスの伝統的な知識人の型に嵌められてきた感があります。事実、その役割を果たすかたちでマーストリヒト条約についての論争に参加し、反対を唱えたわけです。しかし、言っておきたいのは、パリ型またはフランス型の知識人の役割を、私はあまり好きではないということです。私の性格ではないのです。今はむしろそれから遠ざかりつつあります。私という存在を、職業的、心理的、知的なレベルで基本的に支えているのは、研究である。つまり、現実の分析であり、現実の観察、現実の描写そして現実とその多様性を理解するために努力するということです。

## 「知らない」と言う権利

政治的、倫理的な問題が問われるなかで、知識人が或る問題について何の意見ももたないということがあっても、私は恥だとは考えていません。実際、〈フランス・キュルチュール〉というフランスのラジオ局で放送されている知識人の番組で、「私は知りません、意見がありません」と明言することにおいて専門家になったようなところがあります。意見を訊かれたとき、私は知らない、それについては何も意見がない、と教育的な意味で意識して答えています。そうすると周りの出席者たちは唖然とした様子で私をみるのです。なぜならフランスの文脈においては、提示された問題に意見をもたない知識人には重大な欠陥があると考えられているからです。でも私は、逆に自分の専門ではない領域のことについて知らないことを知らないと言えることに誇りを感じています。ひとは全てのことを知っているわけではありませんし、道徳的な審判を下すということに対して私は距離をとっています。それは私の領域ではないのです。

たとえば、ドレフュス事件やアルジェリア戦争のことを考えるとき、はたして自分が公正な態度をとれたかどうかと自分に問い質す必要がない状況に私はあったのです。なぜなら、私がまだ生まれていなかったドレフュス事件については、私がユダヤ系であること、そしてドレフュスの妻が私の曾祖母の遠縁であったことで、私の立場も必然的に好ましい側のものであっただろうと思われるからです。また第二次大戦については、私の家族が、ユダヤ人として振る舞い、イギリスではコミュニストとして振舞ったわけですから、自分がナチズムに対してどのように振舞っただろうかという設問はあまり意味がなかったのです。植民地戦争についても、私はあまり敏感な感受性をもっていませんでした。なぜなら、私の両親がコミュニストの活動家だったことから、一〇歳のとき、その意味もわからずに壁にOAS＝SSと書いていましたし〔OASはアルジェリア独立に反対する右翼のテロ集団「秘密軍事組織」、SSはもちろんナチスの親衛隊〕、アラブの帽子をかぶり、おもちゃの機関銃をもって警察署のまえを通って「FLN万歳」と叫ぶのが私の遊びになってい

エマニュエル・トッド

たからです〔FLNはアルジェリア独立を目指す「民族解放戦線」〕。でも個人として、倫理的な問いを自分に問い掛けていたわけではないのです。

## マーストリヒト条約への懐疑

そのことは、マーストリヒト条約に反対という私の態度についても言えます。私をこの条約の批判へ駆り立てたのは、道徳的なものでも、感情的なものでもなかったのです。そこにあったのはしっかりとしたプラグマティックな基盤でした。つまり、マーストリヒト条約についての議論が行なわれた一九九二年には、私は、ヨーロッパ大陸の人類学的な多様性の分析である『新ヨーロッパ大全』を書き終えたところでした。さらに、『移民の運命』のための分析を行なっている最中でもありました。これは、移民に対するフランス、イギリス、ドイツのそれぞれの対応の仕方の分析だったのです。ですから私はヨーロッパの多様性についてのプラグマティックな意識をもっていたのです。マーストリヒト条約に対する私の批判の八〇%は、プラグマティズムによるものでした。これだけ多様な風俗習慣をもち、これだけ異なる経済のやり方をしているこの多様な大陸に、ひとつの統一通貨を導入するのは、合理的ではないという意味でした。この疑問は、道徳的なものとは関係のないところで発せられたものです。マーストリヒト条約は、私にとっては、悪魔の仕業であるわけではなく、それに対する私の反対は国家の純粋さを守るための原理的な反対というものではなかったのです。仮に、ヨーロッパの家族システムが類似したものであり、移民に対する対応の仕方も各社会ごとに同様のものであるという分析に達していたならば、私は研究者としての自分の探究と分析の枠から外に出て発言することはなかったでしょう。

もちろん、もう少し踏み込んで見ておく必要があるかもしれません。プラグマティックなレベルでは、統一通貨やヨーロッパの統合は、私にとっては、不器用に仕立て上げられ、ヨーロッパの諸経済にとって壊滅的な影響を及ぼす企てでした。しかしそれ以上に、私の個人的な信念に深く訴えかけるものがひとつあったのです。

それは、移民の同化の問題でした。私のなかには、プラグマティズム、事実への服従という姿勢があります。私は家族構造という非合理的なものによってイデオロギーを説明しようとし、さらには理論上人々の信念を俯瞰する所に自分を位置づけているはずでした。たとえば、これこれの地域ではこれこれのことを信じている、それはかくかくしかじかの理由からだと説明できる私は、それらの信念が非合理的なものにすぎないことを知っており、精神分析がするように、その決定作用についての理解へと導くことによって人々をまさにその決定作用から解放し、自由にするための手助けができる研究者という位置にいたわけです。ところが奇妙にも事態は思うようにはうまくいかないということに私は気づいたのでした。

イギリスにおいてパキスタンからの移民たちが差別されるのは、人類学的な条件が差異主義の核家族型で、兄弟間の平等主義がないことからきていること、また他方、ドイツにおいてトルコ系の移民たちが差別されるのも、同様に兄弟間の不平等という家族構造からきていることを説明しました。そしてフランスでは、アルジェリアからの移民の娘との結婚が数多くおこなわれ同化が進んでいるのも、家族システムが平等主義的であることによるのです。

私はこれら全てを説明しましたが、その説明を越えたところで、私のなかに何かが生き延びていたのです。それは他でもない、フランスのシステムが他のシステムに比べてかなり好いのではないか、という気持ちです。フランスの同化主義に対する全く非合理な愛着があった訳です。つまり身体的な差異、肌の色、出身に対して無関心であるフランスもしくはラテン的な姿勢に対する愛着です。つまり私自身が、個人としてひとつの非理性的な信念に従っているかたちになっていたわけです。マーストリヒト条約についての論議が交わされたとき、私はこのイギリスとドイツの人種主義的な姿勢に極めて強い関心をよせていました。私にマーストリヒト条約に対して反対の立場を取らせたものは、まさにこの人種主義の問題だったと思います。理性的なものと非理性的なもののふたつのことを同時に肯定しているように聞こえるかもしれませんが、ただここで言っている非理性的なものがどこから来ているのかについては、理性的に明らかにできます。

もちろん、統一通貨の計画が道理にかなったものであったならば、私はこの計画に反対することはなかったでしょう。最近フランスで刊行された『経済幻想』のポケットブック版につけた序文で、そのことは明確に指摘しています。統一通貨に対して反対してきましたし、現在でも反対なのですが、仮にこの計画が妥当な経済計画の一環として提案されていたならば、統合ヨーロッパそのものには相変わらず賛成できないとしても、そのような経済計画に私は反対しなかったでしょう。つまり、ヨーロッパ内の内需を刺激し、内側での格差の拡大を抑えることができる経済的レベルでの保護主義的な政策に裏打ちされていたならばです。私は不可能なことのために活動することができない人間なのです。ご存知のように、なかには道徳的な感情、価値あるいは善なるものを提唱するだけで満足し、それが実現できるかどうかについては関心をもたない人々がいますが、私はそうではありません。絶望の歌が最も美しい歌であるとは思わないのです。虚空に向かって叫ぶこと、自己満足のために幾つかの価値を提唱することには、関心がありません。

研究者の問題にもどるならば、私の経歴は基本的に研究者のそれであるといえます。ル＝ロワ＝ラデュリのようなフランスの歴史家たちと歴史人口学によって育てられたと思います。速水融氏がここにいらっしゃいますが、先ほども速水さん自身の研究者としての歩みについて話を伺ったとき〔この討論会の直前に速水氏との対談（本書所収）が行なわれた〕、距離的、時間的に離れて仕事をしている研究者たちが私と同じような経験をしているということを知って深く感銘を受けました。たとえば私も速水氏もルイ・アンリ*の歴史人口学の教科書を買っていたのです。

私に比べれば氏にとってはそれはもっと大変なことだったと思います、なにしろ日本に住んでいらっしゃったわけですから。私は国立人口学研究所から二〇〇メートルのところに住んでいたのです。私の知的レベルでの教育の始まりがそこにあったといえます。

＊ ルイ・アンリ　HEHRI, Louis（1911-）フランス人口学の大家。著書に『婚姻の出産率』*Fécondité des mariages*（1953）『人口学、分析とモデル』*Démograhie, analyse et modèles*（1972）。

## ケンブリッジで学んだもの

イデオロギー的な傾向を強く帯びているフランスの文脈では、このような歴史人口学の学者たちはある種の経験主義的な伝統を体現しているのです。その意味で、フランスで勉強していたとき、すでに私は経験主義的だったわけです。フランスにおいては、歴史家たちが現実に関心をもつ人々であるとすれば、人口学者たちは現実に服従する人々だと言えるのです。国立人口学研究所の研究者たちは、狂気に見舞われたときは別として（時折そういうことも起こるのですが）、人口学の領域を越えた想像可能なすべての問題に態度表明するということはないのです。イギリスへ行ったことで私のこの研究者としての基本的姿勢が強化されたのです。それはイギリス人たちによって強化されたわけですが、同時に私の家族の伝統に立ち戻ったということでもありました。父はケンブリッジ大学で勉強したことがありますし、イデオロギー的な狂信や言葉のもつ幻想力に対する徹底した侮蔑の文脈のなかで育てられていたからです。日本の母親に礼儀正しい子供として育てられた日本人がいるように、私は母から抽象的な話し方をしないようにと厳しく仕込まれたのです。私が曖昧な話し方をしたとき、カテゴリー上の間違いだ、と叱責した母の声を今でも思い出します。まさしく顕著な去勢的態度だったわけですね。したがって、ケンブリッジで学んだイギリス型の知的教育というのは、私にとっては幼年時にすでにあったものだったわけです。

当時フランスでは、共産主義と階級意識が語られ、みんな〔ジェルジ〕ルカーチを読んでいたのですが、イギリスに行ってみると、ちょっと違っていて、労働者たちの階級意識が低いと嘆くのではなく、イギリスとその他の社会の階級意識についてアンケート調査をしてみようという姿勢があったのです。すべてにおいてこのような相違があり、それによって私は強化されたのです。ともかく私が子供時代からもっていた個人的な夢は、イデオロギー的なものではなく、偉大な学者になるというものでした。私にとってのモデルは、パストゥールやニュートンのように新しいことを発見するというものでした。

ケンブリッジ大学で書いた博士論文などは、私のイデオロギー的な関心とは全く反対のものでした。歴史人類学からでたものであり、フランス、イタリア、スウェーデンの農村の家族構造の比較分析であったのです。そこに私の人格の基本的なものがあるのです。

先ほど荻野さんは私がすぐに指導教授と対立的な関係に入ったことに触れられましたが、学問の世界、科学者の世界というものは、イデオロギー的な闘争に劣らぬ強烈な満足と紛争の機会を若い研究者に与えてくれるものだと思います。指導教授と対立し、喧嘩し、和解すること、あるいは先輩に反論するということは、闘争という意味では、政党の党員になるのと同様の暴力性と満足を与えてくれるものだと思います。ともかく私は、イギリスでほとんど最終的に非政治化されたといえます。それまでは、たとえば家族の伝統によって、私は思春期には共産党の党員であったのです。私の家は左翼で、特に考えなくとも、自然なかたちで左翼でありえたのです。ケンブリッジに行ったとき、はじめは当時フランス人の関心のひとつであった共産主義について友人たちに語っていましたし、友人たちも礼儀正しく私の話を聞いていましたが、彼らは私があたかも民族学的な問題について語っているかのように聞いていたのです。つまり、彼らとすれば、私がフランスのワインやチーズについて語ることを望んだのでしょうが、私はフランスの共産主義についてしか語れなかったという具合です。私には民族学的な認識の仕方がすでにあったのですが、この経験が、私のなかにまだ残っていた強烈なイデオロギー的な信念を破壊したのでした。この時代を契機に、私はイデオロギー的には基本的に平均的で穏健な存在になったと思います。つまり、それまでも全体主義的で集団主義的な精神とは関係ないと感じていたわけですが。ウルトラ・リベラリズムについても同様なことが言えます。イデオロギー的な解決が有効だとは思いません、折衷的な解決法があるだけなのです。ですから、私はそれなりに規模の大きい政府をともなった調整された資本主義に賛成なのです。その結果、私の政治的な立場は常に中庸的なものでした。共産主義が圧倒的な勢力を持っていた時代には、私は反共産主義であったし、今日のようにウルトラ・リベラリズムが圧倒的な勢力となっている状況のなかでは、反リベラリズムの立場に位置付けられることになりました。ところが実際のところは、私はかねてから折衷型の経済の支持者なのです。

## 『最後の転落』とソヴィエト体制

私の最初の著書である『最後の転落』は、ソヴィエト体制の解体を論じたもので、これはある意味では事故によって生まれたようなものですが、同時に私の精神的な姿勢をよく物語っているものでもあります。この本は、二五歳で書いたのですが、よく売れた本で、七カ国語に訳されました。学生だった私は数年間、その印税で暮らすことができました。ともあれこの本は、共産主義を本気に受け取らない新しい型のパンフレットだと取られたのです。事実、ソヴィエト体制の終焉を告知した非常に暴力的で自由なものだったわけです。新しい世代による肩肘をはらない共産主義批判として受け止められたのです。その意味では、私は共産主義をもう本気には受け取らない世代を代表する最初の一人になったわけです。この本は、共産主義という問題系から出発していると受け取られたわけです。この本の根底となるもの（私はそれを誇りに思っていますが）は全くそれとは違っていたのです。国立人口学研究所で国連の統計資料を目にしたのですが、それを見ているうちに、幼児の死亡率についての一連の統計のなかから、ソヴィエトのそれが一九七〇年から一九七四年にかけて再び上昇し始めていたことを発見したのでした。この経験主義的なデータから、人口学者としてこの幼児の死亡率の上昇が何を意味するのかを理解していたので、ソヴィエト体制はもうお仕舞いだと判断したのです。これは道徳的な判断ではなく、経験主義的な判断なのです。この判断にそって私はひとつの分析モデルを示したのです。

またそのとき人口学上理解できるもうひとつの側面がありました。それは、ロシアの人口学的な推移が、識字化されることによって出生率が低下するという西欧人の平均的なパターンを示していたことから、ロシア人たちも普通の人間で、同じように変化していくのだという判断を下すことができたのです。当時、誰もがソヴィエトでは新しい人間、ジノヴィエフ*がのちに問題にするソヴィエト的人間（ホモ・ソヴィエティクス）が誕生したのだ、この体制は終末を迎えることは決してない、と言っていました。しかしそのとき人口学的な理解は、二つの仮説を提供してくれていたのです。つまり、ソヴィエトの人々はごく普通の人々であり、変化もしているというのが一つ目の仮説。そして、二つ目のそれは、ソヴィエトの体制が崩壊しつつあり、幼児の死亡率が上昇してきていることがそれを物語っているというものでした。でももう一度強調しますが、これらは経験主義的な判断なのです。このように経験主義的な水準で指摘すべきことが何もなかったとしたら、私はロシアを批判する本を書くことはなかったでしょう。

* 一九二二年生まれのアレクサンドル・ジノヴィエフは論理学者、文学者。一九七八年、国外追放により西ドイツへ出国。その著作はとりわけフランスで数多く出版されてきた。八三年に『ホモ・ソヴィエティクス』を発表。

「ソヴィエト的人間」とは本来、ロシア革命とソ連邦擁護の立場から打ち出された概念であったが、それを逆手に取って、ソ連の全体主義社会を揶揄している。共産主義体制は、最悪の条件のなかを生き延びていくのに最も適した体制であるという皮肉によって、痛烈にこの体制を批判しつつ、それゆえにこの体制は不滅であり、全世界はその脅威にさらされていると、絶望的な予言をしている。一方、西欧リベラリズム型の変革であるペレストロイカのような運動ではロシアの独自で根本的な可能性を引き出すどころか、混乱へ導くものとしたジノヴィエフのゴルバチョフ批判（カタストロイカ）が、家族構造の支えによって培われてきた社会、文化の歴史的な深みと厚みを政治・経済上の分析においても重要視しなければならないとするトッド自身の主張につながるものであることは興味深い。邦訳に『酔いどれロシア』、岩波書店、一九九一年、『余計者の告白上・下』、河出書房新社、一九九二年、『カタストロイカ』、晶文社、一九九二年、等。

私の根底的な姿勢については、これで大体概要をお話しできたと思います。今日進行中の事態について私が立場なり意見を表明するときは、私の普通の人間としてのまことに平凡な物質的、心理的な倫理観（それは、ある一定の社会システムのなかで他人の迷惑にならない範囲で自分がやりたいことをやり、仕事をもち、一通り食べることができ、好きなことを行なうことができれば、政治的にはまずまずであるという、まことに最小限の基準に満足する考え方で、最小限の公共の利益であり、理想や夢の類いではありません）に照らして、自分が満足できないときなのです。私が状況を批判するときは、政府などが下す決定によって、この公共の安楽の物質的、心理的に最小限の条件からみて好ましくない方向へ社会が導かれていくと感じるときなのです。

## 日本への影響は――ウルトラ・リベラリズムの危険

ところで、最後の質問との関連で日本の場合について触れてみたいと思います。ただ、私には日本の政治に口出しする理由は全くないばかりか、その能力もありません。日本のことはよく知りませんし、何ら教訓めいたことを言うつもりもありません。私は日本については限られたことしか知りません。私が知っているのは、日本が直系家族の伝統を持つ社会であるということです。つまり、農村共同体において、家族が長子相続によって極めてしっかりと統合された家族構造によって組織されていたということです。その伝統は、個人を集団に統合する力が強いばかりか、長男以外を家族から排除することによる一定の個人の移動性をもつものでした。なぜなら、直系家族というのは、相続する個人が家族のなかにとどまるとともに、次男以下が排除されることで、社会のなかに移動性を生み出すものだからです。直系家族については、このように二つの側面を見る必要がありますが、これはそれぞれ日本、ドイツ、南フランス、スウェーデンの直系家族についていえることなのです。ロシアの共同体家族と大きく異なるのが、この個人の移動性なのです。その結果、このような伝統をもつ社会において、直系家族の絆が緩んできた場合でも、その社会そのものはこの伝統の論理である個人の集団への統合という論理によって組織されつづけるものであり、それは個人と国家の関係を律する論理として機能します。

たとえば、日本の場合ですと、個人と大きな組織の関係に見られるものです。個人主義的な社会ではなく、共同体主義的な形態、個人の集団への同化が見られるのです。それは最近の現象でいうならば、非常に高い教育レベルとして現れます、何故ならば、直系家族の特徴は、小中高校そして大学へと子供たちを囲い込む能力の高さにあるからです。そして、公務員のなかに文盲がいるような識字率の低い社会を形成するアングロ・サクソンの核家族型の社会とは異なります。私が知っているのはこのようなことであって、非常に大雑把なことです。仮に、あなたが語っているのが、そのような社会を別のウルトラ・リベラルなアングロ・サクソンの社会の形態に変換しようとする試みのことだとすれば、それが破局的な結果を生み出すだろうということだけは、予め言うことができます。

地球規模でみたイデオロギーの波動というものがあります。その意味では、それぞれの社会の歴史が孤立して存在しているわけではありません。国家の介入を良しとする一般的な動きが、第二次世界大戦のあとに起こりました。西欧のリベラリズムのシステムも、またアメリカ合衆国ですら、ある種の国家介入の動きを経験したのです。第二次大戦前にもルーズヴェルトのニュー・ディールがありました。それはソヴィエト連邦が勝ち誇っていた時代で、計画経済を実行することで集団主義を極限まで推し進め、それが失業を消滅させるのに成功していた時代だったのです。その後、ナチによる国家介入主義がありましたが、このときも失業問題を解決しているのです。戦後は、リベラリズムの伝統をもつ西欧の民主主義諸国が、その本来の性格を越えて、国家の介入の動きに影響をうけたのです。今日では、ソヴィエトの崩壊を経て、別の文化的な展開が起こっており、反対の動きのなかに取り込まれているのです。リベラリズムの論理がリベラリズムの理念に必ずしもそぐわない社会においても極端なかたちで求められている訳ですが、そうなると破局的なシナリオを想定することができます。

今日のドイツ、日本、スウェーデンは、それぞれ非常に豊かな国であり、高齢者が多く、大変成熟した社会です。ナチ党の党員と幹部を生み出し、日本の軍国主義を支えた若くて興奮しやすい人々に満ちた社会ではもはやありません。かつての日本とドイツは、貧しく、若者に溢れていたが、今では豊かな高齢化社会なのです。ですから冒険的な試みに入っていくような社会ではありません。しかしながら、一〇年、二〇年、三〇年という長期的なタームで見たとき、ドイツや日本のような社会において個人の安全を脅かすリベラリズム的な状況が続いたならば、極めて右傾化した不愉快な反応が生み出されてもおかしくないのです。共同体主義の傾向をもつ社会（個人主義ではなく、家族や企業などの共同体的組織への帰属意識の強い社会）が、リベラリズム的な考え方に十分に適応するかたちで大幅な変容をとげるとは私には考えられないのです。私が言っているのは、リベラリズムの影響がないということではないのです。それぞれの社会は閉じたシステムではないのですから。そうではなくて、ある時点で共同体主義的な性格をもっていた社会が、二〇年後にはリベラリズム型の社会に変身するということを主張している人々を見ていると、私が子供のころに「動いている列車から飛び降りたときに、ホームに対する自分の移動速度がなぜゼロにならないのか」を理解できなかったのを思い出します。慣性の法則が理解できていなかった訳ですが、共同体主義の伝統の社会が数十年の間にリベラリズム的伝統の社会へと変身すると考えている人々は、いわばこの慣性の原理を否認する科学者のようなものなのです。

私が言っていることは、かなり破局的なように聞こえるかも知れませんが、ウルトラ・リベラリズムの拡大に対する最近のいくつかの反応を見てみれば、誇張しているわけではないことが理解できるでしょう。ウルトラ・リベラリズムはもちろんアメリカ、イギリスでは、政治的なレベルではさほど大きな問題を引き起こしませんでした。ところがフランスでは、国民戦線が台頭してきました。つまり極右の政党への投票が一五%を記録するという事態が少なくとも一五年ほど続いたのです。そしてあの小国であると同時に重要な意味をもつオーストリアの例があります。この国は、リベラリズムと個人主義的な近代への適応が最小限に留まっているひとつのケースです。工業化が遅かったばかりか、産業構造の解体の現象は近年のことであり、部分的なものにとどまっています。いわば伝統的な直系家族型の社会であり、実際のところドイツ型の社会なのですが、このようなオーストリアでポピュリズムの極右勢力〔ハイダー率いる自由党〕が既に政権に参加しているのです。

このように共同体主義の社会のなかで浮かび上がってくるリベラリズム的な近代に対する反応は、歴史のなかでは極めて重要なものだったのです。最初の全体主義的な危機、それは二〇世紀前半のナチズム、日本の国内外における政治、さらにはロシアの共産主義などとして見出すことができるのですが、これらは全てリベラリズム的な近代に対する権威主義的なイデオロギーの反作用として理解できるのです。人々が産業化を受け入れる際、リベラリズム的な近代が個人の安全を脅かすものとなり、その結果、人々が統合的な政治を求めていくことになるのです。イスラム原理主義の現象もまたほぼこれと同様の現象だと言えます。しかしもう一度繰り返しますが、私がこのように言うとき、私のなかでは価値判断はそれほど入っていません。つまり、このような分析の特徴あるいはウルトラ・リベラリズムに対するこのような敵対姿勢は、なにも別のイデオロギーの方が好ましいということを言っているわけではないのです。私が好ましいと思っている世界は、概ね平和がまもられ、民主主義的でリベラルな手続きが概ね尊重される世界です。しかもそれぞれの社会の性格にそって尊重されることが重要なのです。なぜなら、アングロ・サクソンの政治システムとスウェーデン、ドイツ、日本の政治システムが同じように機能するなどというのは、全くの嘘だからです。表面的なところをとっただけでも、実際に行なわれているやり方が非常に違うのですから。それらに対する私の価値判断は最小限度のものであって、むしろイデオロギーが人々の生活をネガティヴな意味で歪めていくのではないかということを大いに危惧しています。

最後に残りの質問に答えたいと思います。ドレフュス派の人々が、ドレフュス擁護の運動を可能にした倫理的な姿勢にもかかわらず当時の植民地主義を受け入れていたということ、ところが後年、同様の倫理的な姿勢が反植民地主義の側のものとして動員されたということですね。倫理的な介入を行なうというフランスの知識人界の特性が、次の機会には全く異なる姿勢を見せたということですね。あなたのその分析は興味深いものだと思います。それは同時に、歴史には多くの偶発事が起こるものであり、数多くの予期せぬことが起こりうるという私の持論を根拠づけてくれるものでもありますが、ただそれは私の領域ではありません。なぜなら、私は価値判断をすることはしていないからです。何が善なるものかを語ることに大いに抵抗を感じます。

**石崎**　ありがとうございます。では次に三浦さん、よろしくお願いします。

## フランスのアイデンティティをめぐって

**三浦**　去年（一九九九年）の一二月にパリでお会いしたときに質問した内容と重なりますが、四つの点についてコメントしたいと思います。私の質問はあなたの仕事のイデオロギー的射程にかかわるものです。あなたの仕事は、あなたの意図とは独立に、フランスで、あるいは日本でも、受容の仕方によっては独特のイデオロギー的機能を発揮すると思います。あなたはフランスのメディアでは「ナショナル共和主義者」(左のナショナリスト)の陣営に分類されていますね。

それで第一の質問です。あなたの仕事は歴史人口学の研究ですが、比較文化論的方法を使ってフランスのアイデンティティを定義することを動機としているように思われます。フランスはアングロ・サクソンとは違う、ドイツとも違う、日本とも違う、その違いは伝統的な家族形態の類型から説明される。このような比較の方法で社会モデルの違いを浮き彫りにする試みは、今に始まったことではありませんが、フランスがある意味でアイデンティティ危機におちいったここ十数年来盛んです。フィンケルクロートの『思考の敗北』(一九八七年)は、思考におけるドイツ的特殊主義とフランス的普遍主義を比較して後者を擁護しようとした本です。レジス・ドゥブレはイスラム・スカーフ事件のとき、「あなたは民主派か共和派か?」(一九八九年)でアメリカの民主主義とフランスの共和国をモデル化し、あらためて共和国的価値を擁護しました。あなたの『移民の運命』(一九九四年)は移民の統合方式をドイツ、イギリス、アメリカ、フランスと比較して、いかにフランスの共和国的同化主義が優れているかを論証しています。比較としてはもっとも総合的で、もっ

三浦信孝

とも手がこんでおり、しかもたいへん説得的です。

日本では、一九六〇年代から日本人の思考や行動の特殊性をヨーロッパなど外国と比較して論じる日本人論が盛んになり、それが八〇年代以降、日本的価値を擁護する新しいナショナリズムのベースになりました。あえて挑発的な言い方をしますと、あなたの議論はフランス的アイデンティティを再定義する試みであり、グローバル化のコンテクストではナショナリズムにつながる危険性をはらんでいるのではないか。

**トッド**　私が日本ナショナリズムのリーダーになるという議論ですか？

**三浦**　それはさておくとして、二つ目のポイントです。速水先生も対談（本書所収）で指摘していましたが、あなたの方法は決定論であり、ある社会のイデオロギーを伝統的な家族構造から説明する還元主義である。この批判への解答はすでに『世界の多様性』の序文に書かれています。しかし、個人であれ集団であれ、社会のありようが家族構造という過去の条件によってあらかじめ決まっているとするならば、社会や政治制度を変革するのはきわめて困難になります。私は自由・平等の共和国の理念を重視していますが、直系家族が伝統的な日本が共和国になる可能性はゼロということになりかねない。日本はあなたの言うところの男系長子相続の直系家族が支配的ですから、それにいちばん適合した政治制度は万世一系の天皇制だということになってしまいます。

**トッド**　いや、違います。

**石崎**　この問題は日本人のあいだで議論すべき問題だと思いますが……。

**トッド**　私は生まれてはじめて日本のイデオロギー問題に口をはさむことになりますね。

**三浦**　三つ目です。冷戦後の世界で進んだグローバル化は、とくにフランスでは、アメリカないしアングロ・サクソン主導のリベラリズムによる世界の均質化、画一化であるという認識が強いと思います。しかし私は、グローバル化と並行して、世界のクレオール化が進んでいると思います。脱植民地化が一巡し、いまや南から北への大量の人口移動が起こっており、それが異文化混淆という意味でのクレオール化の条件を生み出している。ところがあなたは、こうした世界の文化的多様性や差異はグローバル化によって縮まるどころか、むしろ強められると指摘しています。立場こそ違え、これはハンチントン*の言う「文明の衝突」やレジス・ドゥブレの言う世界のバルカン化と同じ見方だと思います。いま闘うべきは、こうしたシニックな歴史観ではないでしょうか。

＊**ハンチントン** HUNTINGTON, Samuel P. アメリカの政治学者。ハーヴァード大学ジョン・オリン戦略研究所所長。安全保障、政治と軍事の関連についての著書・論文が多い。主著に *The Clash of Civilizations and the Remaking of World Order*, Simon & Schuster, 1996,『文明の衝突』鈴木主税訳、集英社、一九九八年。

## 植民地主義への視点

四つ目は、植民地主義をめぐる問題です。あなたの方法では植民地主義の過去が分析視角に入ってきません。私は現代の移民問題は、直接間接に植民地支配が生んだ帰結という面があると思っています。ヨーロッパによる植民地支配が資源と人間を収奪し、開発を遅らせ、南の地域に構造的な貧困を生んだ。その結果が南から北への人口移動です。ところが、あなたの分析には植民地支配を正当化しかねない機能があります。

**トッド** これは手厳しいですね。

**三浦** 『移民の運命』から二つだけ例をあげます。一つはカリブ海の奴隷制植民地だった島々には、イギリスの植民地だったジャマイカのような島と、フランスの植民地だったマルチニックのような島があります。あなたは白人と黒人の混淆婚の比率が、フランスの島のほうがはるかに高いというデータから、差異主義による人種差別はイギリスの島に強いと結論します。これではまるでフランス人に支配されたほうがいい、フランス人を主人にもつ奴隷のほうが幸せだと言っているようなものです。

**トッド**　まるでタギエフ*のように疑い深い推論ですね。

＊ **タギエフ（ピエール＝アンドレ）**　TAGUIEFF, Pierre-André（1946-）国立科学研究センター（CNRS）研究主任。移民問題、人種主義に関し鋭い分析を展開する。トッドの友人でもある。著書に『偏見の力――人種主義とその分身』*La Force du préjugé. Essai sur le racisme et ses doubles*, La Découverte, 1988.『反人種主義の終焉』*Les Fins de l'antiracisme*, Michalon, 1995. 等。

**三浦**　もう一つは、フランスの植民地だったアルジェリアで一八七〇年に発布されたクレミュー令の評価にかかわります。クレミュー令（クレミューは同化ユダヤ人の人道主義的政治家）は一種のユダヤ人解放令で、マグレブ、アルジェリアにいたユダヤ人に市民権を与えました。あなたはこれを、フランスの市民権を植民地にまで拡張した普遍主義の証明として評価しているような印象を受けます。ところが、アリジェリアの被支配者の大半を占めるアラブ系イスラム教徒は「原住民法」によって無権利状態におかれ、差別されたままだっ

**エマニュエル・トッド**

たのです。確かにクレミュー令はユダヤ人を解放しましたが、片方で大部分の住民の差別は放置しました。白人入植者以外の現地人は少数の二級「市民」と多数の「隷属臣民」に分割されたわけで、普遍主義が人種差別を内包するこの矛盾を、あなたの友人のタギエフは「共和国のジレンマ」と呼んでいます。その源流のひとつはルナンにあります。今日ルナンは主意的な「ナシオン（国民）」概念の創始者として、フィンケルクロート以来多くの知識人が引用します。先日アラン・ジュペ元首相が来日して議論する機会がありましたが、彼もフランスには移民統合方式のコンセンサスがあるとして、ルナンの名前をあげていました。

**トッド**　ジュペは知識人とは言えませんよ。

**三浦**　あなたも日仏学院の講演で有名な「ナシオンとは日々の国民投票なり」を引いていましたが、その普遍主義的ナシオン観を打ち立てたとされるルナンは、かなり人種主義的、しかも反ユダヤ人的イデオロギーをもっていたことが今日では知られています。

**トッド**　彼はブルトン人ですからね。

**三浦**　タギエフの引用の孫引きですが、ルナンは「人間は平等ではない、人種も平等ではない。黒人は白人の命令に従って仕事するように生まれついている」と言っています。私はわざと挑発的な物言いをしているのであって、本当は共和国的価値をなんとか救い出したいと思っているのです。

**トッド**　あなたのほうが私よりずっとフランス的愛国者のようですね。

**三浦**　私の問題提起は以上の四点です。

## ナショナル共和主義者か否か

**トッド**　いずれも深刻かつ根本的な問題で、まともに扱うと長くなりますが、ともかくお答えしましょう。

確かにフランスのメディアでは、私は「ナショナル共和主義者」の陣営に分類されています。レジス・ドゥブレは親しい仲ですが、フィンケルクロートとはあまり接触がない。ただ、政治的議論では彼らと同じ側に立つことが多いのは事実です。しかし、私のテクストを注意深く読んでもらえば、私はフランスのナショナル・アイデンティティ（国民的同一性）の再定義に腐心してはいますが、私があまりいいフランス人ではないことが分かるでしょう。『移民の運命』でもフランス的ナシオンの再定義を試みています。私は自分の国を愛していますが、フランスそのものの分析はアイロニーに満ちたものになっているはずです。フランス人として、フランス人が肌の色にあまりこだわらないとか、自分と違う出自の人と結婚するのを何とも思わないなど、オープンなところは好きですが、よく見るとフランスの中には二つの傾向が混在していて、周辺部の地方では人種主義が強い。たとえばベアルヌ地方のカゴ（この地方独特の被差別集団）と日本の部落民を並べて比較するなど、この点は詳しく分析しましたが、フランスは純粋な一枚岩ではなく、多様な国です。システムとしては不完全で、内部で分裂しているのです。『移民の運命』に「自分の国土における普遍的人間」という章がありますが（第九章「フランス——普遍的人間の国土」）、フランスの普遍性を信じるナショナル共和主義者だったら、このタイトルにこめられた皮肉を理解できないでしょう。フランスは確かに存在するし、アングロ・サクソンとは違う。アングロ・サクソンの多文化主義は私の神経を逆なでします。しかし、ただの一分も、私はフランス人の普遍主義が普遍的だと思ったことはないのです。

日本の歴史についてコメントする前に、学問研究と道徳的価値判断は直接は結びつかないと申し上げておきます。遺伝学は、人種主義が正しいとも間違っているとも証明できないし、いかなる人類学モデルもナシオンの正統性・非正統性を証明できません。その可能性ははじめから除かれています。私の人類学モデルが、暗黙のうちにナショナリズムを勢いづける結果になっているという指摘ですが、それには『第三惑星』の最後の一句をもってお答えしたいと思います。この本はいずれ藤原書店から翻訳が出ると思いますが、その最後で私はほぼこんなことを言っています。私のモデルが示そうとしたことは、フランス革命であれ、ロシア革命であれ、イスラムであれ、普遍主義のイデオロギーはみな、実は平等主義的な人類学システムに根差している、つまり一定の領域性を持つ人類学システムと普遍主義的平等主義の信仰のあいだにはごく特殊な決定論的関係がある、したがって普遍主義は普遍的ではなく、ごく特殊な現象なのだ、ということです。

日本など直系家族の国々については、これも『第三惑星』で展開したことですが、おもしろいことに、兄弟間の不平等が民族間の不平等、人種間の不平等の元になり、自民族中心主義イデオロギーを生みやすい。統計的に言って、直系家族の国は自分を特殊で異質な存在とみなしがちです。それがあなたの恐れている点でしょう。しかし私の本を読んでください。ベアルヌ人は自分を特殊だと思っている、ドイツ人は民族の特殊性を重視するあまり、ご存知のような錯乱においった、日本人は自分をとてつもなく特別だと思っている。しかし直系家族という点では、みんな同じです。私のモデルの特徴は、フランスの普遍主義を人類学的特殊性に還元し、差異主義を人類学的普遍性に還元していることです。だから、私のモデルが日本のナショナリズムの論調の中で重きをなすとは考えにくい。もし攻撃的な自民族中心主義がでてきたら、私はそれは日本だけのことではない、ベアルヌ人も同じだと言ってやります。日本だけの特殊性だと思われることが普遍的な法則で説明されるとしたら、日本人特殊性論もかたなしでしょう。

フランスではいわゆるナショナル共和主義者が登場し、私の研究の曖昧性、両義性が論争の中で問題になっているのは事実です。しかし、国家主権を至上のものと考える誇大妄想狂的錯乱に私は与しません。フランスは世界第四の大国だといっても、アメリカ、日本、ドイツの後塵を拝しているわけですし。私には、フランスの普遍性を言いたてるあなたのほうがはるかにフランス的なナショナル共和主義者に見えますが（笑）。

## オーストリアの問題

ところで、私は最近、オーストリア問題をめぐって、ナショナル共和主義者、主権主義者〔右のパスクワら、欧州統合に反対する国家主権至上論者〕と袂を分つような分裂の危機を経験したところです。オーストリアでハイダーの極右政党を含む連立政権ができました。私は旅行中だったのですが、パリに帰って主権主義者の友人たちに会ったら、こんなことがヨーロッパの中で起こって、さぞかしヨーロッパ統合論者たちは困っているだろうと言います。私にとってこの事件は、ヨーロッパのネーションの多様性を示す事例の一つです。欧州大陸の人類学的イデオロギー的多様性の証左であり、学問的分析の裏付けにもなります。ところが主権主義者たちは、これは主権国家の内政問題で、オーストリアは小国だからたいしたことはない、ポピュリスムにすぎない、オーストリアの近代化の苦しみだなど、みな同じようなことを言います。ヨーロッパ統合論者たちは、コソボ紛争のときと同様オーストリアに干渉しようとするが、主権国家の内政に口出しするのはよくない、というわけです。しかし私は、『フランクフルター・アルゲマイネ・ツァイトゥンク』紙から長いインタビューを受け、自分の意見をはっきり述べました。私はヨーロッパ諸国は歴史も違うし、それぞれ成り立ちが違うと言ってきました。フランスの普遍主義者は、すべての国民は同等であり、したがってナチズムはフランスにも起こり得たという、捻じ曲げとしか言いようのない歴史の再構築を行ないます。しかし、ナチズムはドイツに起こったのであって、フランスでは起こらなかった。そう言って何ら問題はありません。ドイツ人はフランス人が自分たちとは違うものとして存在しているという認識をもっています。私は差異主義者とは基本的にうまが合うのです。

**三浦**　あなたは普遍主義的差異主義者ですね。

**トッド**　その通り、私は「四角い丸」という実現不可能なことを実現したのです。いずれにせよ私は単なる普遍主義者ではないのであって、その意味でよきナショナル共和主義者でも、よき主権主義者でもありません。

## クレオール化と文化的メティサージュ

次にクレオール化と文化的メティサージュ（混淆）の問題についてお答えします。経済学的には、グローバル化は差異の二極化を生むと考えられます。アメリカ人は消費者になり、ドイツ人と日本人は生産者になるといったことです。しかし、私は社会の変化に関しては保守的でして、それぞれの社会には固有の文化があり安定したシステムがあり、社会の変化はわれわれが想像するよりはるかに緩慢であると考える立場です。私は世界の均質化というテーゼをあまり信じていませんし、差異化が進むという考えにも賛成ではありません。

クレオール化の議論の中で、技術的に重要なことが一つ見落とされていると思います。それは人種的なメティサージュと文化的なメティサージュはまったく違うという点です。人類学的見地からみた家族システム、社会システムは、一定の領土に住む人口のうちに血肉化して存在します。しかしそのシステムは、それを支える個々人の出自や肌の色とは無関係に存続するのです。たとえばフランスというシステムは、ラテン、カトリック、共和国などの要素を総合してできあがったシステムですが、そこに住む人々がどんな人種的メティサージュの産物かは関係がない。いろいろな出自の人々の混淆婚から、想像できる限り多様な肌の色の子供が生まれますが、人種的メティサージュにもかかわらず、私のみるところ人類学的システムは完全に安定していて不変です。平等主義核家族が基本なのです。

私は人種主義者ではありません。絶対的な反人種主義者のつもりです。家族システム、社会システムは、個々人の肌の色とは独立しているという立場ですから。私は差異主義だとして批判されることがありますが、私のモデルからは反人種主義の議論、タギエフが考えもしなかったような議論を導き出すことも可能だと思います。私の著作の特徴を、たとえば『第三惑星』などから差異主義だと言う人がいます。私が地球上の民族の特徴を類型化し、それぞれ別の箱に入れて分類するからです。しかし、注意深く読んでもらえば、私が直系家族を取り上げるときは、直系家族のあらゆる地域での個人的パフォーマンスを分析対象にします。直系家族と一口に言っても、北ドイツやスウェーデンのように白人もいますし、日本や韓国・朝鮮、台湾の一部のようにいわゆる黄色人種もいますし、アフリカの黒人もいます。

**石崎**　ソニンケ人でしたっけ？

**トッド**　いいえ、それはむしろアフリカ東部、ルワンダ方面で、カメルーンの直系家族はバミレケ人です。このように直系家族は広く分布しています。それで、肌の色が白でも黄色でも黒でも、人類学的システムとしては同じメカニズムが支配している。直系家族であれば、肌の色のいかんを問わず、同じ自民族中心主義的コンセプトを共有することが立証できるのです。

最後の植民地主義の問題ですが、この点では自分の立場を擁護するつもりはありません。『移民の運命』で私が展開したモデルには大きな弱点があることを率直に認めます。植民地主義の問題は考慮せずに、ヨーロッパ系とイスラム系との混淆婚の比率を比較して、異なる人類学的システムの両立可能性を問題にしたのです。それぞれの地域での力関係は相対的に安定しており、そこからたとえばアメリカの黒人差別を説明しようとしました。

しかし、なぜかは知りませんが、植民地主義の問題には感性が向かいませんでした。アルジェリア人のフランスへの適応の歴史を問題にするとき、私は部分的にせよ問題をアルジェリア戦争の後遺症として説明したことはありません。それはとんでもない間違いだと思います。葛藤があるのは事実ですが、それは外婚制か内婚制かといった家族システム間のコンフリクトであって、それをアルジェリア戦争のときの相互のルサンチマンから説明するのは間違いだと思います。

**三浦** ありがとうございます。

## ユダヤ人出身の意味

**石崎** どうもありがとうございます。さて、これから他の皆さんに質問して頂きたいと思うのですが、その前に私としては、以前から温めていた一つの質問をさせて頂きたいと思います。それはやや大胆な質問で、お差し支えがあればお答え頂けなくても結構です。すなわち、あなたは植民地主義的過去とか移民の同化というような問題に関わる良心のためらいというものに囚われていない、それから自由であるように見えるのですが、それはなぜか、もしかしてそれはあなたがユダヤ人出身であるからではないでしょうか、つまりあなたはヨーロッパ人の犯した原罪を共有していない、あなたは支配的な集団の一員であったことがない、という理由からではないでしょうか？　例えばユダヤ人問題についても、あなたは非常に自由に語ることができる、タブーを一切持たないわけです。ナチスのいわゆる「最終的解決」についても、あなたはタブーなしにあらゆることを言うことがで

エマニュエル・トッド　石崎晴己

きました。こんなことを言うのは、私が人種主義者だからかも知れませんが……。

**トッド**　フランス人の家族というのは、いろいろな要素が混淆しています。私の場合は祖父の〔ポール〕ニザンはブルトン人です。しかし私を主に育てたのは、家系の中のユダヤ系の人々であったというのは事実です。そこであなたの質問に対する答えですが、それは「私には分からない」というものです。ユダヤ教というのは私にとっては抽象で、私はいかなるユダヤ人としての教育も受けていません。家族は大戦中にカトリックに改宗しましたので、むしろカトリック的教育を受けました。ユダヤ性というのは、後になって発見しました。ユダヤ人の家族には、直接には何もなくても、強制収容所送りになった者とかアメリカへ移住して戻って来た者とかが、知人や親類に必ずいますから、想像の世界が形作られ、ある種の精神の態度が形作られます。ですから支配的な集団の一員という姿勢を取ることは難しいでしょう。しかしそれを単にユダヤ人出身ということだけで解釈できるかどうか、私には分かりません。人格や個性の問題もあります。植民他主義に憤慨する人々の中にもユダヤ系は大勢います。

**石崎**　どうもありがとうございます。予定時間を大幅に越えています。残念ですがこの辺で終了させて頂きます。みなさん遅くまでありがとうございました。

なおこの他に重要なやり取りとしては、筆宝康之氏より、カロリング期荘園等、『新ヨーロッパ大全』中に示される経済史的事項について質問があった。また堀茂樹氏は、トッド人類学が相対主義であり、それを乗り越えようとすべきである、と述べたが、これに対してトッドは、そのような企ては預言主義的要素、すなわち支配や権力に結び付く立場を前提とするが、気質的に支配や権力とは無縁な自分は、そのような立場に立つことはできない、と答えた。

さらに伊藤るり氏よりは、ドイツの国籍法の改定を例にとって、直系家族地帯の社会にも大きな変化が起こっており、それは人類学的構造そのものの変化なのではないか、との質問があり、それに対してトッドは、家族システムは不変のものではなく、フランスでも直系家族システムそのものは消滅している、とした上で、全世界で起きている家族システムの変化が、一つのシステムへの収斂に至るという考え方には、徹底的な反対を表明し、「収斂の仮説の背後には信じられないような傲慢」、すなわち「万人がそこに収斂するような、人生・生活の意味（方向）を見い出した」とする傲慢な主張が隠されていると、述べた。

伊藤氏はさらに、二〇〇〇年六月に国民議会で採択された議員候補男女均等法（＊）についての、トッドの見解を質した。これに対してトッドは、一般に人種的・社会的カテゴリーの間に均等な割当を導入しようとする（例えばアメリカ合衆国では、テレビ等に有色人が登場する率を割当てている）措置は、人種差別主義が被る仮面であるとした上で、議員候補男女均等法を、「アングロサクソン流差異主義の馬鹿げた機械的適用」であり、「反共和主義的邪道」であると批判した。これに対して伊藤氏は、フランス的普遍主義は、硬直したものではなく、柔軟に変化を受け入れるものだとした上で、議員候補男女均等法を「普遍主義の作り直し」として、積極的に評価しようとした。

＊ **議院候補男女均等法**　通称「パリテ」法。フランスの議会における男女の代表性の平等を目的とする法律で、二〇〇〇年六月六日に国会で採択。人口三五〇〇人以上の市町村の議会選挙のための各政党の候補者名簿は、男女同数の候補を含み、しかも平等が保たれるような順序で配置しなければならないと、規定している。さらに市町村議会に留まらず、ヨーロッパ議会、上院、国民議会の選挙についても、多少の差はあるものの、同様の趣旨の義務を課している。

# 第III部

# 人類学の革新

# 対談　家族構造からみた新しい「日本」像

エマニュエル・トッド
速水融
（司会）編集部
三浦信孝訳

## 『新ヨーロッパ大全』の日本版

――まず速水先生からお願いいたします。

**速水**　それでは簡単に自分の紹介をいたします。私は一介の歴史人口学の研究者にすぎません。主にいま十七、十八、十九世紀の日本を対象にしています。日本には大変すぐれたミクロの人口資料があります。これを使って、例えば個人あるいは家族の、生まれてから死ぬまで、あるいは史料に登場してから消え去るまでをずっと追跡して、その間に起こった出来事を個人レベルでそのライフ・ヒストリーを知ることができます。宗門改帳とか、人別改帳と呼ばれている史料です。

私が歴史人口学と出会ったのは、一九六三、六四年にベルギーに留学している時でした。その時にベルギーのある教授から、最近、ヨーロッパで非常にさかんになっている研究として歴史人口学がある、と知らされました。そして一冊の本を渡されました。その本はもうだれもが知っている、ルイ・アンリのノルマンディ・クリュレ教区の資料を駆使した著書でした。非常に衝撃を受けました。

**トッド**　同じ分野で学んできたものとして、よくわかります。

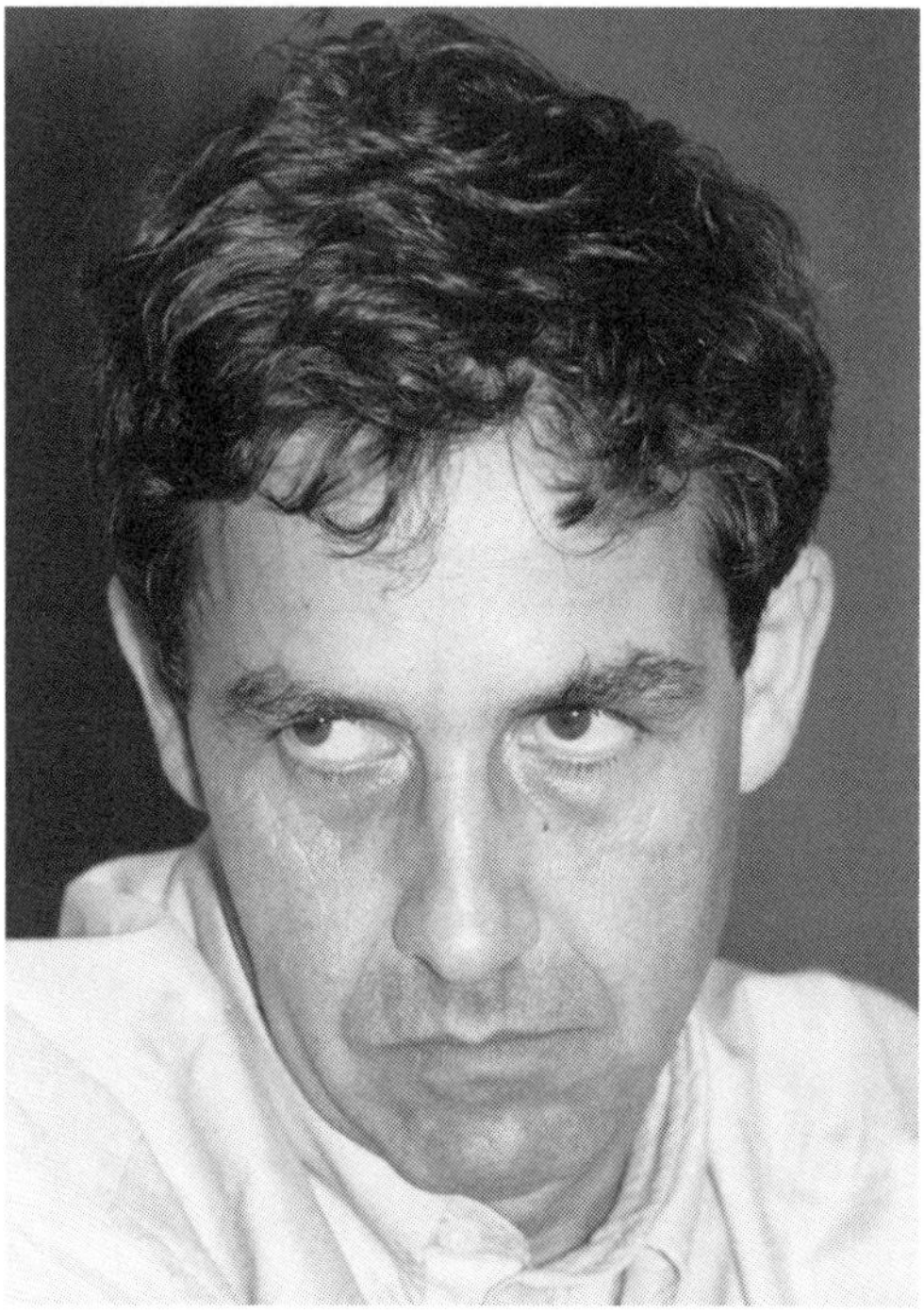

エマニュエル・トッド

**速水**　つまり、これは人口の歴史研究の大革命であると思ったのです。教区簿冊と訳してますけれども、これをデータにしているのですね。ルイ・アンリは、そこに書かれている男女の一生に起こった出来事、生まれる、死ぬ、そして結婚する、これをつなげまして家族復元法を確立しました。これによって歴史人口学が一組の夫婦の行動分析をもとに、科学として確立したといえるでしょう。

私が日本にも同じような史料があるかと考えたとき、まず最初に、お寺に過去

速水 融

帳があると思いました。仏教では命日が非常に大事です。だから死んだ日に儀式を行う。例えば三回忌とか十三回忌とか……。死んだ年齢が書いてあれば、もちろんある程度、人口資料として使うことができます。けれども決定的な問題は、結婚が書いてない、それから移動も書いてない。ですから人口資料としては不完全なものです。生まれた日も大部分は書いてない。

ですから過去帳を使った研究はもちろんありますけれども、どうしても限界が多い。最大の問題は現在人口数《ポピュレーション・アット・リスク》（対象とする人口の数）が分からないことです。もっといい史料がないか検討したのですが、ありました。それが宗門改帳です。徳川幕府はキリスト教厳禁政策をとりましたから、一人ひとりがキリスト教徒ではなくて仏教徒だということを、その人の属する仏教寺院に証明してもらい、それを毎年一定の日に町や村ごとにまとめて史料としたものです。

**トッド**　質問ですが、この宗門改帳はフローを記録しているのか、ストックを記録しているのか。すなわち、ある時点における住民全部の宗門を調べているのか、それとも宗門を改めるたびに記録にとどめるというフローの方でしょうか。

**速水**　両方です。つまり、元の史料にはストックが書いてあって、それに張り紙とか赤で、次の宗門改めまでの変化を書いています。例えば、死んだとか生まれたとか、よそから来たとか、どこかへ嫁にいったとか、そういうフローも書いてあります。

ただし、私のいうのは理想的な場合です。貼り紙が破けたり、はがれたりしている場合が少なくありません。しかも史料が二百数十年間残っていれば大変な記録になるのですが、例えばその二百何十年の間の百五十年間はほとんど続いているとか、あるいは百年間は完全にあるとか、現実に使うことができる史料はそういう形のものです。これを日本のあちこちで集めまして、研究を続けてきました。一九九五年からは、同じような史料のある中国、イタリア、ベルギー、スウェーデンの五つの社会を対象に、国際研究チームを組織して、国内および国際比較研究を進めてきました。大きな国際研究プロジェクトを組んで、その間、いくつかの研究は、英語とかフランス語でも発表しましたし、それから本を二冊出版しました（『近世農村の歴史人口学的研究』東洋経済新報社、および『近世濃尾地方の人口・経済・社会』創文社）。

ですが、ごく最近になって、私には二つの新しい関心がでてきました。それはたぶんにトッドさんの影響だと思っています。一つは人口だけ見るのではなくて、家族の形態と人口をセットで見ていくという必要です。それから二番目は、マクロ史料の利用です。ミクロの史料というのは利点はすごく大きいけれども、どうしても「点」の観察になります。例えば五〇カ村あっても、当時、日本には六万ぐらい村がありましたから、千分の一ぐらいしかない。史料は八百カ村ぐらい集めましたけれど、長く続いたのは五〇ぐらいしかありません。

これを「面」に拡げるためには、マクロの史料を使うことです。ただし、マクロの史料は明治維新、一八六八年以後でないとありません。そこでトッドさんの『新ヨーロッパ大全』（二分冊）のまねというか、県とか国の境を取り払って、明治期には七百ぐらいあった郡および市を単位として観察し、地図を作成することを始めたのです。**地図1**は平均世帯規模を示したもので、東北日本では七人以上あるのに中央日本では五人以下となっています。それが私のいま持っている、二つの新しい関心です。もちろん、ミクロのデータを使ったものはたくさんまだ残っていますし、それから家族を入れる、それからマクロのデータを入れる。で、私はもう七十歳になってしまったのですが、もう一生ほしいくらいです。マクロと徳川時代のミクロをつなげるのが究極の目標です。

## 歴史人口学との出会い

――速水先生から自己紹介をかねて、最近のお話をいただきましたから、今度は、トッド先生の方から簡単に自己紹介を含めて、お仕事をご紹介いただけますでしょうか。

**トッド**　速水先生に今日はお会いできて非常に感激しております。大先生を前にした学生という気分です。というのは、これまで速水先生の英語ないしフランス語で出された論文は読ませていただいておりますし、ピーター・ラスレットのもとで博士論文を書いていたときから、先生のお仕事は存じあげていました。いまの自己紹介をうかがいましても、私の立てた仮説を、先生が日本の場合に応用して仕事をなさっていただいたということで、自分のいままでの研究の意味があったと、いわばご褒美をもらったような気がします。お話をうかがって、世代の違いというのはもちろんありますけれども、しかし知的には同じような場所から研究を進めてきたということを痛感しました。方法あるいは発想が近接しているということです。

私もまた学生時代から歴史人口学という分野で勉強してきました。学生時代に、さきほどおっしゃった、ルイ・アンリの本を買って読みました。これが最初の歴史人口学の重要な参考文献となった本です。私の両親はパリのＩＮＥＤという国立人口学研究所のそばに住んでいまして、そういう環境にも恵まれていました。父の友人のル

＝ロワ＝ラデュリのすすめでケンブリッジへ行って、ピーター・ラスレットのもとで勉強しました。私の指導教授のラスレットは、別のタイプの史料を使って研究するようにということで、私は住民リスティングス（記名型住民台帳）、これは村ごとに作られている貴重な史料ですが、これを使って仕事をしました。ここには洗礼を受けた日付とか、亡くなった日付が書いてあります。

## 人口統計と家族形態の分析

**トッド**　私はこの研究の初期の段階で、出生・結婚・死亡を中心にした純粋な歴史人口学からははなれていきました。というのは、私はラスレットの指導のもとに、一つの村の人口統計だけではなくて、姻戚関係、つまりカップルごとの集まり、家族だけではなく、一つの村の中でどれだけの割合で家族同士がつながっているか、姻戚関係にあるかということを調べる、そういう方向で仕事をしました。まず北フランスを中心にやって、それから私は旅行が好きでしたし、ケンブリッジは寒くてじめじめしているということがあって、南のイタリアのトスカーナ地方、それからスウェーデン、またフランスのブルターニュで、この方法で家族構造の研究をしました。ですから、先生との共通点は統計を駆使した歴史人口学であるということが一つあります。もう一つは、これを地域間で比較検討する、あるいは地域といっても、一つの国の中だけの地域ではなくて、世界的な規模での地域の比較をするという発想が、共通にあったと思います。

フランス的な歴史人口学の中で育ってケンブリッジに行ったものですから、ケンブリッジでは人口学だけではなくて、人類学という学問と出会い、これはフランス人学生としては思いがけないことでした。とくに社会人類学です。親族がどういうつながりをもつか、そのルールを明らかにする社会人類学です。それを発見したことに

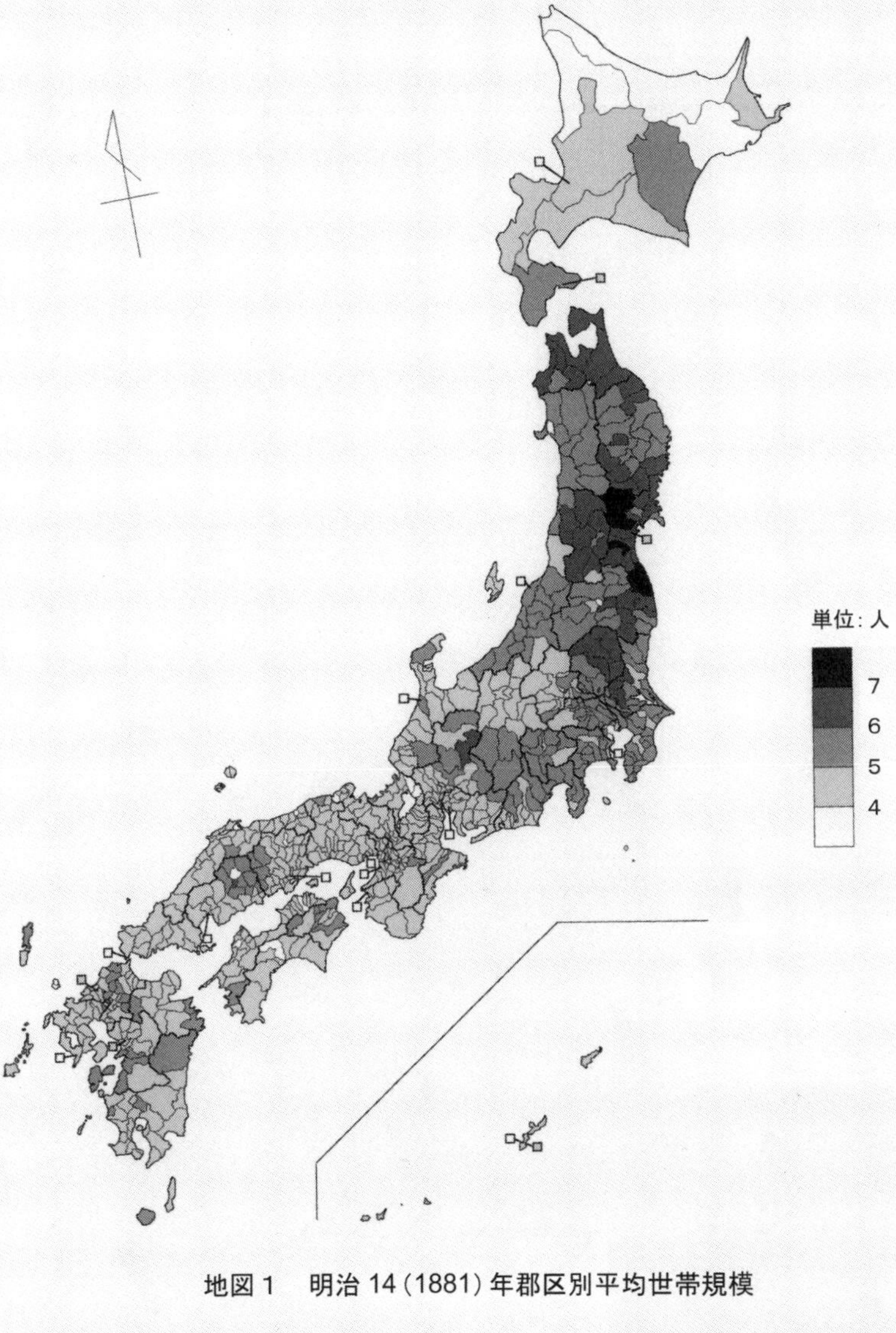


地図１　明治 14 (1881) 年郡区別平均世帯規模

よって、単なる統計のための統計といいますか、統計学的な思考が薄らぎました。つまり、人口統計だけによって現実を把握しようとする姿勢から、親族関係を律しているルール、つまり規則と法則性を明らかにする方へ関心が移りました。例えば相続の仕方、それからどのように同居しているかという同居の形態などが、数ではなくて質的なインフォメーションを与えてくれると思ったのです。しかしもちろん統計的な史料というものは重要で、いろんな質的な分析をコントロールし、チェックしてくれる役割を数字はもっていると思います。ただ、統計数字というものだけに依拠するのではない。ですから人口の統計的なフォローと、それから家族形態などの明示的なルールを探る方向、これがいわば対立関係といいますか、お互いがお互いを照らしだすような関係にあると思うのですが、そういう意味で純粋な、狭い意味での人口学からは離れていきました。ただし、私はいまフランスの人口学研究所の研究員ですから、人口学からはなれたといっても相対的なことにすぎません。

最後のポイントとしては、ラスレットのもとで研究を続けたのですが、かなり早い段階でラスレットと意見の不一致をみるようになりました。それは私がケンブリッジで勉強していた時期に、ラスレットは英国の過去の農民の人口や家族の形態を調査して、英国は核家族であるという発見をしたばかりの時で、非常に自分の発見に興奮していた時期でした。そこから彼は、時代を遡って、時間軸でいつでも、それから地理的にどこでも、核家族というものが普遍的に見られる現象だ、という一種の神話を立ててしまいました。私の方はもう少し比較的なアプローチをしていたものですから、いつでもどこでも核家族、という先生のテーゼに対して、家族構造というのはもっと多彩であるということで、多様性に次第に確信を深めていきました。確かに英国では核家族かもしれない、あるいは北フランスもそうかもしれない。しかしスウェーデンでは直系家族で長子相続が行われている。トスカーナは父系で共同体家族というふうに、地域によって家族形態の分布は多様である、ということを私は確信するようになりました。ですから先生と意見がだいぶ違ってしまったのです。

当時、ケンブリッジの大学の新聞に、ラスレットのインタビューが載りました。このインタビューから私が得た結論は、ラスレットとの意見の違いは、たんなる知的アプローチの違いというよりは、むしろイデオロギー的な違いであると。つまりラスレットは核家族の普遍性を信じる、私は家族構造の多様性を信じるということで、それが非常に大きな根本的な対立になってしまったのです。

以上、簡単に私の研究歴を申しました。

## 家族構造とイデオロギーの関係

**速水**　そうしますと、この『新ヨーロッパ大全』はそういう対立の中から生まれたというか、つまり多様性というものを少なくともヨーロッパの中でとらえようとして生れたものなのでしょうか。

**トッド**　ラスレットとの見解の相違が直接の引きがねになって『新ヨーロッパ大全』ができたというのではなくて、その間にいろいろ他の要因もありました。いくつかの偶然の要因がそこに介在していました。結局は『新ヨーロッパ大全』で展開することになった、家族構造の違いとイデオロギーの違いの間には相関関係がある、というテーゼです。

どうやってそこに至ったかといいますと、一方ではもちろん、ケンブリッジにおけるアングロ・サクソン的な方法で歴史人口学を研究し、それによって家族構造というものの多様性を発見していった、これが一つです。それからまた、七〇年代という、私のフランス人としての知的環境です。七〇年代はまだ共産主義、あるいはマルクス主義が非常に重要な意味をもっていた時期です。それで、なぜ世界の一定の地域には共産主義が定着して、成功し、他の地域では成功しないのか、あるいは普及しないのかという疑問、これを明らかにしたいという欲求をもっていました。

私はケンブリッジからフランスに帰って、はじめジャーナリズムの仕事をしていて、七六年に『最後の転落』というソ連体制の崩壊を予言した、最初の冊子を書きました。それでその時期に共産主義が成功し、確立している地域の地図、ソ連、中国、あるいはトスカーナといった中部イタリアの共産主義の地図と、家族構造の分布の地図を重ね合わせてみると、共産主義の地域は外婚制の共同体家族であるということでぴったり一致するということがわかりました。それで家族構造とイデオロギーとの相関関係を確信するに至りました。

ですから左脳と右脳があって、片方では家族構造をケンブリッジでずっと勉強して、多様性という結論に至りました。もう片方では七〇年代の知的関心、イデオロギー的関心、そこからその二つの関心がいろんな偶然の要素でドッキングしたのです。ケンブリッジにはそもそも英語を勉強するために行ったのが、そこからいくつかの偶然の重なりによって、こういう研究の展開になりました。この家族構造とイデオロギーの相関関係という仮説をさらに一般化し、どこまで説明できるかという方向で、その後、研究を進めました。それがこの『新ヨーロッパ大全』になったのです。

## 「人類学的手法」は決定論か？

**速水**　私はこの本を読んで非常に強い衝撃というか、関心を深くしました。ただし、同時に疑問もいくつかもちました。トッドさんは、家族構造と農地制度、これがイデオロギーあるいは政治形態を決定するという、かなり決定論的な立場から述べておられるように思います。そうすると現在、われわれはマルクス主義の決定論からいわば解放された。解放されたけれども、今度は違う決定論がきたと受けとるのは、まちがっているかもしれませんが、そういう印象があります。

**トッド**　残念ながら、その印象は正しいと思います（笑）。決定論的なモデルであることは認めます。ただ、私は決定論者であるかもしれませんが、ファシストではないつもりです。

学問に携わる人間にとっては、やはり物事の因果関係を明らかにすること、原因と結果の間で何が何を決定するのか、これを明らかにするのは、社会科学といえども、学問であるかぎり、科学であるかぎり、まぬがれえない宿命です。その社会科学もモデルはやはり自然科学にあると私は信じています。その意味で私はアルシ（原）・デュルケーム派であると申し上げられます。いくつかのパラメーター（変数）を勘案しながら、しかし社会の中に一つの法則性を発見し、打ち立てていく、これがやはり学問あるいは科学の任務だと考えています。

ただ、私はマニアックな決定論者ではなくて、かなりリーズナブル（穏当）な決定論者であるつもりです。つまり、すべてをこの因果関係で説明するのではなくて、とくに個人のレベル、あなたはこういう家族形態に生まれたから、したがってあなたのイデオロギーはこうなり、選挙では何党に入れるというような、個人レベルまで決定されていると申し上げるつもりはまったくありません。ただ、家族構造という一つのシステムと、イデオロギーも一つのシステムなら、その間には相関関係があると言っているにすぎないのです。しかも統計にもとづいてです。したがって、このような家族構造の平均値をとり、イデオロギー構造の平均値をとった場合に、やはり一方が他方を決定する。支配的なある家族形態は、イデオロギーのある支配的な形態に結びつく蓋然性がきわめて高い、と言っているのであって、個人の自由というものを否定しているのではありません。そのような存在の被拘束性というか、決定要因によって個人の自由は完全にしばられているといっているのではありません。ただ、割合からいって、このような家族形態のシステムであれば、例えば共産主義のイデオロギーを受けいれやすい、そういう傾向があると言っているだけです。これが一つです。

それからもう一つは、マルクス主義は決定論だとおっしゃいましたけれども、そのとおりだと思います。しかもそれは全体主義的な決定論だと思います。つまり経済の下部構造によって上部構造のイデオロギーが決定されるというだけではなく、マルクス主義は、結局、下部構造から決定論的なやり方ですべてを説明しようとしている試みである。そういう意味でやはり全体主義的だと思います。家族構造とイデオロギーの関係を私は述べています。しかし家族構造から、例えば芸術表現を説明しようとはしていなくて、私の本には芸術については一行も書いてないつもりです。ですから家族構造からすべてを全体主義的に説明しようとしているわけではありません。一定の領域に限った説明を心がけています。

それからマルクス主義との違いについて、もう一つだけ申し上げたいことは、マルクス主義は一つの科学ですけれども予言をしました。経済的なパラメーター、要するに経済的な下部構造からまずプロレタリアートの出現を導きだし、プロレタリアートは共産主義革命の担い手になる、という形で歴史の未来を予言したのですが、事柄はその予言どおりには実現されませんでした。最初にプロレタリアートが出現した英国は共産主義にはならなかったし、逆にプロレタリアートが十分な形では生まれず、むしろ農村社会であったロシア、中国に共産主義革命が起こったということだけでも、その予言のとおりに事柄は進行しなかったことは明らかだと思います。私は共産主義の後（ポスト・コミュニズム）の時代に生きています。マルクスが共産主義社会の到来を予言したのに対して、私は共産主義の実験が終わったあとで、共産主義を予言するのではなく、たんに過去というものの法則性を明らかにする、過去の歴史家であると自覚しています。

ですから結局、科学が立てる法則性というものは、現実によって検証されなければいけないと思います。直系家族の日本では革命が起こらず、共同体家族の中国では共産主義を受けいれ、革命が起こったということで、マルクスがいったような意味での経済発展の地図と、共産主義の地図とを重ね合わせた場合は一致していません。

むしろ家族構造の違いと共産主義の分布が地図を重ね合わせると一致している、ということで、結論としては、マルクス主義は科学的な検証に耐えなかったと私は思います。歴史学でも人類学でも、学問というのは、事実によって検証されなければならないと思います。

## 制度は家族構造を変えうるか？

**速水**　トッドさんにうかがいたいもう一つの問題ですが、政治とか国家とか法制、これをどうお考えでしょうか。つまり、政治や国家や法制によって、家族構造あるいは農地制度というのは変わるものなのかどうか。というのは、日本を考えたときに、日本の徳川時代には全国にまたがるような法制というのはありません。日本には二百ぐらいの大名がいて、藩があって、それぞれの藩の中での法はあるけれども、家族や土地制度までは規定していない。明治になって日本が統一されてはじめて、明治政府が日本全体に適用される法律をつくろうとします。しかし、国内にはお手本がない。ですから明治政府がまずやったことは、とくに民法ですけれども、フランスからボワソナードという民法学者を呼んで、日本の民法をつくろうとしました。ところが民法典の案ができた時に、ドイツ法を学んだ穂積八束という日本の法学者が猛反対しました。つまりこれは日本の慣行に合わないと。そこで民法典論争という猛烈な論争が起こって、結局、ボワソナード派は負けてしまいます。そして日本的な民法、つまり長子単独相続を基本とする民法ができ、それが戦後までずっとつづきます。ところが戦後になって、今度は日本はアメリカに占領されて、そこでまた民法の改正があって、分割均分相続になります。

そのように法律がどんどん変わっていきます。こういうことは、たぶんフランスでは考えられないと思いますけれども、現実にわれわれ日本に生きている者としては、そういうなかで変わっていくものだと考えざるをえない。民法だけでなくて、憲法からしていろいろ問題を含んでいますけれども、一体全体、政府や国、とくに法律はそういう社会の慣行を変える力を十分もっているとお考えかどうか伺いたいのです。

**トッド**　おっしゃることはよくわかります。日本の場合は明治の国家体制が整備されるなかで、民法をはじめ統一的な法律制度をつくろうとしました。ナショナル・レベルでの法律体系の整備は、日本の場合は非常にスペクタキュラーな（はなばなしい）形で、いまおっしゃられたような形で行われたのですが、しかしこれは日本だけがそうだったのではなくて、古いヨーロッパの国々でも同じようにいろいろ模索し、対立をかかえながら中央集権的な、統一的なナショナル・レベルの法体系を整備していったのです。

日本の場合には、例えば法律体系であれば、フランスやドイツのシステムを学んで――いまフランスとドイツといったのは、根本的に法律システムのイデオロギー的なベースが平等主義か不平等主義かで異なる典型的な二つのモデルだから申し上げるのですが――それを日本の明治の人々は主にフランス、ドイツについて学びました。すでにヨーロッパではかなりきちんとした形で定式化された法体系がすでにあったわけですから、これをモデルとして、レフェランスとして学んで、それで日本の近代的な法体系の整備をはかったわけですが、それがローカルな日本独自の風俗、習慣にマッチした形で、それを高度化、体系化するというのが法体系の整備ということになります。

ところが、さっき申し上げたように、フランスでもドイツでもスムーズな形で行われたのではなく、いろんな矛盾をはらんだものが、いわば上から統合、統一されていったのです。フランスの民法は、ナポレオン法典といっていますけれども、大きくいえばフランス革命の産物だと思います。フランス革命の中で、じつはフランスの地域というのは、家族形態の相違によって相続の仕方もきわめてまちまちで、地域によって多様性が見られました。しかし、いくつかのモデルがフランスの国内で対立するなかで、パリ盆地を中心とする自由で平等な、平等主義核家族が支える自由、平等のイデオロギーが、周辺地区を制圧する形で国中に広がるようになったのです。

したがって、中央集権的な国家がつくりあげた、ナショナル・レベルの、すべからく国中に適用される法体系というものが、相続の仕方とか、結婚の形態とか、ベースとなる民法上の風俗、習慣という、伝統的なものがあったのですが、法体系がそれを逆に変えていった、あるいは影響を与えていったということがいえます。ですから、いわば法的上部構造が下部構造に影響を与えていった、そういう形で国家的あるいはナショナルな形での統合が上からなされていったという側面はもちろんあります。とくにフランス南西部は直系家族ですから、自由、平等にもとづく新しい民法を適用するだけの条件は整ってない。ですからこれをそのままの形では適用すまいとする、そういう抵抗が見られて、法律をかいくぐって、法律をそのままの形では適用させないようないろんな工夫がなされました。直系家族ですから、不平等な長子相続が行われますけれども、そこで均等相続が行われなければならないと国の法律が命じても、次男あるいは二番目の子供以下は全部、相続する権利を放棄するという形をとらせることで、法律の均等相続原則にもかかわらず長子相続を続ける、そういう抵抗がみられました。

戦後、アメリカの占領期間があって、アメリカが基本的な戦後日本の改革をリードしました。したがって、アメリカ的なシステムが戦後の日本社会に影響を与えなかったと考えるのは、もちろんばかげており、事実に反することです。ただし、戦後の日本にあって、新民法によって長子相続の伝統が廃止されたということは、結論からいえば、アメリカの占領がなかったとしても、いずれ起こったことであろうと私は思います。自発的に内部的な要因によって、つまり日本社会そのものの変化から、いずれ長子相続は廃止され、均等相続になったであろうと思います。

もちろん、伝統的には男系であれ女系であれ、女子相続も含めて長子相続の伝統があっても、日本に限らず、とくに直系家族、しかも直系家族に限らず世界的に農村社会であった時代、階級としては貴族階級があって、人口のほとんど大部分が農民であった時代、この段階では、自分の家が持っている世襲財産の一体性を損ねないためには、やはり長子に相続させるということがほとんど世界中でルールだったと考えられます。ところが農村社会が近代化によって工業社会に移行していくにつれて、長子相続を維持していかなければいけない必然性はだんだん薄れていったと考えられます。近代化の過程で、遅かれ早かれ長子相続という形態は終わって、新しいシステムに取って代わられていった。したがって日本の場合でも、アメリカ軍の占領が実際にありましたが、もしなかったとしても、長期的なスパンで考えれば、いずれそういう転換が起こっただろうと考えます。

むしろ本当に大事な問題は――私は家族形態の重要性ということを言いたいのですが――日本は直系家族で、フランスの南西部も直系家族です。しかし日本でもフランスの南西部でも、すでに三世代同居型のような古典的なイメージの直系家族は、もはやマイナーになってきています。

**速水**　この地図2でもそうです。これは県ごとですが、一世帯あたりの夫婦組数を示しています。東北日本が一・二以上なのは多世代同居のあったこと、中央日本が〇・八以下なのは、核家族形態の世帯が多かったからでしょう。

## 家族形態が消滅しても存続する価値体系

**トッド**　ですから古典的な形での直系家族というものは消滅しつつあるにもかかわらず、直系家族が担っていたイデオロギーといいますか、価値体系は必ずしも消滅していない。もっと長いスパンで存続しているのではないか。これが非常に大事なポイントだと思います。スウェーデンでもドイツでも日本でも、典型的な直系家族社会であったのですが、それが直系家族ではなくなってきています。

しかし、いまあげた国々の社会の組織の特徴、あるいは労働、仕事に対する態度、あるいは規律、社会の組織のされ方というものは、直系家族が担っていた価値を参照せずには説明できないような、ある固有性をもっていて、そのことは、それを支えた下部構造としての家族形態が消滅しても、価値体系はかなり長いスパンで残るということです。

**速水**　まったく冗談ですけれども、私個人のことをいえば、五人兄弟の長男です。だから昔の民法の方がよかった。つまり親の財産を全部独り占めできた。ところが平等分割相続になったから落ちぶれて……。

**トッド**　私も四人兄弟の長男ですので、いまは均等相続でだいぶ損している方です（笑）。

おっしゃられたとおり、工業化、近代化の過程で、近代化というものが一種の平等原理を多かれ少なかれ導入して、階層の如何を問わず、ソーシャル・モビリティ（社会移動）が非常に重要な意味をもつ時期というのがかなりあります。しかし、ソーシャル・モビリティ、階級上昇といってもいいし、職業とか住んでいる場所が変わるという、広い意味でのソーシャル・モビリティが非常に活発な時期があって、それがだんだんスピードが減速していき、人口の増加が止まることによって、ソーシャル・モビリティも終わってしまう。その結果、社会構造がクリスタライズ（結晶化）していく。それぞれの家族がそれぞれの家族の財産、職業も含めた財産を死守するという傾向が生まれていく。フランスの場合ですと、グランドゼコール（エリート養成の専門学校）、エナ（国立行政学院）の出身者の子供がまた同じ学校へ入って、高級官僚になって、エリートになっていく、そういう再生産、ピエール・ブルデューが分析した再生産の現象は、かなり普遍的に見られる現象だと思います。

ただし大事な点は、この再生産という現象をどう社会が評価するか、受けとめるかという問題です。イギリスの場合には、貴族というものがまだ残っています。貴族は長子相続です。そういうものが一つの社会全体の価値観の中に支配的なものとして残っている社会では、こういったエリート階級の再生産とか、あるいは職業の世襲

地図2　明治19(1886)年県別世帯あたり平均夫婦組数

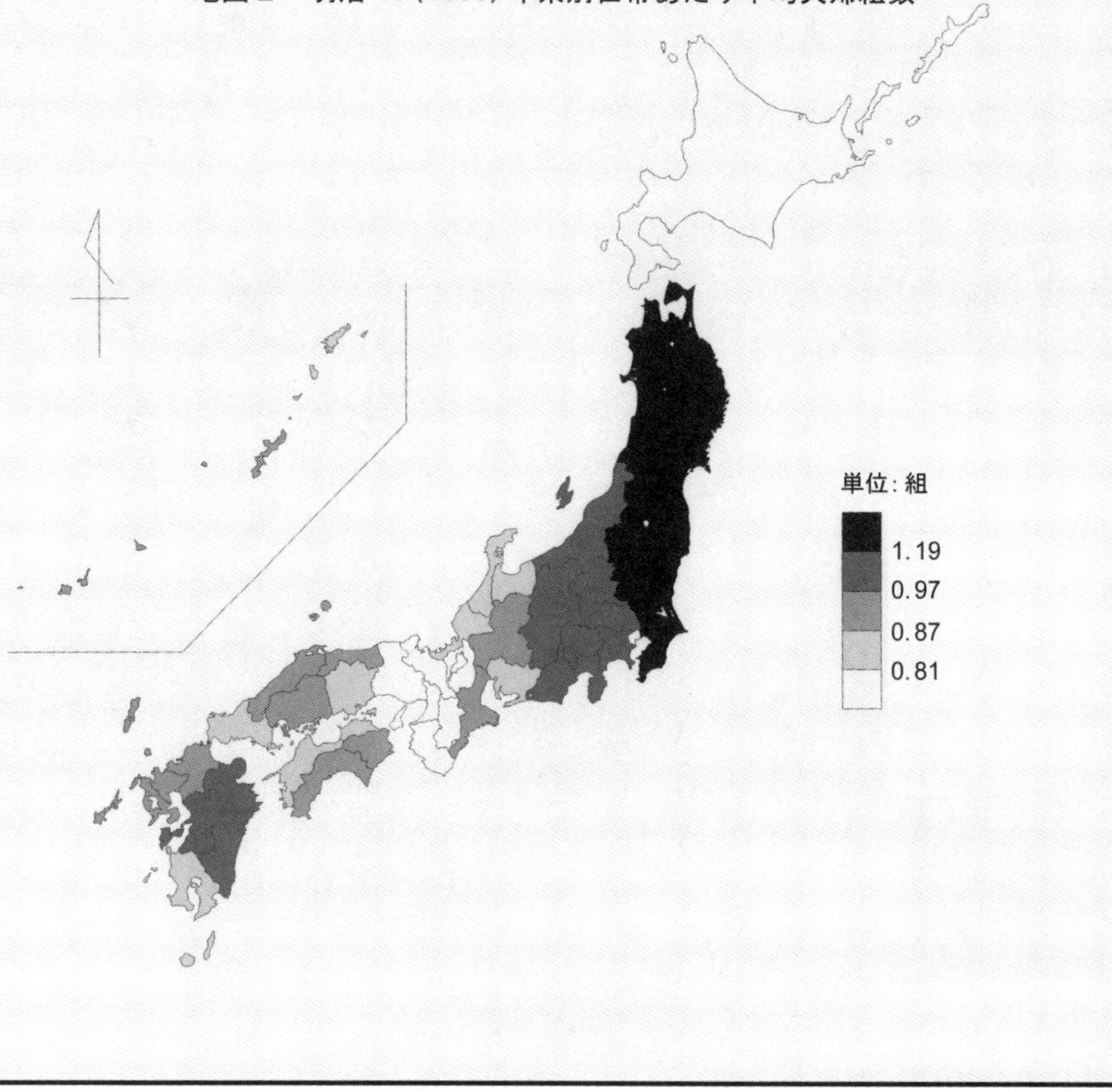


化というのはべつに異常なことではない。むしろノーマルなことであると受けとめる、全然ドラマティックなことではない、と平然と受けとめるでしょう。それに対して自由、とくに平等という原理を革命以来打ち出しているフランスの場合は、職業の世襲化というのはフランス社会が機能不全に陥った兆候ではないか、と非常にネガティブな評価を与えるでしょう。

　日本ではどうでしょうか。私は口をはさむ立場にありませんけれども、それは日本では伝統的な価値が、ふたたび日本の社会が安定化したために固定化して、不平等主義が伝統的な価値だから、これは必然的なことだと受けとめているのか、あるいはこれは非常に恥ずかしいことだ、よくないことだと日本の皆さんは思っているのか。再生産という現象をどう社会が受けとめるかによって、その社会の価値観が変わったのか変わってないのかが、逆に判断できるのではないかと思います。

**速水**　私はこの問題について専門家としての立場から答えることはできませんが、次のように考えています。日本は経済的にローレンツ曲線（所得の分布のあり方を示す曲線）を描くと、世界の中で最も四五度線に近い、つまり大金持ちも少なく、貧困者も少ない社会です。逆にいえば、エリート不在といってもいいかもしれません。私がヨーロッパで常に感じるのは、エリートと大衆が異なる文化、言葉、生活様式を持っていることです。しかし日本ではよく総中産階級化といわれるように、少なくとも経済的には平等化が進んでいます。こうなると伝統的価値が非常に見えにくい存在になります。ひょっとしたら見えないほど、それは「日常化」しているのかもしれないと。

## 家族構造からみえる新しい「日本」像

**トッド**　速水先生に伺いたいのですが、先生が人口統計と家族形態、あるいは相続の形態というものをドッキングさせた地図をおつくりになったのは、非常にすばらしいお仕事だと思っております。それは私自身の研究にすでに利用していますし、これからも利用させていただこうと思っているので、質問させていただきます。

日本を一枚岩の均質な社会として描きだす傾向が、日本の中にも、あるいは外からの観察者にも多く、それはほとんどカリカチュアだと私は思います。先生のお仕事によって地域の多様性というものが明らかになってきました。直系家族という枠組の中でも、いろんなニュアンスの違いがあるということが、先生のお仕事でわかってきたと思うのですが、最新の研究の成果をご披露いただけないかと思います。つまり、一つの家の中に複数の世代が同居するとか、あるいは結婚の年齢が地域によってどのように違うのかということで、地域別の地図をつくられていますが、人類学的に日本を考えるときに、結論としてはどういうことが言えるのでしょうか。

**速水**　私が先ほど申したことは、日本がずっと均質的な社会であった、ということではありません。逆に非均質性が歴史を遡るほど見えてきます。これもトッドさんに教えを受けての話ですが、一つは日本に定住した人々、エスニシティといいますか、民族的な問題があります。

日本で最初に文化をもった人たちは縄文人です。ヨーロッパでいえば、ケルト民族みたいな存在といえると思います。縄文人はだいたい狩猟、採集が主であって、農耕は原則としてしない。ですから人口規模は小さく、一〇万のオーダーです。その人たちが小氷期の終わった約一万年前からずっと住んでいました。そこへ渡来人といいますが、外国から農耕と鉄を作る技術をもった人たちが紀元前三世紀ごろからやってきます。それは朝鮮半島または、中国大陸から、九州および日本の中央部に来て、そこで大和朝廷をつくります。そのもとに日本は統一されます。七世紀の頃、日本の人口は約六百万人と推定されています。縄文人たちは、結局敗けるのですね。そして一部は南に行ったかもしれないけれども、だいたいは北の方に追いやられてしまいます。もちろん、そこで縄文人すべてが絶滅したのではなくて、同化作用が起こっていくけれども、しかしとくに東北地方に住んだ人たちは、縄文時代の人々がもっていた価値観とか家族制度、子供をあまり産まないようにするとか、早く結婚するとか、そういう慣習をもったままずっときました。そこへさらに第三の移民がきます。これは、年代ははっきりしていません。私は東シナ海沿岸文化と呼んでいますが、朝鮮半島の南にある済州島(チェジュド)、それから十分研究されていませんけれども、たぶん南中国の沿岸、それから琉球、台湾、これらを含む東シナ海沿岸地域には、たぶん共通の言葉をもち、共通の文化をもつ人々が住んでいたと考えています。舟を使って往来しています。このグループの文化が薄く西南日本にかかっている、これが第三の人たちです。だから三つのタイプができてきます。

比較的早い時期に、日本でいえば七世紀ぐらいには、日本は中央政府で統一されてしまいますから、それ以降、日本に居住した人たちのあいだのエスニシティに基づく戦争はなくなりますが、それぞれがもっていた価値観には違いがあります。東北では早く結婚するが、しかし子供の数は少ない。中央部は比較的遅い結婚で、子供の数は多い。それから南西部はやや他と違っていて、遅く結婚するけれども、結婚以外の子供を産むことは平気。だからいわゆる私生児の数が多い。それから舟を使って行き来するから、外国へ行くこと、外で働くことをなんとも思わないという性質があります。そのように、それぞれ異なる性質をもった三つのグループが日本にいて、それがこういう地図とか、私の扱っている徳川時代のミクロのデータには出てきます。それが明治民法で統一される時に、なぜあまり抵抗なくうまく統一されたのかが、まだ解けない謎です。

ここで東北日本というのは、本州の中央を南北に縦断している大断層（フォッサ・マグナ）から東をいいます。中央日本はそれから西です。中央日本と西南日本の境界ははっきりしませんが、九州の東シナ海沿岸はまぎれもなく西南日本です。ただ、ここに渡来した人々は舟を使って方々に散って行きました。

**トッド**　ジョーモンはケルトですか、うーん……。家族構造の起源に関する次の本で「ゲルマンとアフリカのバントゥ」を比較する一章を考えていたので、「縄文とケルト」というもう一つのヒントがこれで得られました。ありがとうございます。

**速水**　縄文人は狩猟・採集経済で、非常に密度依存的です。資源が一定の場合、人口数が一定量をこえると共倒れになってしまいます。だからある数以上に人口を増やさない。そういったライフ・スタイルがビルトインされています。それが江戸時代ぐらいのミクロの史料に反映されています。

**トッド**　ここでの女性の地位は？

**速水**　早婚で一番低いのです。家族の規模も大きく、世代間の間隔がせまいので、何世代かが同居しています。中央日本は結婚年齢は遅く、世代間間隔が広いので、ライフ・サイクルの上で核家族型世帯の出現率が最も高くなっています。西南日本も同様ですが、共同家族形態をとる場合が多く、兄弟や傍系の親族が同居している場合が多いのです。これは地図にもよく表われています。また西南日本はいまはもう四つか五つの国に分かれて、言葉も法律もそれぞれ違ってしまったけれど、当初の時期は一つの文化圏だっただろう、というのが私の仮説です。済州島、九州、琉球、台湾、南中国の沿海です（**地図1**、**地図2**、および女子の結婚年齢を示した**地図3**）。

**トッド**　一八八六年の農村人口の割合は、日本全体の何％ですか。

**速水**　八五％ですが、都市人口比率には地域による差があります。一番高いのは京都、大阪を中心とする地域で三〇％、ついで東京を中心とする地域が二五％です。

## 家族形態の伝播

**トッド**　家族形態の伝播を説明するには、二つの仮説あるいは二つのやり方があると思います。一つの考え方は、こういう家族形態がこういう形で分布している、その起源となる古い民族がどこかにいたはずだ、だからずっと歴史を遡っていけば、この家族形態の起源はいつごろ、どこに、こういう民族がいて、それがオリジンだという形で、元になった民族を突きとめるという仮説が一つあります。

具体的には、例えば東欧の全域には直系家族が分布していますけれども、これはゲルマン＝ドイツ系民族がオリジンになって、同一民族が植民していく過程で、同一型の直系家族が東欧全域に広まったと考えることができ

地図3　明治19(1886)年県別平均初婚年齢——女性(推定)

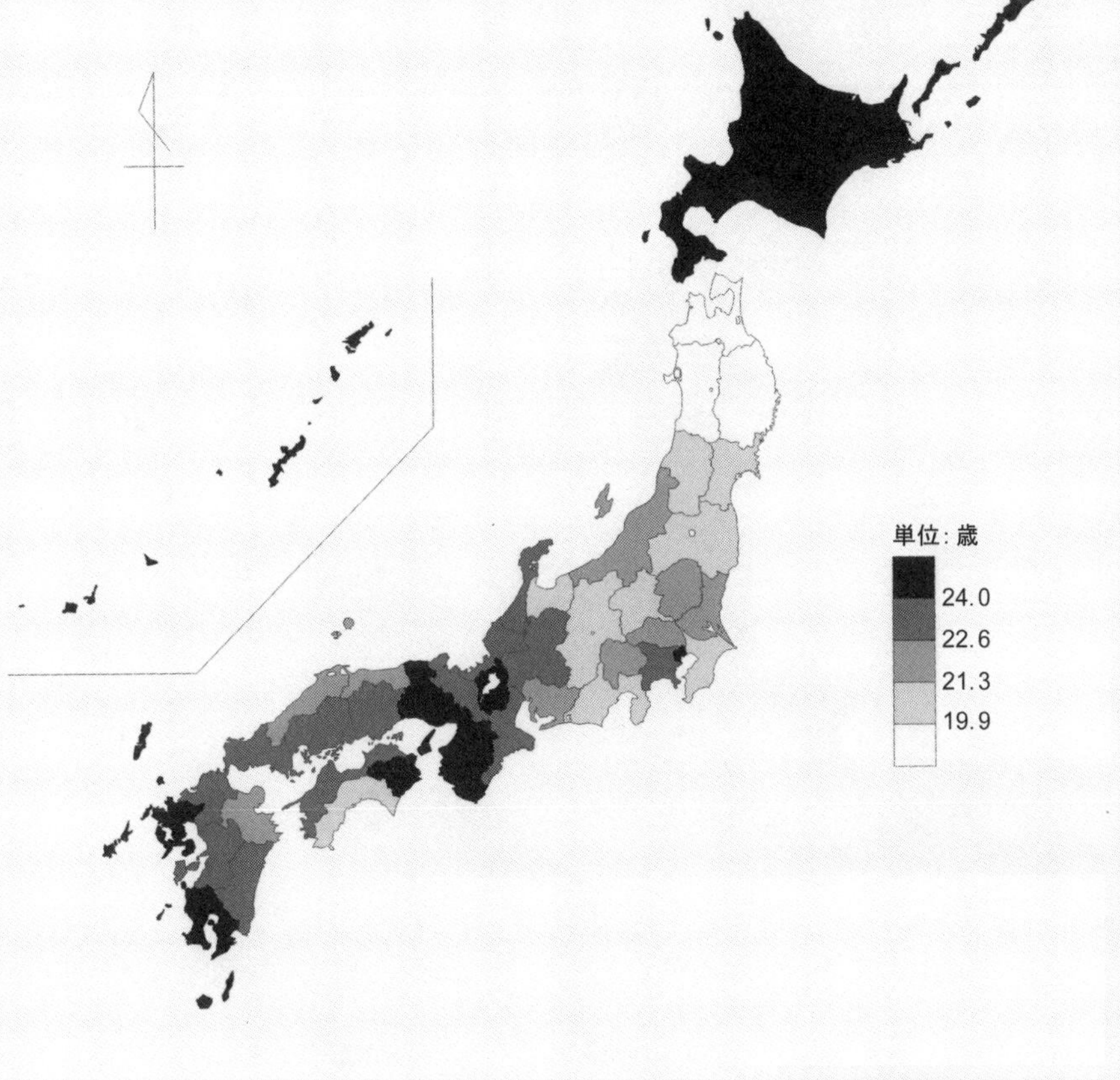


ます。これが一つの考え方です。もう一つの考え方は、特定の類型の家族形態は、それを担う具体的な民族とは独立に、民族を越えて、ある民族から別な民族へと家族形態が次々に伝播していく、という仮説も成り立つと思います。共同体家族がユーラシア大陸の真ん中あたりに生まれて、それが民族とは関係なく東西にずっと広がっていった、という仮説にもとづいて書いた論文があります。言語学者と共同で書いた論文です〔ローラン・サガールとの共同執筆、本書

所収〕。二つの考え方があるだろうと思います。先生はどういうふうにお考えかわかりませんが……。

パリへ帰ったら、日本のこの地図をまず仕事部屋に貼って、いつも眺めながらインスピレーションを得たいと思っています。いまはドイツの地図を貼っているんですが、その隣に貼ろうと思います。

**速水**　西南日本について言いますと、南米などにいっている移民も西南日本からが圧倒的に多い。熊本・長崎・山口・広島・和歌山各県からです。

**トッド**　末子相続が分布しているのはどのへんですか。

**速水**　末子相続は中央から西南日本。東の端っこは信州諏訪です。ひょっとすると、諏訪は天竜川沿いに上がっていった民族が定着をして、末子相続の慣習をもってきた。ここから東はないのです。私の『アナール』誌に載った最初の論文は諏訪の研究でした。

## 日本の多様性の質

**トッド**　この西南日本のタイプは、相続形態ということからいうと、どういう特徴がありますか。末子相続ですか。

**速水**　末子相続と均等ないしは分割相続です。全部とは言えませんが。わずか二つの村のデータしかないのですが、これからみるかぎり、ルールがないというルールがあります（笑）。平等とは限りませんが、分割相続です。

**トッド**　さっき明治民法が施行された時に、地域による多様性にもかかわらず、抵抗なく施行された、それはどのように説明されるのかという疑問を出されましたね。それに関して、フランスのように相続形態あるいは家族形態の違いが非常に際立っていて、矛盾対立といえるほど際立っている場合と比べれば、日本の場合の違いというのは、根本的な対立というよりはニュアンスの違いということで、法律的な意味での統一はフランスと比べれば、比較的やりやすかったのではないかと思います。

ドイツ国内では、ライン河地方はかなり平等な均等相続の伝統があります。ただ、ドイツの中を大きくみた場合には、末子相続のところがあったり、長子相続のところがあったり、直系家族の中でもそういったニュアンスの違いがあります。それと日本の多様性というのは似ているのではないでしょうか。あるいはイギリスの場合もニュアンスの違い、グレート・ブリテンの中でのニュアンスの違いはあるけれども、それは日本と同じぐらいのニュアンスの違いでしょう。とにかくイギリスではっきり言えることは、フランスのように絶対に均等でなければいけないというような平等志向はイギリスにはない、という意味ではニュアンスの違いにすぎないということです。

**速水**　日本の多様性ですが、私は、日本自身をもろもろの民族的集団からなる小ヨーロッパと考えています。そのなかでの人口・家族パターンの多様性ということになると、単に一国のなかでのニュアンスの違い以上のものがあるように思うのです。しかし、その多様性を越えて、直系家族が基本型であり、家族サイクルの推移のなかで、核家族や合同家族が地域によっては現れる確率が高い、と捉えています。

**トッド**　最後に、私のいまの問題関心を一言申しますと、私は大きく異なった四つの家族構造の分布を研究してきましたが、いまは異なった家族形態はどこから来るのか、その起源はどこにあるのか、という起源を遡って突きとめることに関心があります。多様な家族形態はどこから来たのか、という起源を突きとめることが一つです。それからもう一つは、家族形態は永遠に不変のものとはまったく信じていなくて、例えば直系家族といわれるフランスの南西部も、十世紀に遡って調べれば、直系家族ではありません。ですから直系家族は歴史上のある時点で支配的な形として現れた、ということは歴史上のある時点でそれは消滅するかもしれない。ですから固定的な形、固定的な永続性というものを私は信じていません。ではどういう原因によって家族形態が変わっていくのか。トランスフォーメーション（変容）のメカニズムを明らかにする。これが二つ目の問題関心になっています。

——どうもありがとうございました。

（二〇〇〇年六月一六日／於、東京・芭蕉庵）

# 対談を終えて――エマニュエル・トッドの魅力

速水融

## 『新ヨーロッパ大全』との出会い

私がトッドと直接話しあったのは、今回の対談が初めてである。ただ、私は、同氏の著書、とくに『新ヨーロッパ大全Ⅰ・Ⅱ』を読んで氏の構想については知っていた。知っていたどころか、経緯は忘れたが、その書評を依頼され、フランス語もできないのに、原稿用紙四〇〇字詰五枚という制限を大幅に越え、二五枚以上書いてしまった。(廃刊になったが『文化会議』第二九七号、一九九四年三月発行、二六～三一ページに、「アナログ思考からデジタル処理へ――エマニュエル・トッド著／石崎晴己・東松秀雄訳『新ヨーロッパ大全』Ⅰ・Ⅱを読んで」と題する書評論文が掲載されている)。

その時のことを思い出すと、私は、トッドの著書に大きな刺激を受け、七〇〇ページ以上になるこの訳書を、一気に読んでしまったのである。

正直なところ、私は、どちらかと言えば、本を読まない方である。しかし、読んだ本のなかで、時に大きな刺激を受け、まるで毒に当ったように、心の底までしびれてしまう時がある。若いころはアンリ・ピレンヌの『ヨーロッパ世界の誕生――マホメットとシャルルマーニュ』（創文社）、最近では英国ケンブリッジの鬼才、アラン・マクファーレンの何冊かの著作があるが、いずれも読み出したら最後、何があろうと最終ページまで読みきってしまわざるを得ない共通点を持っている。トッドの著書もその一つで、しばらくぶりに知的快感に浸った。

しかし、このことは、決して私が、それらの著作の主張を肯定することではない。トッドへの書評論文の最後に書いたことだが、「読むに値する著作とは、そこに書かれていることのすべてが真実であるか否かに関係なく、知的興奮をさそい、読者を挑発して新たな開拓に向かわせるものである」。トッドへの批判は、ヨーロッパでも日本でも決して少なくない。しかし、この著作を読んで、私が、書評を、原著にはない「アナログ思考からデジタル処理へ」と題したことからもお分かりいただけるように、この著作は、間違いなく、方法や分析において新しい挑発であり、十七世紀以降のヨーロッパを、一方の緻密さ、他方の大胆さを組み合わせて描き上げたものである。

緻密さというのは、この著書でトッドが、現在のヨーロッパの国境を取り払い、日本でいえば「府県」あるいは「郡」単位の白地図を作成し、そこに人口学的、人類学的、宗教史的、そして文化史的指標をはめこみ、新しい「ヨーロッパ史像」を描き出したことである。もっとも、こういった作業なら、農地制度や農業に関し、戦前期にドイツのアーベル、戦後には英国のジョーン・サースクによる仕事があり、地図上に決して一色ではない農地制度や農業の歴史を刻んでいる。また、人口史に限れば、一九七〇年代になされた、いわゆるプリンストン・プロジェクトは、ヨーロッパにおける出生率低下を国ごとではなく、トッドと同じように、日本でいえば府県単位で観察し、その低下がどこでも同じ時期に起こったのではなく、言語、宗教、民族といったヨーロッパを構成する文化的要素の境界によって時を違えながら進んだことが明らかにされている。

しかし、これらの先行研究事例は、特定の研究課題に絞られており、それはそれで貴重な研究であるが、トッドのように、そこから新しいヨーロッパ像を描き上げるようなことはなかった。トッドの場合は、単一の目的ではなく、ヨーロッパを、人口学的な指標からイデオロギーに至るまで、トータルに捉えようとする野心的なもので、緻密さとともに大胆さが目立っている。そして、トッドを批判する者は、そのあまりにも大胆な仮説の妥当性に向けられる。実際に、共同体家族は、コミュニズムの温床になったのだろうか？　答えは対談のなかにも示されているが、この大胆さこそ、トッドの魅力であると同時に、批判の対象ともなった。

### 変動する人口＝家族システム

筆者も対談で尋ねたように、人口＝家族システムと農地制度を所与のものとし、イデオロギーまで説明可能とする彼の技法は、一面、鮮やかで、切れ味もいいが、多面、複雑な社会の仕組みを過度に単純化して解釈してしまう危険性も孕んでいる。

トッドは、筆者の「あなたの方法は、新たな決定論ではないか？」という問いを、肯定している。ただし、彼は人口＝家族システムを、不変のものとは考えず、国家や法制、時代環境によって変わり得るものとしている。この点も筆者には驚きであった。筆者は、トッドは、もしこういう言葉があるなら、「絶対的決定論者」だと思っていたからである。だから、彼が自分に、ある程度の相対的な許容範囲を認めたことは、一面で安心もしたが、他面がっかりもした。相対的立場をとる学者が多いなかで、一人くらい頑固に自己主張を貫く者がいるべきだ、とさえ思っていたからである。しかし、実際に、「絶対的決定論」では説明ができないとなれば、修正主義的立場になるのは当然だろう。

## 変わるヨーロッパ像

トッドが『新ヨーロッパ大全』で示している、現在の国境を外した白地図に表現された家族パターンの分布をみると、従来「英国」の特質と考えられてきた「絶対核家族」（核家族で、親子関係が自由主義的、兄弟関係が非平等主義的家族）は、「英国」の特質ではなく、イングランド東部、オランダの北海沿海部、デンマーク西部、ブルターニュ半島にまたがる地域、つまり北海沿岸の、民族移動期にアングル族、サクソン族、ジュート族、フリース族の定住した地域であり、彼らが持っていた慣習から来るものである、とする。イングランドの西部、アイルランド寄りの地域、スコットランドは、「絶対核家族」社会ではなく、「直系家族」型の社会で、子どもが成年に達しても親と同居することが不思議ではない。したがって、「英国が核家族社会である」というのは神話に過ぎないことになる。

フランス、ドイツ、イタリア、スペイン等のヨーロッパ大陸の「大国」も、人口＝家族パターンからみると、それぞれモザイク模様をもっていて、国ごとに一色ではない。逆に家族パターンからみると、「平等主義核家族」社会（親子関係は自由主義的で、兄弟関係は平等な社会）は、パリ盆地を含むフランス北部（トッドが対談のなかで述べているように、近代フランスの社会規範を有していた地域）、フランス南部とイタリア北西部を加えた地帯、シシリー、サルヂニアを含むイタリア南部、スペインの中部および南東部、ポルトガル中部を加えたブロックが浮かびあがってくる。トッドに従えば、「この型の家族がローマとラテン文化圏の遺産の一つであり得ると考えざるを得ない」（訳書Ⅰ、六二頁）。

これら二つの核家族地帯、および第三の直系家族地帯は、言語分布、民族構成と重なっているが、第四の共同体家族は、不完全な直系家族社会とともに、ヨーロッパ各地に散在している。

ただし、純粋な共同体家族はヨーロッパでは稀であるが、トッドはイタリア中部の共同体家族に注目し、そこにイタリア・コミュニズムの温床を見出す。

そして、かの有名なヘイナルの唱えた「レニングラード―トリエステを結ぶ線以東は共同体家族」という命題に、日本と韓国は直系家族社会であるという修正を加えながらも、ロシア・中国におけるコミュニズムの温床をその地の共同体家族に求めている。

ヨーロッパに関して言えば、こういった基盤の上に、十六世紀以降の歴史が重なる、とする。識字率と宗教、脱宗教化の進行が、それ以降の地域性を含んだ「ヨーロッパ史」の基軸となる。

こういった一刀両断的な考え方に斬新さを感ずるか、あまりにも単純だとして不同意を感ずるかは読者に任せるしかないが、日本の人口＝家族パターンを専門とする筆者からすれば、いままで、あまりに日本のミクロ史料にしがみついてきた研究視角が、一つ開かれたような気がした。もっとも、筆者自身、人口＝家族パターンを、「村」を単位とする「点」の観察から、国内の地域を意識した「面」、さらには東アジアのなかの日本という国際的な視野を入れた観察へと、視野をまさに広げようとするところだったので、トッドとの対談は、肯定的な意味で、大いなる刺激となるものであった。

なお対談の最後の方で、相続と継承について触れているが、厳密には、財産「相続」と家督「継承」とは別の問題である。しかし、ここでは慣例に従って両者を区別せず、「相続」という言葉を用いた。

トッドは、対談で日本における人口＝家族パターンの地域性を説明するために用いた、明治前期の府県別一世帯あたり夫婦組数の図をパリに持ち帰り、自分の研究室の壁に貼りたい、といっておられたが、あの地図はどうなったのだろうか、少々気にかかるところである。

# 新人類史序説――共同体家族システムの起源

ローラン・サガール
エマニュエル・トッド

石崎晴己・東松秀雄訳

この論文は言語学者と人類学者の共同作業の結果生まれたものである。人類学者であるエマニュエル・トッドは、かつて『第三惑星――家族構造とイデオロギー・システム』（一九八三年）において、家族型の世界全図を発表し、それを用いて地球上の主要な政治イデオロギーの分布の原因を説明した。しかし、家族型の地理的分布の原因は説明されていなかった。「偶然」と題した結論の章において、家族型の地理的分布は、いかなる経済的あるい

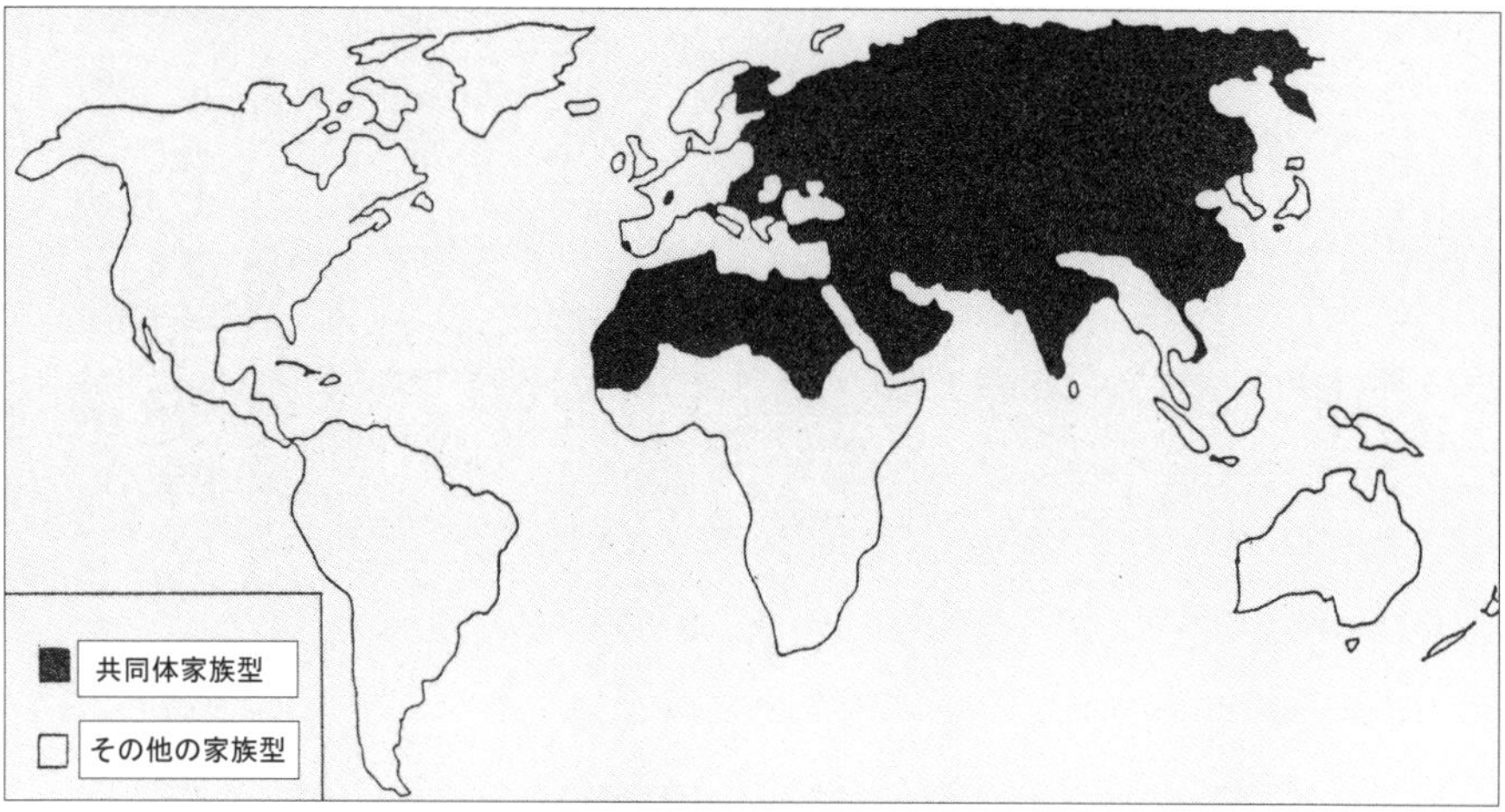


地図１　『第三惑星』中の地図（単純化したもの）

は生体環境的原因の結果でもなく、それ故に不確定性原理の際立った例証であると断言されていたのである。この地図とこの断定を検討した、中国語方言学の専門家ローラン・サガールは、この地図が、中心に地続きの広大な地域があり、この中心地帯の周辺部および孤立した飛地に一連の独立した小地域が分布するという、歴史言語学および方言学の研究者には良く知られた構造を示していることを指摘した。このような地図がもし言語分布地図帳の中にあったとするなら、通常は方言学者は、中心地域を革新的地域、周辺および飛地地域を保守的地域とみなす解釈をすることになる。この同じ分析を家族型地図に当てはめたところ、分布図の中央を占める共同体家族は、周辺地域の家族システムよりも新しいシステムであるという結論が導き出されたのである。

『第三惑星』に提示された地図は、大農村文明の膨張から生じた近代政治イデオロギーを説明するために作成されたものであったため、旧世界に関しては、おおよそ六〇の人間集団を区別するのみであった。その上少数民族ならびに遊牧民はサンプルから先験的に除外されていた。この分布図の構造が想定させる仮説は、旧世界、すなわち地球全体からアメリカ大陸、ブラックアフリカ、オセアニアを除いた地域における家族システムの歴史に関するものであったから、われわれとしてはこの地域に分析を集中することとし、二十世紀の間に民族誌的記述の対象となった二〇七の住民集団をサンプルとして確定したのである。

## サンプルの成分

研究対象となる地域のすべての人間集団を網羅するのが理想的であろうが、現在のデータの実情からして、この目標を達成することは不可能である。それ故、われわれは穴や空虚をひとつも残さず、居住空間を可能な限り網羅的にカバーすることを実現しようとした。こうした取り組み方は、人口規模、発展段階、等、人間集団のいかなる基準によるいかなる序列化をも排除するものである。したがってここではロシア人（人口一億五〇〇〇万人以上）とユカギール人（ソ連圏）（民族誌的に記述された時点でもはや数百人でしかなかった）、スウェーデン人とラップ人、タミル人（インド南部）とムリアー人（インド北東部）、中国人とミヤオ人（中国南部）、日本人とアイヌ人、ビルマ人とカチン人（ビルマ・中国雲南）、イングランド人とアイルランド人、パリ盆地のフランス人とオック語地方人が仲良く混在していることになる。序列化の不在によって、『第三惑星』において特徴的であった発展した民族の過剰代表も、これと対称的な「未開」小民族の過剰代表も避けることができる。これは一般的に古典的人類学に特徴的であり、特に今日実現された最良の一覧表であるマードックの『世界民族誌地図』に特徴的である。マードックは、生活様式に関する全世界的サンプルに「発展した」民族も含まれるべきであるとの観念をいささかも排除していないが、そもそも人類学は「未開社会の研究から」出発したものであるために、実際上は発展した世界を、特にヨーロッパ世界を上手くカバーできていない。もちろんわれわれはマードックとその研究チームが発表した成果を、可能な場合にはいつもふんだんに利用した。そして実際にわれわれは、『世界民族誌地図』の最新版（一九六七年）は、われわれのサンプルのうち「極東」地域の民族集団の六三％、「ソヴィエト」地域の民族集団の五三％、インド地域の民族集団の五〇％、アラブ・イスラム地域の民族集団の四五％を収めているが、これに対してヨーロッパ地域では二七％の民族集団を収めるにすぎないことを確認した

われわれのサンプルの特殊性は、それ故に、古典的人類学のヨーロッパ中心主義と縁を切っていることである。古典的人類学は、ヨーロッパ人とその他の人間を同列に扱うことが困難だったが、われわれは偏見なくそれを行なっているのである。

## 家族集団の四つの発展サイクル

家族形態を地球的規模で把握するためのもっとも単純な方法は、発展サイクルという概念を利用することである（Fortes, 1969）。そこでわれわれは旧世界の地理的空間上に、発展サイクルの五つの主要な型を設定した。そのうちの三つ、すなわち共同体家族的、直系家族的、核家族的発展サイクルは、実際上、十九世紀にフレデリック・ル・プレイにより定義された家父長制家族的、直系家族的、不安定家族的にかなり近いものである（Le Play, 1870）が、それによってわれわれのサンプルの住民集団の八六％を記述することができる。四つ目の母系家族的サイクルに該当する民族は五つにすぎない。第五のカテゴリーは、共同体家族型と核家族型へ移る中間サイクルを把握することを可能にしてくれるものである。

## 主要な（父系）共同体家族サイクル

一組の夫婦が子供をもうける。その子供たちが成年に達すると、息子は結婚し、その妻は夫の両親の家で同居する。娘は家を出され、外部の男と結婚し、相続から除外される。父親が死ぬと、あるいはその少し後に、息子たちは財産を均等に分けて、同居を解消する。そしてこのサイクルが再開され、息子たちはそれぞれ大家族の家父長となろうとするのである。通常の人類学の用語で言うなら、このシステムの基本的性格は、婚姻の夫方居住性と、もう一つは、娘の相続権が剥奪されるのであるから、相続の父系性ということになる。この発展サイクルは、父と息子という縦の繋がり、兄弟という横の繋がりを組合わせたもっとも大きな家庭集団を形成する。この論文は予備的なものであるから、われわれはここでは外婚制共同体家族型――いとこ婚の不在――か、内婚制共同体家族型――近親間婚姻の優先――かは区別しない。内婚制的モデルは全体としてイスラム世界において典型的で、この世界の外延部であるキルギス人、トルクメン人、あるいは北東部のトルコ人の間では少なくなり、表面的にイスラム化しただけのカザフ人では完全に姿を消している。これよりも北および東では、バルト諸国から中国に至るまで、共同体家族型サイクルはすべて外婚制的である。

## 直系家族サイクル

一組の夫婦が子供をもうける。子供たちが成年に達すると、ただ一人の子供が跡取りに指定される。このサイクルの中でもっとも多いのが、長男を跡取りに指名するケースである。これはヨーロッパあるいは日本の標準的男性長子相続のタイプである。しかしまた、男子であれ女子であれ、長子が跡取りとなる絶対長子相続の例も、例えばピレネー西部地方あるいは日本の東北部の多くの村に認められる。同様に最後に生まれた子供が相続する末子相続制が――例えば南西日本あるいは北ドイツのいくつかの村において――確認され、また、ロゼール県〔南フランス〕におけるように跡取りが両親によって自由に指名されるケースも確認される。直系家族は南アジアにおいては母系制に適応している。カーシー人〔インド北東部〕のシステムでは一番下の娘が相続し、ガロ人〔インド北東部〕のシステムでは娘のうちのいずれか一人、セイロンのイスラム教タミル人のシステムでは長女が相続する。一部の直系家族サイクル、例えばシーク教徒、グルン人〔ネパール〕あるいは〔ドイツの〕ラインラント人の家族型は、その運行に当って、息子たちの平等という擬制を保存している。こうした家族型の真意を把握するためには、家庭集団を観察しなければならない。するとその構造が常に単線的であり、通常は父親と妻帯の息子一人を同居させ、決して父親と複数の妻帯の息子あるいは妻帯の兄弟を同居させるものではないことが確認されるだろう。跡取りでない者は色々な形で排除されるが、正式のものであれ潜在的なものであれ直系家族というものは、地球の至るところで傭兵を産出する傾向があることを改めて指摘することができる。グルン人およびシーク教徒は、英領インドおよびその後独立したインドに大勢の兵員を供給しているし、ドイツ人あるいはスコットランド人は、十六世紀から十八世紀の間に、イングランドならびにフランスに職業軍人の部隊をたっぷりと供給することができたのである。

直系家族サイクルの中でもっとも目につく形態は、異論の余地なくチベットの変種〔中央チベット人、ラダキー族、ニンバ族〕である。一世代につき一婚姻という規則は完全に守られているが、ヨーロッパの直系家族のように、多くの次男以下の子供に実際上独身および性的禁欲を強いるような非人間的なことはこのシステムでは行なわれない。チベットのシステムでは長男が結婚するが、その妻に次男以下の子供が性的に接近できる権利を与えている。

こうした兄弟間の一妻多夫制は今日、人類学者たちにより直系家族の一変種とみなされており、その目的は家の一体性の保持である（特にGoldstein, 1978；Levine, 1988参照）。直系家族は早くも十九世紀中葉にル・プレイによって同定されていたが、実は人類学者たちがこのカテゴリーを用いるようになったのは最近である。直系家族サイクルは、遺産相続の観点からすれば父系、母系あるいは双系のいずれでもあり得るし、結婚後の居住の形態から見れば、夫方居住、妻方居住、双方居住のいずれでもあり得る。しかしこうした伝統的な民族学の概念だけでは、一世代につき跡取りが一人あるいは婚姻が一つという直系家族の中心的規則は見えてこないのである。

## 核家族サイクル

一組の夫婦が子供をもうける。その子供たちが成年に達すると、男子でも女子でもだれもが元の家族から追い出され、それぞれ自分たちの世帯を創設しなければならない。この型は、婚姻によって親子の世代が直ちに分離されれば、純粋であり、新婚夫婦がいずれかの両親と一時的に同居する局面があれば、不完全である。両親との一時的同居は、「核家族」的東南アジア全域に特徴的に見られ、ビルマ人、タイ人、クメール人、あるいはジャワ人のような進んだ農耕民族およびカレン人〔タイ・ビルマ〕、マルマ人〔バングラディシュ・インド〕あるいはラワ人〔タイ北部〕のような焼畑農耕の小民族に共通して見られる。たいていの場合、若い夫婦は、次の子供が結婚して親と一時的同居過程に入ると、家を出ることになる。このメカニズムによれば、理の当然として末子および最後に結婚する子供に年老いた両親の扶養責任が負わされることになる。このため最後には、直系家族を想わせる、一人の妻帯の子供との最終的同居が産出される。この型はそれでも核家族型であることに変わりはない。何故なら、全般的理想は、若い夫婦の自律性であり、また末子は厳密に言えば両親の権威下にあるわけではないからである。

しかし一時的同居と両親の末子への帰属という特徴を持ったこの核家族サイクルは、ある意味では末子相続制直系家族にきわめて近いと感じられる。

イングランドあるいは北フランスの純粋核家族サイクルと東南アジアの一時的同居を伴う高度に形式化されたシステムとの間には、あらゆる種類の中間的変種が存在する。チュクチ人〔ソ連圏〕あるいはユカギール人といった古シベリア人の間においては、娘婿が義父に奉仕する局面が頻繁に見られるが、これは実際上一時的同居システムに対応するものである。若い夫婦は一家を構える前に、数年の間、妻の家族の家に住むのである。こうして見ると、例えばワロン人のようにヨーロッパのいくつかの民族にも、形式化の程度が微弱な一時的同居メカニズムが観察されうる。これらの核家族サイクルすべてにおいて、その実現の時期が早いか遅いかには差があれ、若い夫婦の自律性という理想は共通している。これらのサイクルは、結婚後に住む場所の選択については、夫方居住的あるいは妻方居住的偏りを呈し、遺産相続に関しては父系的あるいは母系的偏りを呈するが、これらのシステムの全般的真意は、実は双系的である。夫婦および夫婦家族の優位というものは、心理的レベルでは父系親族と母系親族の同等性を前提とするものである。

## 母系共同体家族サイクル

サンプルの中に含まれる五つの住民集団には、家族集団の母系共同体家族的発展サイクルが認められる。その一般的様態は、主要な父系共同体家族サイクルが逆転したものと思われる。このサイクルは、夫婦から出発して記述することはできない。何故なら、子供たちの父親と母親は必ずしも常に同じ世帯単位の中で生活しているとは限らないからである。夫婦の絆の脆弱性を考慮し、またさまざまな母系共同体家族サイクルに共通した特徴だけに話を限るとして、夫婦からではなく、一人の女性から出発して記述しなければならない。この女性が子供を作る。この子供たちが成人に達すると、娘は母親の許に残り、新たに子供を作る。男は相続から除外され、遺産は女系によって受け継がれる。ケラーラのナーヤル人〔インド南部〕における原型的母系形態（これにスマトラのミナンカバウ型を追加することができる）では、夫婦という形態は形成されず、女性はその兄弟の権威下に留まる。しかし母系共同体家族サイクルは、夫が妻の家族に入るという、より古典的な結婚の可能性を先験的に禁じるものではない。それはチャム〔ヴェトナム〕型に見られる形態である。こうしたやり方で形成される共同体家族集団は、ナーヤル型とは反対に、その対称形である父系共同体家族ほどにはコンパクトでは決してないように見える。民族学の文献で見る限り、一般的に、一つの家の中に分割不可能な単位が形成されるのではなく、むしろ複数の夫婦が塀で囲まれた土地に集まって居住する形態（英語では compound）となる。実は、男の相続権剥奪と複数の夫婦の同居を伴う厳密な母系共同体家族から、男が相続から排除されることはないが、女系親族夫婦が近所に居住して生活する母方居住核家族型に至るまでの、可能な限りあらゆる移行様式が認められるのである。例えば、中間的タイプとして、核家族世帯でありながら、男には相続権がないジャライ〔ヴェトナム〕型が挙げられよう。タイ人ならびにジャワ人を含む多数の東南アジアの民族は、この連続スペクトルの中の核家族的極限を代表している。すなわち、双系的相続習慣と若い夫婦の自律性という理想を伴う形態であるが、ただし結婚後の一時的同居となって現れる強力な母方同居の偏りを持っている。

## 重要な中間的タイプ——女性の相続権剥奪を伴う核家族的サイクル（父系核家族）

中間的タイプの問題は、母系共同体家族サイクルに目を向けた場合は、そもそもこの型のサイクルはきわめて少数なのであるから、副次的と思われる。しかし主要な父系共同体家族サイクルに関する場合には、問題は重要となる。一般的に、父系共同体サイクルは、女性の相続権剥奪と複数の男系親族夫婦――父親と複数の妻帯の息子、複数の妻帯の兄弟――の同居が合体したものである。多くの場合、父系原則からは女性の相続権剥奪が招来されるが、単一の家庭単位内での複数の夫婦の同居が招来されることはない。実際上、相続からの女性の排除から招来される婚姻後の居住形態モデルは、男系親族の夫婦家族が一つの世帯あるいは一つの経営体内に融合することなく、近隣に居住するという形態である。こうした父系的家族状況は、前項で記述した柔軟な母系的状況の正確な対称をなすものである。われわれのサンプル内の、この中間的タイプに該当する住民集団数は二三である。このタイプは世界のただ一つの地域に、唯一の生活方法に特徴的なものとして現れるものではない。という訳は、これは定住農民（ルーマニア人、ヌリスタン人〔アフガニスタン〕、グジャラート人〔インド〕、タミル人）にも、最近まで焼畑農業をしていた首狩族（ナガ人〔インド・ビルマ〕、バタク人〔スマトラ〕）にも、遊牧民（アラブ系ベドウィン族、バッセリ人〔イラン南西部〕、バルーチュ人〔パキスタン・イラン〕、パシュトゥン人〔アフガニスタン・パキスタン〕）にも該当するからである。

われわれが提示する遊牧民家族システムの記述の中で、われわれはフィールドワークを行なった人類学者たちの分類にしたがって、アラブ・ペルシャ圏の遊牧民グループの大半を父系核家族と分類し、トルコ・モンゴル圏の遊牧民の大半を共同体家族（主要な父系サイクル）と分類した。この対立はあまり明瞭とみなすべきではない。遊牧民の共同体家族は、ある意味では常に柔軟である。父親と妻帯の息子からなる集団は、共同で羊の群れを管理し、機能的経済単位を形成する。しかし夫婦はそれぞれテントを所有する。折り合いの悪い父系親族の別離は常に理論的に可能である。われわれのサンプルの中で、柔軟性の原則の唯一の明らかな例外をなすのは、アゼルバイジャン系（したがって広い意味でのトルコ系）の遊牧民集団であるシャーセヴァン人であり、この場合にはテントがきわめて大きく、一組以上の夫婦がそこに居住する。しかし父系遊牧民の一般的ケースでは、テント内の居住者の構成を中心に考えれば、発展サイクルは核家族的な様相を呈するし、連帯するテント群全体を中心に考えれば、共同体的様相を呈するのである。研究者によって、どちらのレベルを見ようとするかが変わるのである。北部においては、すなわちトルコ・モンゴル集団においては共同体的外見が支配的であり、南部のアラブ・ペルシャ集団においては核家族的あり方が支配的であるのは、偶然の結果ではないように思われる。北部の父系家族は外婚制であり、女性を家族集団から排除するという原則のために、男性集団によって構成される共同体的集団という外見がさらに強められている。南部の父系家族は一般的には内婚制で、優先婚、特に兄弟同士の子供の間での優先婚という原則があるが、これはテント居住のレベルでは、分離された男性系列という明白な輪郭を攪乱し、それ故に共同体的構造を攪乱することになる。

こうした家族集団の発展サイクルのきわめて単純化された分類が完了するなら、全体的な分布図作成の試みが可能となり、世界全図が実現するはずである。その結果は今後の著作の中で詳しく精緻に発表されることになろう。父系共同体家族の発展サイクルは総数九〇であり、つまり全体の四三％にあたる。父系核家族サイクルは総数二三、すなわち全体の一一％、核家族サイクルは総数五八、すなわち全体の二八％、直系家族サイクルは総数三一、つまり全体の一五％、母系共同体家族サイクルは総数五、つまり全体の二％となっている。

絶対数を見ると単に主要な共同体家族サイクルが相対的に大きな塊を成していることが明らかになる。しかしこの調査の真の結果として獲得された地図（**地図2**）の構造は、明らかにこのようなものなのである。これを解釈するためには、言語地理学の成果を援用する必要がある。

エスキモー
チュクチ
ユーカギル
コリヤーク
ヌガナサン
ネネット
ヤクート
オスティアック
ヴォグール
ギリヤーク
ゴリド
満州人
アイヌ人
トゥーヴァ
ブリヤート
ウイグル
キルギス
モンゴル
中国人北
日本人
韓国・朝鮮人
中国人山東
ジク
回族
ラダギー
中国人上海
沖縄人
シーク教徒
ニンバ
中央チベット人
グルン
アタイヤル
パハーリア
アホム
ブヌン
レプチャ
中国人福建
ナガ1,2,3,4
ナシ
イ
プユマ
中国人客家
台湾人
ガロ
アミ
カーシー
カチン
ヒンディー
ミャオ
ヤオ
ベンガル人
ディマサ
ミンジア
イスラム教
イゴロット
ベンガル人
ヴェトナム人
ムリアー
チン
イフガオ
シャン
北・
リー
ラーティ
中央
タガル
マルマ
カレン
オリアー
ラオ
ビルマ人
ラワ
テルグ
タイ人
ジャライ
モン
チャム
クメール
アンダマン諸島人
ムノンガル
スバヌン
マギンダナオ
タミル
ヴェトナム人南
タウスグ
イスラム教タミル
シンハラ人
セマン
イバン
アチェー
マレー人
バタク
ミナンカバウ
スンダ人
バリ島人
ジャワ人

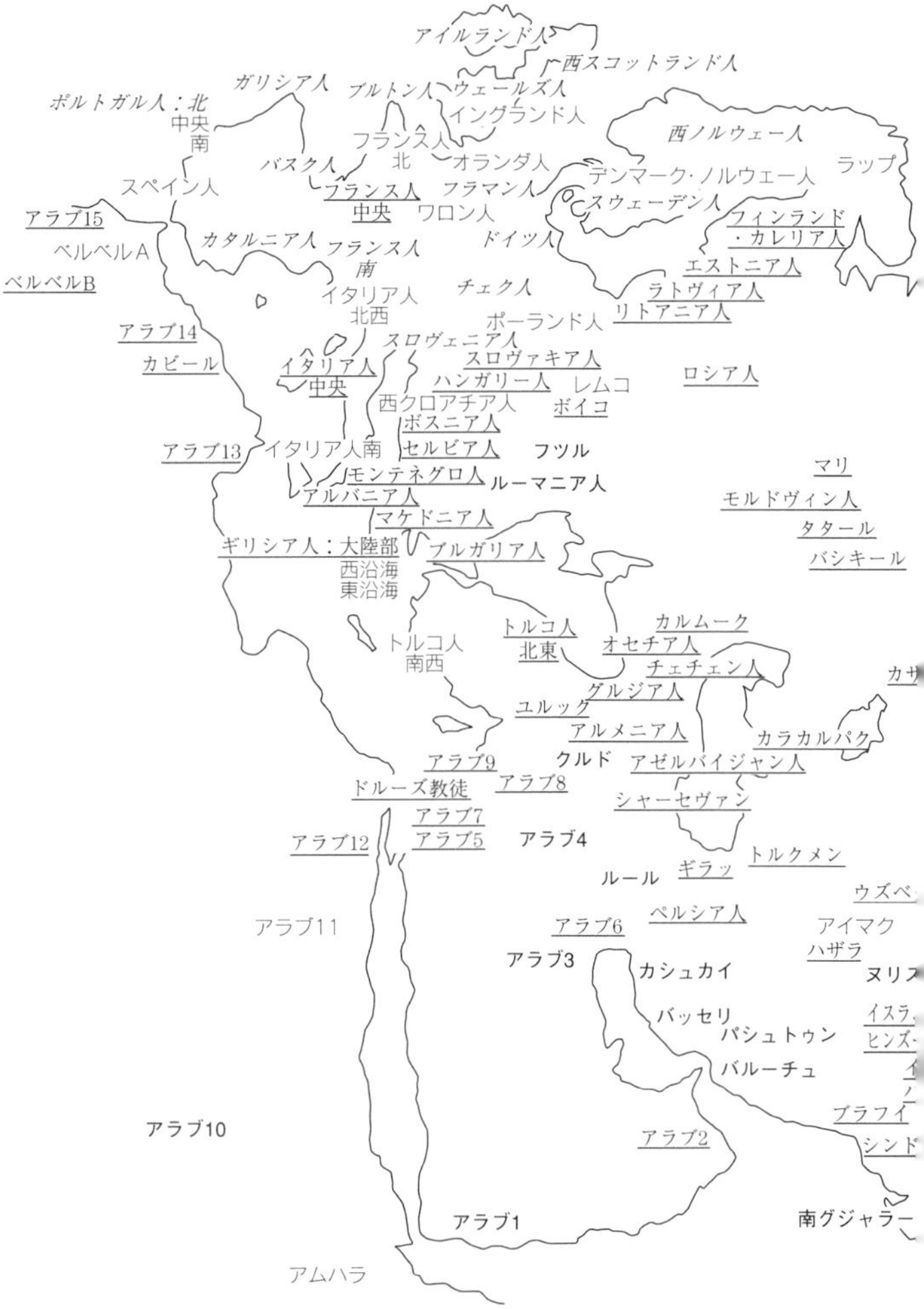


## 地図２　旧世界における家族の発展サイクル

| | |
|---|---|
| カザフ人 | 父系共同体家族 |
| ルーマニア人 | 父系核家族 |
| *日本人* | 直系家族 |
| **チャム** | 母系共同体家族 |
| イングランド人 | 核家族 |

## 分布図の解釈に対する言語学の貢献——周辺部に旧いものが残るという原則

十九世紀にインド・ヨーロッパ諸語の類縁性に関する研究が飛躍的に発展し、その共通の祖先を復元しようとする試みがなされたが、それはやがてダーウィンの種の進化論の影響の下に、A・シュライヒャーが発表したstammbaumtheorie、すなわち言語の系統樹という考え方に到達する。この考え方によれば、移住その他の過程によって、一つの言語の話者たちが二つの異なるグループに分かれるとき、出発点では同一であった彼らの言語は、それぞれのグループの中で異なった形で進化していくことになり、この分岐的進化が進むと、最終的には相互理解が不可能となり、新たな二つの「子供」言語が出現することになる。こうした過程が何度も繰り返されると、相次ぐ分岐の歴史は、子供言語相互間の「血縁の程度」をしめす系統樹の形で表すことが可能となる。こうして作成された系統樹を見てみると、血縁が濃い言語同士は、血縁関係の薄い言語同士よりも多くの共通の特徴(共有された革新要素)を持つはずであることは明らかである。このモデルを逆に適用して、純粋に系統論的な言語進化理論に立つなら、二つの言語にいくつかの共通した特徴があることが認められるということは、その言語間の類縁の度合いを示すものであると解釈される。

この純粋に系統論的な言語進化概念には、地理的次元を考慮に入れず、言語というものを閉じた、外部からの影響を受けない実体として扱うという欠点がある。J・シュミットはインド・ヨーロッパ諸語間の関係を扱った著作の中で、類縁関係は薄いが、地理的に近い言語は、共通の祖先から受け継いだものではありえない共通の特徴を持つことが多いことを示した(Schmidt, 1872)。こうした事実を説明するために、シュミットは石を水に投げた時に水面に広がる波のように、異なる方言の中へ、あるいは異なる言語の中へさえも、空間を通して広がって行く「革新の波」という概念を導入したのである。

発音の一つの特徴が革新の波によって広がっていくさまが特にはっきりしている例が、**地図3**に示されているが、これは「口蓋垂のｒ」、つまりパリ風のｒあるいはヨーロッパ北西部の「喉を振るわせるｒ」の広がりを表している。因みにこの音は、世界中の言語の中で比較的まれなものであるが、この音を含む言語は、フランス、ルクセンブルク、スイスとベルギーとオランダの一部、ドイツの大部分（バイエルン地方とオーストリアは除く）、デンマーク、スウェーデン南部、ノルウェー南部の沿岸地域に及ぶ一続きの地域に広がっている。この共通の特徴は、比較的古い発音要素が残ったものとして説明できないことは明らかである。一般的には、十七世紀にパリの上流階層に「口蓋垂の」発音が出現するまでは、ヨーロッパの言語はすべて「巻き舌のｒ」を発音していたと考えられている。現在の「口蓋垂のｒ」の広がりは、この革新の伝播が三〇〇年にわたり言語的空間と境界を乗り越えて広がっていった

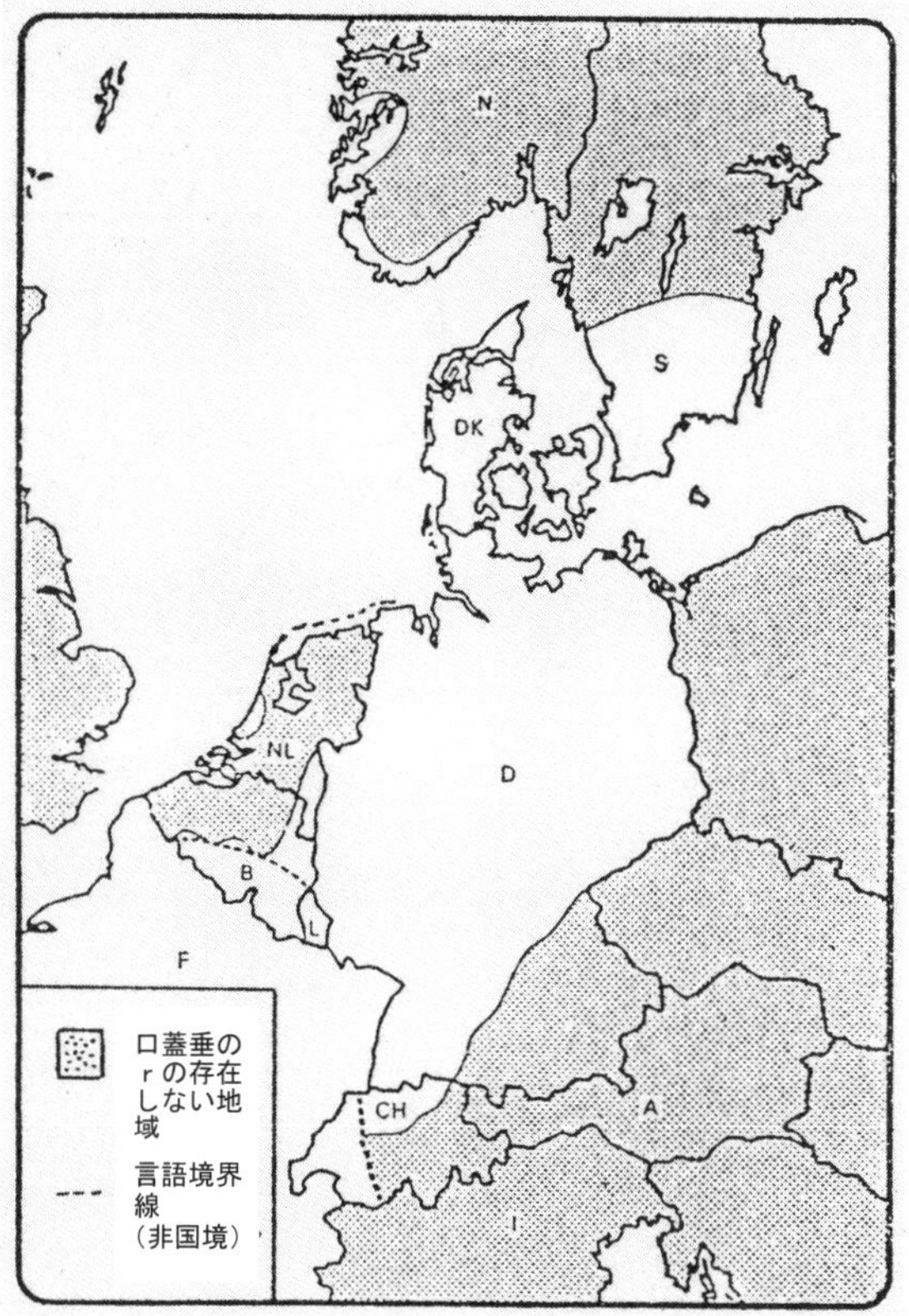


**地図３　ヨーロッパ北西部における口蓋垂のｒの分布**

出典）Trudgill, 1974: 162.

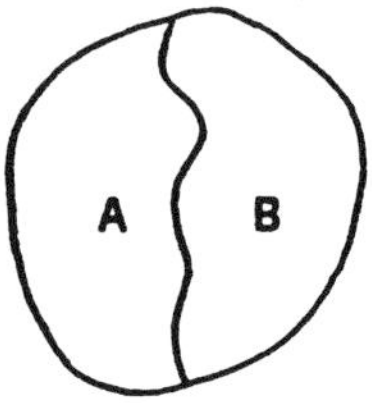


図1

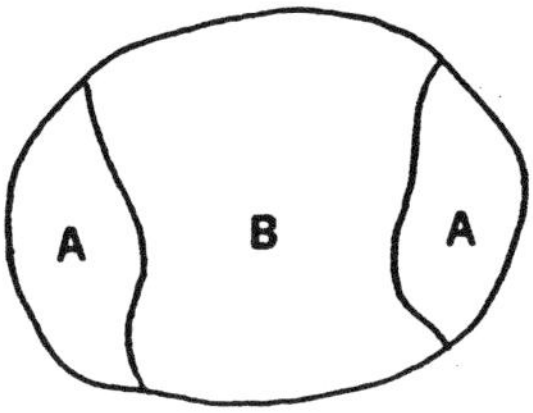


図2

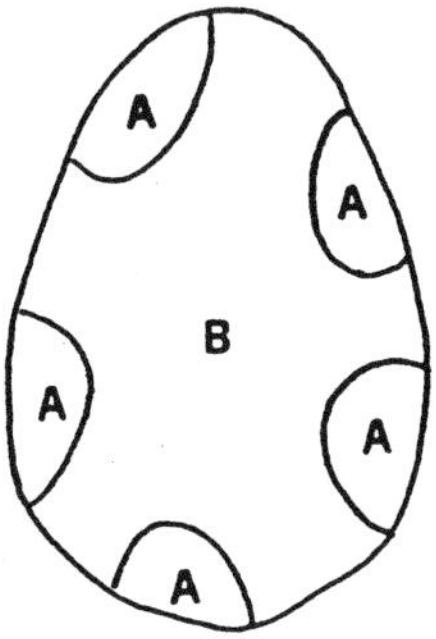


図3

結果である。この伝播の原動力となるものは、疑いなく、この革新の受け入れ準備が整った住民の目に、革新をもたらす側の住民が威信あるものと映ったという事実である。言語の境界を越えて革新が伝わるのは、一見かなり不思議に見えるが、境界上の住民が二言語を話すということで説明がつく。

現代の言語学者たちの考えるところでは、系統的連続性の原則（シュライヒャー）と空間的伝播の原則（シュミット）は、言語進化の二つの側面であり、しかもこの二つは相補的である。しかしわれわれに関連する言語地図の解釈原則が由来するのは、シュミットの理論である。まずこの原則は、方言地図帳の地図、特に『フランス言語地図帳』(Gilliéron & Roques, 1912 ; Gilliéron, 1918) によって示された空間的布置の意味するところを解明するために用いられた。次に、この原則はドーザ (Dauzat, 1928)、ミヤルデ (Millardet, 1923) あるいはバルトリとベルトニ (Bartoli & Bertoni, 1925) といった言語学者たちによって明瞭に定式化された。そのはっきりした提示をギローの著作の中 (Guiraud, 1978) に認めることができる。この原理の中でもっとも重要なのは、周辺部に位置する孤立した地域が保守的であるということをつきとめたことである。

互いに独立している言語的特徴AとBがあると仮定しよう。**図1**のような形状では、このAとBという特徴が以前はどう分布していたかを知ることはできない。形状が安定していたとも考えられるし、それまでは一方が占拠していた地盤に他方が進出していったと考えることもできる。逆に、**図2**のような空間的形状においては、同一の革新Aが互いに無関係に発生し、最初はBが全面的に占拠していた地盤の両端から同時に広がっていったとする可能性よりも、このAがそれまで占めていた位置に革新Bが次第に広がっていったとする可能性の方が大きい。さらにB地域の周辺に独立して存在するA地域の数が増えれば増えるほど、Bの方が革新である可能性は大きくなる。こうして、十九世紀までの言語学者たちの共通した意見は、ある言語の中で地理的にもっとも中央にある変種を、周辺地域の方言よりも「純粋な」ものであり、したがって「旧い」とみなしていたわけだが、現在の言語地理学は、中央が革新的方言であり、周辺部が旧来の言語的特徴を持つ保守的方言であるという逆の見解に到達するのである。

こうした周辺部地域の保守性を明瞭に示す例が、ミツバチ（abeille）という名詞がフランス語の方言の中で占める分布である（Guiraud, 1968〔ママ。1978の誤りか？〕による引用、Gilliéron, 1918）。ミツバチのラテン名である apis という名詞は、ローマ人による征服の際にガリアにもたらされたものであるが、大部分の方言において、これが別の言葉（abeille, aveille, avette, mouche à miel など）に置き換えられた。ラテン語から直接派生する形態が存在するのは、フランス語方言圏域の周辺部における四つの地域だけである。すなわちアルトワ地方の「é」、スイスの「a」、メドックの「aps」、ガーンジー島の「es」である（**地図4**参照）。

周辺地域における古い特徴の保持を示すもうひとつ別の例は、英語の「r」の音のブリテン諸島における分布である。数世紀前に、ブリテン南部の話者は、<bar>、<bark>といった単語の中で、母音に続く「r」（母音の後のr）を発音しなくなっていた。[1] この発音は、今日ではブリテン諸島の英語の規範となっているが、しかし「母音の後のr」はブリテン諸島のいくつかの地域方言および北アメリカの英語方言の大部分にある程度残っている（Hughes & Trudgill, 1979）。ブリテン諸島における「母音の後ろのr」の保存（都市部のみ）については、**地図5**で明示されている。

**地図4**と**5**では、Aという特徴が周辺に分布することによって、Bが新しいものでAは古い特徴であることが明らかとなるが、この両地図は同じく、いくつかの面において、孤立した地域、つまり自然の障害により他地域から分離された地域のように、地理的に外部との接触が困難な地域は、保守的であることを明らかに示している。

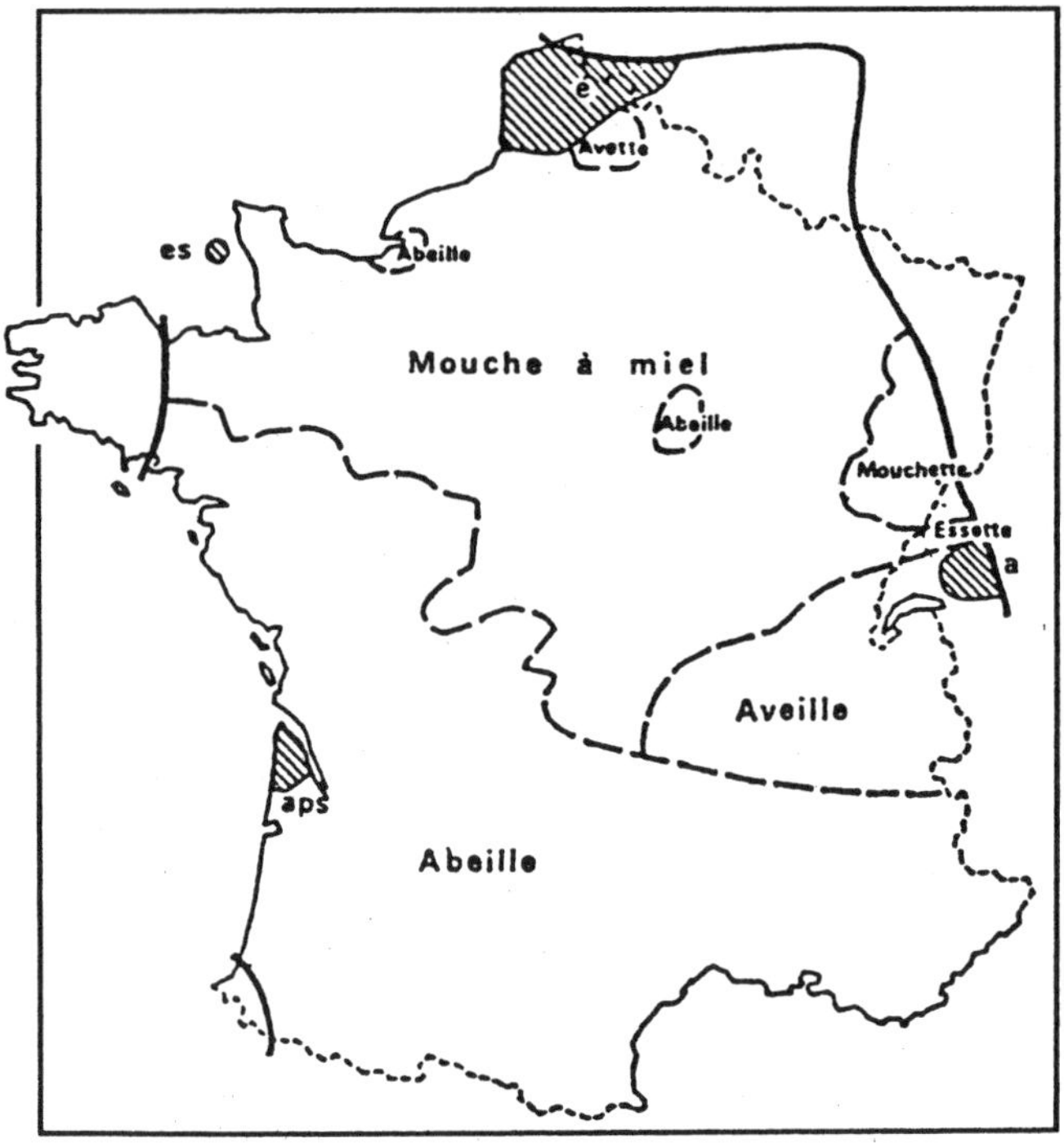


**地図4　ジイエロンによるフランス語方言に見るミツバチの呼び方**

出典）Guiraud, 1968〔ママ, 1978の誤りか〕: 84.

山間部の渓谷地域、島、半島、森林により分離された地域、砂漠地域などである。**地図5**では、リヴァプールとブラッドフォードとの間に保守的な飛地を認めることができる。これは浸食に残った残丘で、それ以前には変革の地理的分布はより限定されていたことを証拠立てるものにほかならない。山岳地方（ペニン山脈南部）で話される方言がその例である。同様に、**地図4**に見られるように、ラテン語のapisから直接派生した言葉が、スイス、メドックおよびガーンジー島に残ったのは、おそらくこれらの地方が孤立しているという点

（山間、半島、島）によって助長されたためなのである。

地図によって具体的に示すことはできないが、周辺に孤立した地域の保守性を明らかに占めす例は、国語の枠を越えた領域にも求めることができる。(2) 例えば、インド・ヨーロッパ語族の中のいくつかの言語では、この語族に共通に見られる［k］の発音がなんの影響も受けないまま保持されたのに対して、その中の別の言語では［s］型の音に変化したものがある。［s］への変革を見せる言語は、インド・イラン諸語、アルメニア語、スラヴ諸語、バルト諸語、アルバニア語を含む一続きの塊を形成しているが、これに対して昔ながらの［k］の音を保持する言語は、［s］地帯の両端に位置する。一方は西ヨーロッパ――ラテン語、ドイツ語、ケルト語、さらにバルカン半島の先端にあるギリシャ語の飛地――に位置し、もう一方は東の果てに位置する、中国・トルキスタン地方で紀元後第一千年紀の間に話されていたトカラ語である（Martinet, 1986）。

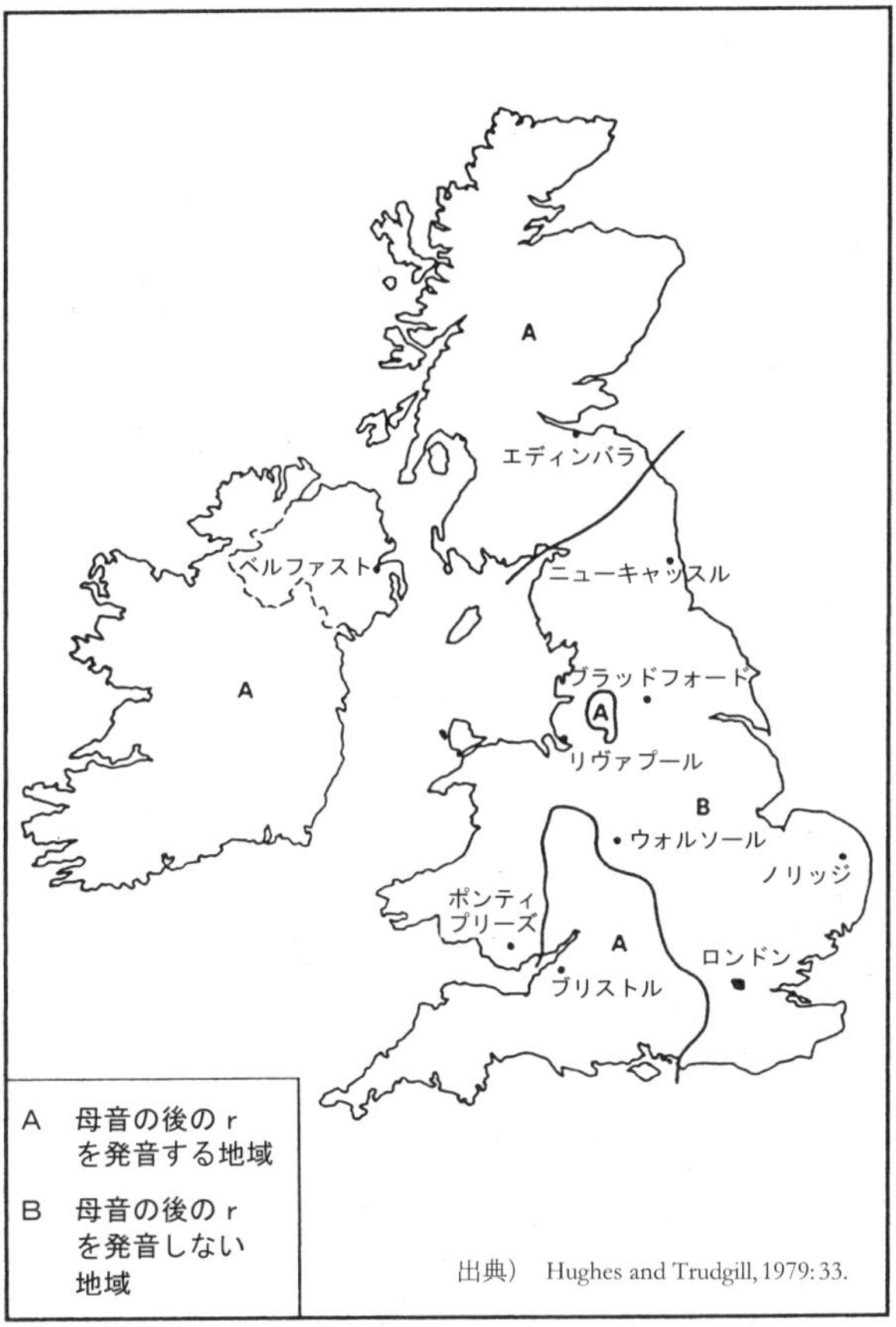

出典） Hughes and Trudgill, 1979: 33.

地図５　ブリテン諸島の英語方言における「母音の後のｒ」の分布（都市部）

東アジアにおいては、北はアルタイ語族（ツングース語、モンゴル語、トルコ諸語）に始まり、中央は中国語、西はチベット＝ビルマ語族を経て、南はタイ諸語（タイ語、ラオス語、等々）およびモン＝クメール語（ヴェトナム語、クメール語、等々）に至るすべての言語は、西暦が始まる頃に二つの子音タイプを有していた。「b, d, g」タイプの「有声」子音と「p, t, k」タイプの「無声」子音である。紀元後第一千年紀の間に、北部中国の方言、おそらくは首都の方言において、有声子音は弱くなり、これに対応する無声子音と同じように発音されるようになった。この革新は地域的に威信のある言語によってもたらされたもので、それが他の中国語の方言に伝達され、その後隣接する言語に伝達されたのである。今日この革新は、中国語方言の大部分、タイ、モン＝クメール、チベット＝ビルマ諸語という一続きの広大な領域に広がっている。影響を受けなかった言語は、周辺地域（上海から温州沿岸地方の中国語方言、マレーシア半島のマレーシア＝ポリネシアおよびモン＝クメール諸語）、あるいは孤立した地域（河南省南部の中国語方言）、あるいは周辺であると同時に孤立している地域（アンナン山脈のモン＝クメール諸語）に位置する。さらに旧字が残る書き言葉から、こうした地域に革新が広がっていった年代を知ることができる。文字としてのビルマ語は十一世紀から十二世紀までの間の実際の発音を表記したものであったが、子音をすでに無声化していた。七世紀の発音を表記する書き言葉のチベット語では、まだ子音の無声化はない。

北部ならびに西部アルタイ語族の言語は有声子音の無声化の侵攻を受けていなかったが、中国語を話す住民は、黒竜江省、内モンゴル、中国領トルキスタンの、かつてはアルタイ語を話す住民が住んでいた領域に広がっていった。こうした住民の動きは、有声音の無声化が侵入する地域を北および西へと拡大する結果を招いた。全体として、今日では、有声子音の無声化の影響を受けた地域は東西南北約五〇〇〇キロメートルにおよぶ集塊となっている（有声子音が新たな基盤の上に再び発生する可能性があちこちであったが）。「有声子音を持つ」言語と「無声子音」の言語が接触する前線を詳細に研究してみると、黄河流域の町に無声子音が出現して一五〇〇年を経た今日でもまだ、この無声化の革新は広がり続けていることがはっきりわかる。

## 共同体家族という革新

したがって言語学は、分布地図の明確に公理化された技術を提供してくれる。家族集団の発展サイクル地図（地図2）は、単純化して、二分化し、前述の言語学的事例の分析の枠組みに還元することができる。つまりBは主要共同体家族サイクル、ABは「父系核家族」という中間サイクル、Aは核家族、直系家族あるいは母系共同体家族といったその他のサイクルとする。このように単純化して得られる地図6（A、B、AB）を検証してみると、中心対周辺という構造が特に明瞭に存在することが分かる。共同体家族型のBは、バルト圏からヴェトナム、北シベリアからアラビア、インドからマグレブに至る広大な中央領域を占めている。この集合の中には、主要共同体家族サイクルを持つ九〇の人間集団の内、八七の集団が空間的には切れ目なく続いて含まれている。共同体家族の内、三つの袋地帯のみがこの地域から外れている。一つは中部イタリアにあるが、これは実のところバルカン半島諸国（セルビア、モンテネグロ、ボスニア、アルバニア）の共同体家族の集団からはっきり切り離されたものではなく、アドリア海で隔てられているにすぎない。フランスの中央山塊の北西部に位置する共同体家族は、核家族および直系家族型とその地域の空間を共有しているために、その形態は弱く、部分的である。バリ島も絶対確実な反対例を提出するわけではない。一つは、この家族型が完全ではないことである。それは古典的専門研究では、父系にして夫方居住という共同体家族型がはっきり記述されているとしても、一九七一年のインドネシア国勢調査によれば、一六％の複合家庭にあっては女系親族を介する拡大（夫の両親と同居するというよりも妻の両親と同居する）を呈していることが明らかになっている。他方、バリ島の文明はヒンズー教的で明らかに南部インドの

エスキモー
チュクチ
ユーカギル
コリヤーク
ヌガナサン
ネネット
ヤクート
オスティアック
ヴォグール
ギリヤーク
ゴリド
アイヌ人
満州人
トゥーヴァ
ブリヤート
ウイグル
キルギス
モンゴル
中国人北
日本人
韓国・朝鮮人
中国人山東
ジク
回族
ラダキー
中国人上海
ミール人
ミール人
シーク教徒
ニンバ
中央チベット人
沖縄人
ム教
ャブ
グルン
アタイヤル
パハーリア
アホム
ブヌン
レプチャ
中国人福建
ナガ1,2,3,4
ナシ
イ
プユマ
台湾人
ガロ
中国人客家
アミ
カーシー
カチン
ヒンディー
ミャオ
ヤオ
ベンガル人
ディマサ
ミンジア
イゴロット
イスラム教
ベンガル人
ムリアー
ヴェトナム人
イフガオ
北・
中央
チン
シャン
タガル
ラーティ
リー
マルマ
カレン
ラオ
オリアニ
ビルマ人
ラワ
ンナダ
タイ人
ジャライ
テルグ
ールグ
モン
チャム
クメール
ムノンガル
マギンダナオ
スバヌン
アンダマン諸島人
ヴェトナム人南
タミル
タウスグ
ーラム
イスラム教タミル
シンハラ人
セマン
イバン
アチェー
マレー人
バタク
ミナンカバウ
スンダ人
バリ島人
ジャワ人

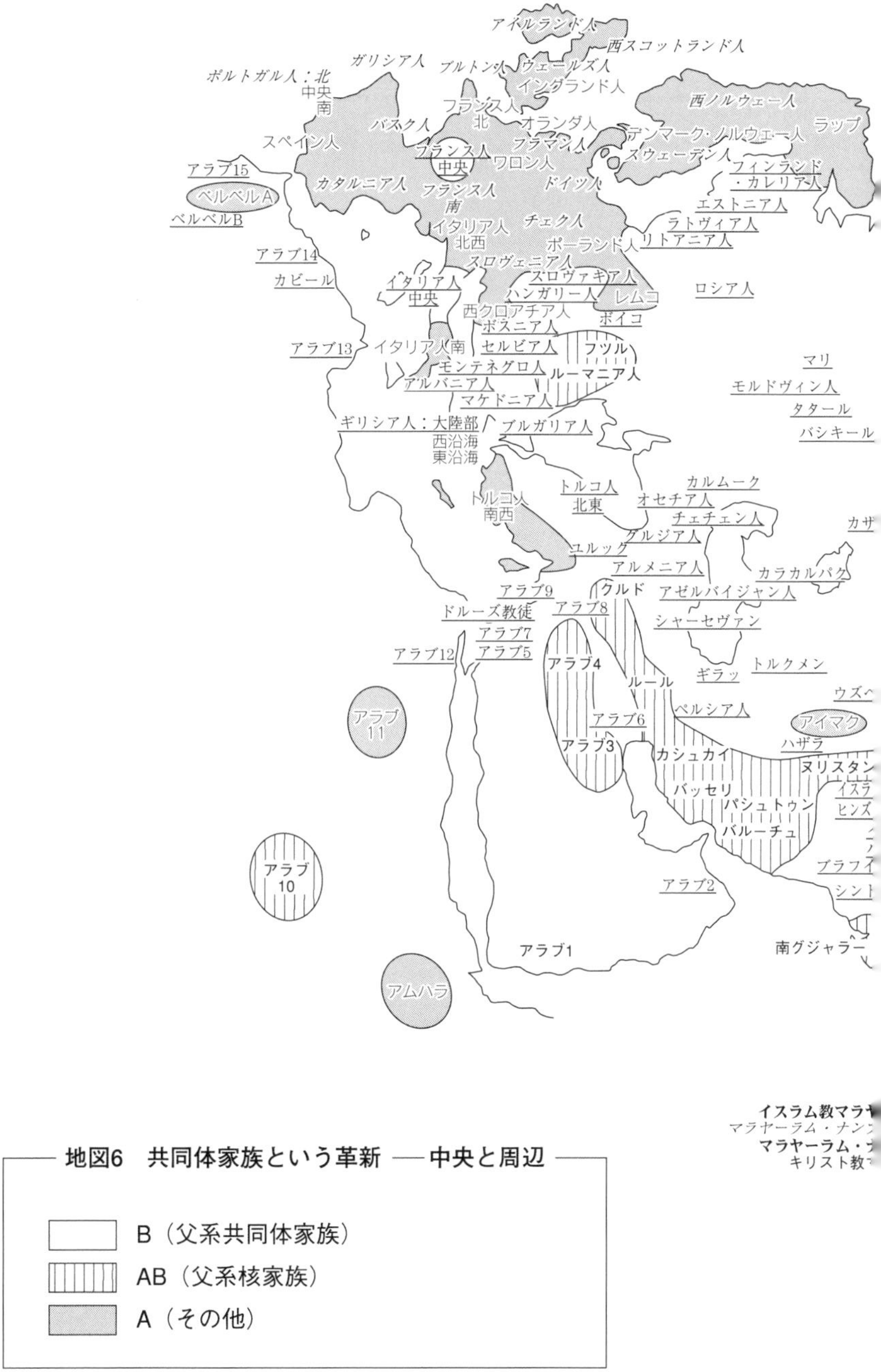
アイルランド人
西スコットランド人
ガリシア人
ブルトン人
ウェールズ人
ポルトガル人：北
中央
南
イングランド人
西ノルウェー人
フランス人
北
オランダ人
バスク人
デンマーク・ノルウェー人
ラップ
スペイン人
フランス人
中央
フラマン人
ワロン人
スウェーデン人
フィンランド
・カレリア人
アラブ15
カタルニア人
フランス人
南
ドイツ人
ベルベルA
エストニア人
ベルベルB
イタリア人
北西
チェク人
ラトヴィア人
ポーランド人
リトアニア人
アラブ14
スロヴェニア人
カビール
イタリア人
中央
スロヴァキア人
ハンガリー人
レムコ
ロシア人
西クロアチア人
ボイコ
ボスニア人
アラブ13
イタリア人南
セルビア人
フツル
モンテネグロ人
ルーマニア人
マリ
アルバニア人
モルドヴィン人
マケドニア人
タタール
ギリシア人：大陸部
西沿海
東沿海
ブルガリア人
バシキール
カルムーク
トルコ人
北東
オセチア人
トルコ人
南西
チェチェン人
カザ
グルジア人
ユルック
アルメニア人
カラカルパク
アラブ9
クルド
アゼルバイジャン人
ドルーズ教徒
アラブ8
シャーセヴァン
アラブ7
アラブ12
アラブ5
トルクメン
アラブ4
ギラッ
ルール
ウズベ
アラブ11
ペルシア人
アラブ6
アイマク
ハザラ
アラブ3
カシュカイ
ヌリスタン
イスラ
バッセリ
パシュトゥン
ヒンズ
バルーチュ
アラブ10
ブラフイ
アラブ2
シント
アラブ1
南グジャラー
アムハラ
イスラム教マラヤ
マラヤーラム・ナンブ
マラヤーラム・ナ
キリスト教
B（父系共同体家族）
AB（父系核家族）
A（その他）
地図6　共同体家族という革新 ―中央と周辺

文明が拡大したものであり、その家族構成に見られる父系性はおそらく単にタミルのケースに淵源を持つのである。

それと対称的に、特徴A（核家族、直系家族、母系共同体家族型を一つにまとめている）が周辺に配置されている様は、まさに目覚ましい。Bブロックを中心にしてその周りに、一〇あまりのA地帯が環状に連なっているのが観察される。A地帯の主要な要素は、時計回りに見ていくと、西ヨーロッパ、シベリア北東部、日本・韓国・朝鮮地域、フィリピンからビルマに至る広大な東南アジア、南部インドのセイロンおよびケラーラ、北部インドのグジャラート、アムハラ語系のキリスト教エチオピア、ナイル川上流エジプト、トルコ南西部およびギリシャ沿岸地域、少数派ベルベル人が点在するモロッコである。さらにB領土内のAの飛地は、現代まで極めて孤立している山岳住民に対応する。ヒマラヤあるいは山麓ヒマラヤ・グループ（中央チベット人、ニンバ、ラダキー、グルン、シーク教徒）とアフガニスタンのアイマク・グループである。したがってわれわれはこの地図の解釈に、周辺地域が保守的であるという原則を適用する。そうすると父系共同体家族である特徴Bは、革新であり、旧世界の主要な地域に広がったが、まだ周辺部に達していない、ということになる。共同体家族ではないA地域すべてが周辺地域であるかあるいは孤立しているという事実は、この命題の確率が極めて高いことを明らかに示している。これ以外の解釈では、中央部に共同体家族以外の領域がなく、周辺部および孤立地域には共同体家族地域がないことを、偶然のなせるわざとしなければならなくなる。

父系核家族であるABグループは、包括的に分析することはできない。この特徴を持つ定住農民――ルーマニア人、フツル人〔ウクライナ〕、ヌリスタン人〔アフガニスタン〕、南部グジャラート人、タミル人、テルグ人〔インド南部〕、ケラーラのキリスト教徒、中国のイ人――は、この空間内で中間的位置を占めている。共同体家族地帯Bの重心から見れば周辺に位置しているが、家族型Bと常に接触している。その点がAとは逆である。Aの民族の多くは、AとBの接触前線から完全に離れた所に居住する場合が多い。ABの農耕民族のケースは、明らかに父系原理の導入が複数の夫婦を含む濃密な家庭単位の形成に至らなかった不完全な共同体化現象の結果なのである。

アラブ＝ペルシア圏のＡＢタイプの遊牧民のケースはこれとは異なる。空間内の彼らの位置は周辺的と記述されるかも知れないが、彼らは実際にはユーラシア大陸の中心にあって考え得るあらゆる重心にきわめて近いところに位置している。さらに、これらのグループの遊牧性は最近まではっきりと証明されており、それ故、地理的孤立という形での解釈は排除される。逆に、アラブ・ベドウィン族およびパシュトゥン族のようなグループは、その流動性そのものによってきわめて多くの歴史的相互作用の中核をなしている。それ故に、いくつかの遊牧民の共同体家族が不完全であることは、共同体化の過程が未完成であることを意味せず、何らかの特殊性を意味するのである。その特殊性は、トルコ・モンゴル圏の遊牧民の共同体組織の柔軟性に関連づけられるべきものである。

## 共同体家族の意味とベクトル

家族の発展サイクルとその空間内の配置をこのように分析してみると、その結果として、父系の主要共同体家族サイクルは、ユーラシア大陸の中心付近のある地点に位置する一つあるいは複数の人間集団が創出したものと考えられる。この創出は、本論で対象となっている集団の数を考えた場合には、旧世界の集団の半数を少し下回る（二〇七のうち九〇）集団に最終的に及んだということになるが、共同体化された住民集団の現実の人口を計算に入れるならば、半分以上の人口に及んだということになる。何しろ中国、北部インドおよびロシアを含むのだから。中心地帯の外側に極めて少数の共同体家族の孤立した小集団がいくつか存在するが、他と隔絶した純粋な型を示すものは存在しないので、共同体家族が複数の場所に独立して出現することは原則として考え得るし、また実際に起こったこともある（バリ島、ローマなどの孤立した共同体的システムを参照）としても、こうした突然変異は全体としては稀な現象であり、それ故に実現が困難なものであると考えられるのである。父親と妻帯の息子たちの同居、出身集団からの娘の排除、社会集団の定義における男の絶対的優位の断定、こうしたものが組合わされて、複合的で、ある意味では人工的な――いずれにせよ人間の本性から自然発生的・一般的に出てくるものではない――包括的構造が出来上がるのである。したがってこの家族型は数多くの民族によって創出されたものではないことが理解できる。父系共同体家族の成功は、それが旧大陸に大量に広がったことで証明済みだが、その理由はおそらく、平等主義的であると同時に権威主義的なこの家族組織モデルが、その担い手たちに軍事的優位を与えていることにある。「父親・息子・兄弟」からなる家族集団は、必然的に父系従兄弟にまで系統樹的に広がりを見せるが、そうなるとこれは一つの氏族であり、軍事組織の萌芽である。集団を父系で決定することは、男の、そして征服を目指す戦士の秩序を生み出す。とはいえ軍事的征服のない父系共同体的特徴の伝播の可能性を先験的に排除することはできない。

この段階で、われわれは遊牧民――モンゴル、ブリアート、トゥーヴァ、カザフ、キルギス、バシキール、カルムーク、トルクメン、ユルックといったユーラシアのステップ地帯のグループであれ、アラブ・ベドゥイン、ルール、カシュカイ、バッセリ、バルーチュ、パシュトゥンといったアラブ・ペルシャ系の集団であれ――の占める中心的位置に驚きを禁じえない。こうした遊牧民とその祖先にあたる民族は、流動的であるために、共同体家族モデルの伝播に特別な役割を演じたはずである。これらの遊牧民集団の共同体家族は柔軟なものであるが、これらの集団にとって父系原理は社会組織の本質をなしている。

## 当初の状況は異種混淆的であった

周辺的で孤立した圏域が保守的であるという原則に基づけば、革新が中心から広がる時、周辺部の状況は、革新以前の中心部の状況を反映していることになる。それ故に、現在の周辺地域の状況を観察することにより、われわれは父系共同体家族という革新以前に、旧世界の中心にあった家族システムの状況がどんなものであったかを想像することができる。異なる家族サイクル（直系家族、核家族など）が周辺に共存することから、中央部が共同体家族化される以前には、旧世界は家族構造の面では均一ではなかったことが分かる。したがって共同体家族という革新を同定したということは、すべての家族の歴史が発する起源の時点を把握したということにはならない。というのも核家族と直系家族というもっとも重要なサイクルの周辺空間への配置は、いかなる明瞭な規則性にも従っていないのである。東に位置するアジアでは、直系家族形態は共同体家族型と核家族型の間の中間的地域に位置し、この両地域の間で一種の接触前線を構成しているが、反対側の西に位置するヨーロッパでは、核家族と直系家族形態はでたらめに散らばっているように見える。ポーランド、ギリシャ、クロアチア西部、トルコ南西部を占める核家族サイクルは、その地にあってかなりの部分で共同体家族地域との接触前線を形成することさえあるのである。

## 革新はいつ起ったか——歴史のいくつかの要素

われわれの仮説が正しいのなら、父系共同体家族システムとその他のシステムとの間の接触前線は、時代とともに旧世界の中心部から周辺部へと移動して行ったはずだということになる。この予言は歴史的データによる検証が可能である。というのもわれわれはエジプト、中国、メソポタミアといった、現在では共同体家族地域に含まれている領域における旧家族システムに関するいくつかの情報を持っているからである。

中国においては共同体と父系の原則が広がるのは、北西の果ての秦王国（現在の陝西省と甘粛省）に始まったようである。これは中国の諸王国が秦の始皇帝によって統一され、紀元前二五五年から二二一年までの秦帝国が成立したことによるものである。というのも秦の始皇帝の権力奪取は、平等主義的で権威主義的な新しい政治的イデオロギー――「法家イデオロギー」――の実践と妻方居住慣習の禁止がその特徴となっていた。[3] 秦の始皇帝以前の中国北部における直系家族システムの存在は、孔子思想により証明されるか、あるいは少なくとも推測される。この思想は、孔子の故郷である魯（現在の山東省南部、太平洋沿岸地域）に結びついているもののようで、次男以下の子供は長男に従い、子供は親に従い、妻は夫に従うことが規定されていた。それに長男と次男以下の対照は、最も旧い時代から中国語の語彙には存在していた。中国には兄弟を意味する一般的用語は存在しない。儒教は秦の始皇帝により激しく攻撃され、儒教の書物はすべて焚書に処された。後に儒教が復活した時、家族に関わる内容の不平等主義的様相は大部分抜きとられ、国家官僚制度の公式イデオロギーとなっていた。

現在共同体家族となっている地域の西部に位置するエジプトに目を転じ、時代を過去に遡ると、古代エジプト文明全域に核家族の発展サイクルを容易に見つけることができる（Erman & Ranke, 1963）。また父系親族と母系親族との間の均衡が認められるが、王朝中期には若干母系に傾いたように思われる。それに古代エジプトの全期間を通じて、さらにローマ帝国末まで、兄弟姉妹間の婚姻が多数存在するのであるから、家庭集団のいかなる父系的組織形態も先験的に排除されることになる。こうしたことからエジプトの場合には、共同体化と父系化をアラブ化の過程に結びつけることができることが示唆される。

逆に、エジプトから、現在共同体家族化されている地域の中心の方、チグリス・ユーフラテス川の方へ戻ると、保存された最も古い資料が変化の痕跡をすでに明らかにしている。ハムラピ（紀元前1792-1750）の法典では、兄弟の平等と相続からの娘の排除が認められるが、同じく新しい夫婦はその世帯を創設しなければならないことも記されている、と指摘する注釈者もいる（Finet, 1973）。この二つの規則が組合わされれば、父系核家族サイクルが成立することになるが、しかしこうしたデータは極めて断片的であるから、もちろん慎重に取り扱われなければならない。これよりも少し北のアッシリアでは、これよりもかなり後の紀元前十二世紀末頃に、本物の共同体家族が存在した可能性がある。アッシリアの法律には、兄弟間の遺産共有という状況がかなり頻繁に暗示されているからである。しかし最初に生まれた男児に二倍の取り分があることから、実質的な長子権が感知され得る（Cardascia, 1969）。それ故に父系共同体家族とそれ以外の家族との接触前線は、中国であろうと近東であろうと、古代から現代までの間に中央部から周辺へと移動したと思われるのである。

## 共同体家族への革新と古典的民族学

われわれは結論に至る前に、共同体家族という革新とその伝播のモデルが、いかにして古典的民族学の問題系と結びつくかを示したいと思う。主要共同体家族サイクルは父系制であり、それ故に女性の地位の低下が推測される。したがって共同体家族化は父系化でもあり、男の絶対的優位の創出でもある。とはいえバッハオーフェン〔七八ページ訳注参照〕によって提示された家父長制への移行の定式化は、外見とは逆に、実際にはわれわれの分析とはあまり緊密な関係が無い。その訳は、彼の定式化は古代神話、特にギリシア神話の検証を拠り所としているからであり、われわれが提案しているモデルの観点からすれば相対的に副次的である地域で集められた神話に基づいているからである。しかし多くの民族学者たちは、父系制の原則は、自然のものでも原初的なものでもなく、構築されたものであると予感していた。最も明瞭な例は、ロベール・ローウィの例であると思われる。彼はまさしく中央アジアと東アジアに興味を持ち、女性が劣るという、反女権的観念の伝播が進行しつつある地域の存在に気づいていた。この観念はキルギス人にあっては完璧なまでに明瞭に認められ、北東部の古シベリア人にあっては微弱なものであった (Lowie, 1936)。ローウィはこのように中心と周辺という体系の一端を把握していたが、このモデルが旧世界全域にわたって機能し得るところまでは見えていなかった。

研究領域を地球全体に広げてみれば、共同体的家族形態の出現がどれほど容易ならざることであるかを正確に評価することが可能となろう。アメリカ大陸とオーストラリア大陸においては、インディアンとアボリジニという、ヨーロッパによる征服「以前の」住民の間では、核家族サイクルが完全に優位を占めている。しかし純粋な共同体家族がこの地に、外部からの影響も伝播もなしに自然発生的に出現することは決してないということを確認するのは、数百の集団を対象として、検証をずっと先にまで推し進めた場合にのみ可能であろう。調査をサハラ砂漠南部のアフリカにまで拡大してみると、概念の調整の問題が出てくるだろうが、これは家族の発展サイクルという概念そのものを変更させる一夫多妻制が全域にわたって存在するからである。とはいえ、父系相続の極めて多数の形態、さらにそれ以上に多くの夫方居住の形態が、共同体家族の存在を暗示しているが、これはブラックアフリカ北部が広くイスラム化されているから、アラブの共同体家族に連続するものであろう。こうした研究を突きつめれば、おそらくわれわれが提示した伝播モデルがこのアフリカにまで拡大されることになるだろうし、家族の歴史という面ではアフリカは旧世界に属していることをおそらく明らかに示すことになるであろう。

こうしたかくも単純な構造が、かくも長い間観察者の目から逃れていたのは何故であろうか。おそらく家族のサイクルが、文化的・経済的発展水準にあまり対応していないからである。特に核家族サイクルと直系家族サイクルは、まことに無差別的に、きわめて発展した集団の特徴でもあり得るし、きわめて原始的な集団の特徴でもあり得る。伝播のモデルを完全にその一般性において把握するためには、いかなるヨーロッパ中心主義をも捨て去り、イングランド人とチュクチ人〔ソ連圏〕、カスティーリャ人とアンダマン諸島人、ドイツ人とガロ人〔インド北部〕、フランス人とイゴロ人〔フィリピン〕を同じレベル、純然たる地理のレベルに置かなければならない。

それはまた、おそらく言語学者および方言学者によって練り上げられた地図解釈の技術が、他の分野に採用されなかったことにもよる。おそらくこれは誕生したばかりの人類学が、「伝播主義的」な考え方を警戒していたためである。しかし特徴の伝播に基づく解釈を先験的に拒絶するという態度は維持しがたい。周辺部および孤立した地域における保守性という原則は、一般的原則であり、言語学以外の多数の領域に適用されうるものなのである。

ローラン・サガール（国立科学研究所東アジア言語研究センター、パリ）
エマニュエル・トッド（国立人口学研究所、パリ）

## 原注

（1） この現象が「パリのｒ」の伝播に関係があるかどうかはわからない。
（2） 言語分布図は主に数カ国語の枠内で作られている。全世界規模の言語の体系的な地図資料は存在しない。
（3） 秦の始皇帝は妻方居住の既婚男性を南部の新しい植民地へ追放した。*Les Mémoires historiques de Sse-ma Ts'ien* (CHAVANNES, 1895-1905) 中の秦の始皇帝の伝記を参照。

## 文献一覧

BARTORI, M. & BERTONI, G., *Breviario di neolinguistica*, Modène, 1925.
CARDASCIA, G., *Les lois assyriennes*, Paris, Les éditions du Cerf 1969.

DAUZAT, A., *La géographie linguistique,* Paris, Flammarion 1922. —*Essais de géographie linguistique*, Paris, Champion 1928.

ERMAN, A. & RANKE, H., *La civilisation égyptienne,* Paris, Payot 1963.

FINET, A., *Le code de Hammurapi*, Paris, Les Éditions du Cerf 1973.

FORGEAU, A., « La mémoire du nom et l'ordre pharaonique », *in* A. BURGUIÈRE, C. KLAPISCH et. al., *Histoire de la famille,* Paris, Armand Colin 1986, p. 135-161.

FORTES, M., « Introduction », *in* J. GOODY. et al. *The Developmental Cycle in Domestic Groups*, Cambridge University Press 1969, p. 1-14.

GILLIÉRON, J., *Généalogie des mots qui désignent l'abeille d'après l'Atlas linguistique de la France*, Paris, Champion 1918.

GILLIÉRON, J. & ROQUES, M., *Études de géographie linguistique d'après l'Atlas linguistique de la France*, Paris, Champion 1912.

GOLDSTEIN, M. C., « Adjudication and partition in the Tibetan Stem-Family », *in* D. C. BUXBAUM, *Chinese Family Law and Social Change*, Seattle, University of Washington Press 1978, p. 205-214.

GUIRAUD, P., *Patois et dialectes français,* Paris, P. U. F. 1978.

HUGHES, A. & TRUDGILL, P., *English Accents and Dialectes,* London, Edward Arnold 1979.

LE PLAY, F., *L'organisation de la famille,* Tours, 1870.

LEVINE, N. E., *The Dynamics of Polyandry. Kinship, Domesticity, and Population on the Tibetan Border*, University of Chicago Press 1988.

LOWIE, R., *Traité de sociologie primitive*, Paris, Payot 1986. réédition 1969.

MARTINET, A., *Des steppes aux océans*, Paris, Payot 1986.

MILLARDET, G., *Linguistique et dialectologie romane*, Paris, Champion 1923.

SCHMIDT, J., *Die Verwandtschaftsverhältnisse der indogermanishen Sprachen,* Weimar, Bölhau 1872.

TRUDGILL, P., *Sociolinguistiques : an introduction,* Harmondsworth, Penguin. 1974.

本論文は、*Diogène* 誌一六〇号、一九九二年一〇—一二月号に掲載されたものであるが、サンプルとして取り挙げられた諸民族のリスト（ヨーロッパ、ソ連圏、インド圏、等に分類し、それぞれ民族誌的出典を明示している）と、参考文献目録を付録として備えている。しかし今回の出版企画は、入門書を想定したものであるため、この付録は掲載しないこととした。*Diogène* 誌は日本でも容易にアクセス可能であるため、そのレベルの読者にご迷惑をお掛けすることはないと判断したからである。その代わり、文中に登場する民族名のうち一般読者に馴染みが薄いと思われるものには、その地域を〔 〕内に記すことにした。また文中に参照指示がある文献のみ、文献一覧として掲げることとした。なお、サンプルの諸民族名の標記については、極力既存の標記に依拠するよう努めたが、多少の問題なしとしない。ご教示があれば有難く拝受する積りである。

# 編者あとがき

この本の誕生のきっかけは、昨（二〇〇〇）年六月のエマニュエル・トッドの来日である。トッドは国際協力基金が九州・沖縄サミットに合わせて企画した国際シンポジウム「二一世紀の展望——文化とグロバリゼーション」（六月一九日）にパネリストとして招かれ、六月一三日から二四日まで日本に滞在したが、この彼にとって二度目の滞在（一度目は九二年一一月、『新ヨーロッパ大全』の発行の頃だった）の間に、トッドは講演や対談やジャーナリストのインタビューを精力的にこなした。

その日程を簡単に振り返ってみると、一四日（水）に日仏学院にて講演「ヨーロッパに対するフランス」。一五日（木）は朝から晩まで「朝日」「読売」「日経」「共同」四社の記者のインタビューを受ける。一六日（金）は午前中に『エコノミスト』誌のインタビュー、午後は藤原書店主催の歴史人口学者、速水融氏との対談（『環』四号に掲載）に続いて、休む間もなく夕刻より、藤原書店会議室での討論会。一七日（土）には宮崎に発って、国際シンポジウムに参加したのち、二〇日（火）に京都に投宿。翌二一日（水）は立命館大学にて講演「現代世界をいかに読み解くか——人類学的システムとマイノリティー」。二二日（金）に東京へ移動。二三日（金）に青山学院にて同じタイトルにて講演……という具合である。観光などしている暇もない、過密スケジュールであった（特に宮崎に発つ前までが）。

六月一六日夕刻の藤原書店会議室での討論会は、藤原社長のご好意で急遽開催が決まったものだが、三浦信孝氏や荻野文隆氏等、日頃からトッドに関心を抱いている俊英たちが一堂に会するまたとない機会となった。予定時間を大幅に超過して白熱した討論が展開したが、それに引き続いて懇親夕食会が行なわれ、中心メンバーも招待された。この討論会の直前にトッドと対談を行なった速水氏もおつき合い下さった。トッドをめぐる談論風発は果てしなく続いていた。その席で藤原社長から、是非トッドをめぐる本を出すように勧められたのである。私自身も、藤原討論会を初めとする今回のトッドをめぐる一連の質疑応答は、日本人がフランス人と対等に渡り合う水準の高い遣り取りが実現したと思っていたので、何らかの形で記録に残すことができれば望外の幸せだった。そこで快く藤原氏の熱意に応じることにしたわけである。

そんなわけで本編は当然、昨年のトッドの滞在中の活動から多くを採用している。三回の講演（これを二回で代表させている）、藤原書店での討論会、速水融氏との対談である。当初は新聞記者のインタビューの抜粋も何らかの形で、というアイデアがあったが、技術的に困難で諦めざるを得なかった。これに対して、トッドの近年のテクスト二本を収録することができたのは、大きな成果である。一つは『世界の多様性』（藤原書店より近刊）の「序文」である。この本はトッド人類学の形成の最初の二作である『第三惑星』（一九八三年）と『世界の幼少期』（一九八四年）を併せて一冊として再刊した（一九九九年）もので、文字通りトッドの最新の刊行物である。これがこのような形で再刊されるということは、トッド人類学が二〇年の歳月の試練に耐え、基本的に妥当なものと認められたことを意味すると考えられ、まことに心強く喜ばしい。これの「序文」は、『第三惑星』発表当時にフランスのメディアや論壇から浴びせられた批判を生々しく語り、決定論との批判に対する自信に満ちた反論を展開している。また若さゆえに『第三惑星』が犯した誤り（トッドは三二歳の若者だった）も卒直に語りつつ、それをバネにして新たな研究の展望を示している。トッドに関心を抱く者にとってまことに興味深い、自伝的かつマニフェスト的テクストである。トッドの人類学の実践的な効用を信じていた私としては、彼が自分から堂々と自分の理論を、無意識の把握という点で精神分析に比定し、それぞれの民族の自己理解と相互理解の手段としての効用を高らかに宣言したことは、まことに痛快であった。本編では「わが〈世界像革命〉の歩み」のタイトルで掲載している。

もう一つは言語学者、ローラン・サガールとの共同執筆の論文、「共同体家族システムの起源についての仮説」« Une Hypothèse sur l'origine du système familial communautaire », in *Diogène*, no 160, octobre-décembre 1992. である。これはこれまで禁欲的に共時態のみに甘んじて来たトッドが、通時態、すなわち家族制度の形成と変遷の歴史に足を踏み入れる第一歩となった、記念碑的論文である。これについては拙論「トッド人類学の基礎」で触れているので、繰り返さないが、法家思想の秦と東の儒家思想の対立やら、アッシリアのメソポタミア征服の予感やら、昔懐かしい『母権制』のバッハオーフェンへの言及やら、歴史好きにはたまらない素材が満載で、これらをより詳細に展開する研究が現在、トッドの頭の中と手許で進行中であると考えると、身震いするほどである。本編では「新人類史序説」とのタイトルで掲載したが、まことに適切なタイトルと自負している。

拙論「トッド人類学の基礎」については、ご一読・ご批判下さいとしか言いようがないが、『新ヨーロッパ大全』からもさることながら、本邦未訳の『第三惑星』や『世界の幼少期』(今回『世界の多様性』として再刊された)からも、幸い藤原書店が版権を得ているため、地図や図表を借用することができたことは、読者のために大変結構なことだった。またトッドにつきまとう、決定論との批判と、国民性・民族性的相対主義との批判について、私なりに反論をまとめることができた。決定論については、『世界の多様性』の「序文」の中でトッドも反論を展開しているが、日本の読者にとっては彼のよりは私の反論のほうが、少なくとも文として分かりやすいかも知れず、それが敢えて屋上屋を架すが如きことを行なった理由である。相対主義については、例えば最近で言えば、ハンチントンなどがもてはやされているようだが、彼が単にトインビー流に八つないし九つの文明を先験的に設定しているのに較べれば、家族制度という普遍的に機能するメカニズムのヴァリエーションによって事象を説明するトッドの方法の方が、はるかに科学的普遍妥当性を備えていると言えるのではなかろうか。

例えばユーラシアの東西二つの果てに形成されたヨーロッパと日本という二つの文明の類似は、古来、人々を魅了する不可思議であり、多くの人がそれを説明する仮説を試みたものだが、それも直系家族という普遍性で簡単に説明がつくのである。

本編には、できれば盛り込みたかった欠落がある。その一つは経済学である。『経済幻想』をめぐる論考ないし解説は、経済学に疎い私の手に負えず、適切な対策も見当たらず、割愛せざるを得なかった。もう一つは、トッドを現在のフランス知識人の動向、特に「ナショナル共和主義」の動向の中に位置付けて考えようとする、三浦信孝氏的アプローチである。もっともそのアウトラインは藤原書店での討論会での氏の発言に十分示されているが、これをより詳細に展開した論考があってもよかったと思える。それにその討論会では、連日の過密スケジュールで困憊気味のトッドは、日本の友人たちに囲まれているという遠慮もあってか、舌鋒鋭い三浦氏の追及に果敢に反撃したとは言いがたい。正直言って、こう言えばいいのに、などと思った場面も一再ならずであった（一言だけ具体的な指摘をしておくと、三浦氏が直系家族の日本には天皇制が最適の政治制度だと断定した（一三一ページ）のは、やや短絡的ではなかろうか。『新ヨーロッパ大全』をよく読むなら、君主制と直系家族とは意外に微妙な関係にあることが、分かるだろう）。いずれにせよ、このアプローチはアプローチとしての限りでまことに興味深いものである。この二つの欠落が、何らかの仕方で形になればよいのだが、と思っている。

最後に、簡にして要を得た素晴しい序文を本書に贈ってくれたトッドと、先に述べたように、この本の生みの親である藤原社長、快く企画に協力して下さった三浦信孝、荻野文隆、東松秀雄の諸氏、そして仕事の進行が遅い上に不規則で、いつもながらご迷惑をお掛けした編集担当の清藤洋氏に心より感謝を捧げる次第である。

二〇〇一年七月二二日

石崎晴己

# エマニュエル・トッド　著作一覧

本邦未訳のものにも日本語の仮題を付した。

*La Chute finale*, Robert Laffont, 1976. 1990.『最後の転落』
*Le Fou et le prolétaire*, Robert Laffont, 1979.『狂人とプロレタリア』
*L'Invention de la France*, en collaboration avec Hervé Le Bras, Hachette, coll. "Pluriel", 1981.『フランスの創建』
*La Troisième Planète*, Seuil, coll. "Empreintes", 1983.『第三惑星』
*L'Enfance du monde*, Seuil, coll. "Empreintes", 1984.『世界の幼少期』　この両著は併せて『世界の多様性』のタイトルで再刊された。
*La Nouvelle France*, Seuil, coll. "L'Histoire immédiate", 1988, coll. "Points politiques", 1990.『新たなフランス』
*L'Invention de l'Europe*, Seuil, 1990.『新ヨーロッパ大全Ⅰ Ⅱ』藤原書店、Ⅰ石崎晴己訳、1992年、Ⅱ 石崎晴己・東松秀雄訳、1993年
*Le Destin des immigrés*, Seuil, "L'Histoire immédiate", 1994.『移民の運命』藤原書店、石崎晴己・東松秀雄訳、1999年
*L'Illusion économique*, Gallimard, 1998.『経済幻想』藤原書店、平野泰朗訳、1999年
Préface pour *Système national d'économie politique* de Friedrich List, Gallimard, Coll. "Tel", 1998. フリードリッヒ・リストの『政治経済学の国民的体系』のフランス語版への序文
*La Diversité du monde*, Seuil, "L'Histoire immédiate", 1999.『世界の多様性』藤原書店、荻野文隆訳、近刊予定

## や 行



## ら 行

## な 行



## は 行



## ま 行

## さ 行



## た 行

# キーワード索引

本書は本格的な網羅的索引を付すべき性格の書籍ではないが、読者の便を考えて、この簡略な索引を作成した。これは特に重要と思われる事項（人物、作品も含む）のみを取り上げて、その主要な記載ページを示したものであって、網羅的なものではない。

## あ　行



## か　行

## 著者紹介

エマニュエル・トッド（Emmanuel Todd）

1951年生。歴史人口学者・家族人類学者。フランス国立人口統計学研究所（INED）に所属。作家のポール・ニザンを祖父に持つ。ケンブリッジ大学にて、家族制度研究の第一人者P・ラスレットの指導で76年に博士論文 *Seven Peasant communities in pre-industrial Europe*（工業化以前のヨーロッパの七つの農民共同体）を提出。

同年、『最後の転落——ソ連崩壊のシナリオ』（新版の邦訳13年）で、弱冠25歳にして旧ソ連の崩壊を断言。その後の『第三惑星——家族構造とイデオロギー・システム』と『世界の幼少期——家族構造と成長』（99年に2作は『世界の多様性——家族構造と近代性』（邦訳08年）として合本化）において、世界の各地域における「家族構造」と「社会の上部構造（政治・経済・文化）」の連関を鮮やかに示し、続く『新ヨーロッパ大全』（90年、邦訳92、93年）では、対象をヨーロッパに 限定して、さらに精緻な分析を展開、宗教改革以来500年の全く新たなヨーロッパ近現代史を描き出した。

「9•11テロ」から1年後、対イラク戦争開始前の02年9月に出版された『帝国以後——アメリカ・システムの崩壊』（邦訳03年）ではアメリカの経済力の衰退を指摘、28カ国以上で翻訳され、世界的大ベストセラーとなった。

その他の著書に、『移民の運命——同化か隔離か』（94年、邦訳99年）、『経済幻想』（98年、邦訳99年）、『文明の接近——「イスラーム vs 西洋」の虚構』（07年、邦訳08年）、『デモクラシー以後——協調的「保護主義」の提唱』（08年、邦訳09年）、『アラブ革命はなぜ起きたか——デモグラフィーとデモクラシー』（11年、邦訳11年）『不均衡という病——フランスの変容 1980-2010』（13年、邦訳14年）（邦訳はいずれも藤原書店刊）。

また、トッドの講演、対談、インタビューを中心に藤原書店が編んだ単行本に、『「帝国以後」と日本の選択』（06年）、『自由貿易は、民主主義を滅ぼす』（11年）、『自由貿易という幻想』（共著、11年）。

## 編者紹介


石崎晴己（いしざき・はるみ）

1940 年生まれ。青山学院大学名誉教授。1969 年早稲田大学大学院博士課程単位取得退学。専攻フランス文学・思想。

訳書に、ボスケッティ『知識人の覇権』（新評論、1987）、ブルデュー『構造と実践』（藤原書店、1991）『ホモ•アカデミクス』（共訳、藤原書店、1997）、トッド『新ヨーロッパ大全 I II』（II 共訳、藤原書店、1992-1993）『移民の運命』（共訳、藤原書店、1999）『帝国以後』（藤原書店、2003）『文明の接近』（クルバージュとの共著、藤原書店、2008）『デモクラシー以後』（藤原書店、2009）『アラブ革命はなぜ起きたか』（藤原書店、2011）『最後の転落』（藤原書店、2013）『不均衡という病』（ル・ブラーズとの共著、藤原書店、2014）、レヴィ『サルトルの世紀』（監訳、藤原書店、2005）、コーエン=ソラル『サルトル』（白水社、2006）、カレール=ダンコース『レーニンとは何だったか』（共訳、藤原書店、2006）など多数。

編著書に、『サルトル　21 世紀の思想家』（共編、思潮社、2007）『21 世紀の知識人』（共編、藤原書店、2009）など。


## 執筆者・訳者紹介


荻野文隆（おぎの・ふみたか）1953 年生まれ。フランス文学。

東松秀雄（とうまつ・ひでお）1952 年生まれ。フランス文学。

速水融（はやみ・あきら）1929 年生まれ。経済史・歴史人口学。

三浦信孝（みうら・のぶたか）1945 年生まれ。フランス文学。



**世界像革命《せかいぞうかくめい》 —— 家族人類学《かぞくじんるいがく》の挑戦《ちょうせん》**

2001 年 9 月 30 日　初版第 1 刷発行 ©
2014 年 3 月 30 日　初刷第 2 刷発行

編　者　石　崎　晴　己
発行者　藤　原　良　雄
発行所　株式会社　藤　原　書　店

〒 162–0041　東京都新宿区早稲田鶴巻町 523
電　話　03（5272）0301
F A X　03（5272）0450
振　替　00160 - 4 - 17013
info@fujiwara-shoten.co.jp

印刷・製本　中央精版印刷

落丁本・乱丁本はお取替えいたします
定価はカバーに表示してあります

Printed in Japan
ISBN978-4-89434-247-7

自由貿易はデフレを招く

## 自由貿易という幻想
（リストとケインズから「保護貿易」を再考する）

**E・トッド**

自由貿易による世界規模の需要縮小こそ、世界経済危機＝デフレ不況の真の原因だ。「自由貿易」と「保護貿易」についての誤った通念を改めることこそ、経済危機からの脱却の第一歩である。

**F・リスト／D・トッド／J－L・グレオ／J・サピール／松川周二／中野剛志／西部邁／関曠野／太田昌国／関良基／山下惣一**

四六上製　二七二頁　**二八〇〇円**
（二〇一一年一一月刊）
◇978-4-89434-828-8

預言者トッドの出世作！

## 最後の転落
（ソ連崩壊のシナリオ）

**E・トッド**
**石崎晴己監訳**
**石崎晴己・中野茂訳**

一九七六年弱冠二五歳にしてソ連の崩壊を、乳児死亡率の異常な増加に着目し、歴史人口学の手法を駆使して預言した書。本書は、ソ連崩壊一年前に新しく序文を附し、刊行された新版の完訳である。"なぜ、ソ連は崩壊したのか"という分析シナリオが明確に示されている名著の日本語訳決定版！

四六上製　四九六頁　**三二〇〇円**
（二〇一三年一月刊）
◇978-4-89434-894-3

*LA CHUTE FINALE*
Emmanuel TODD

衝撃的ヨーロッパ観革命

## 新ヨーロッパ大全　I・II

**E・トッド**
**石崎晴己・東松秀雄訳**

宗教改革以来の近代ヨーロッパ五百年史を家族制度・宗教・民族などの〈人類学的基底〉から捉え直し、欧州の多様性を初めて実証的に呈示。欧州統合の問題性を明快に示す野心作。

A5上製
I　三六〇頁　**三八〇〇円**（一九九二年一一月刊）
II　四五六頁　**四七〇〇円**（一九九三年六月刊）
I◇978-4-938661-59-5
II◇978-4-938661-75-5

*L'INVENTION DE L'EUROPE*
Emmanuel TODD

グローバリズム経済批判

## 経済幻想

**E・トッド**
**平野泰朗訳**

「家族制度が社会制度に決定的影響を与える」という人類学的視点から、グローバリゼーションを根源的に批判。アメリカ主導のアングロサクソン流グローバル・スタンダードと拮抗しうる国民国家のあり方を提唱し、世界経済論を刷新する野心作。

四六上製　三九二頁　**三二〇〇円**
（一九九九年一〇月刊）
◇978-4-89434-149-4

*L'ILLUSION ÉCONOMIQUE*
Emmanuel TODD

**移民問題を読み解く鍵を提示**

# 移民の運命
〈同化か隔離か〉

**E・トッド**
**石崎晴己・東松秀雄訳**

家族構造からみた人類学的分析で、国ごとに異なる移民政策、国民ごとに異なる移民に対する根深い感情の深層を抉る。フランスの普遍主義的平等主義とアングロサクソンやドイツの差異主義を比較、「開かれた同化主義」を提唱し「多文化主義」の陥穽を暴く。

A5上製　六一六頁　**五八〇〇円**
（一九九九年一一月刊）◇978-4-89434-154-8

*LE DESTIN DES IMMIGRÉS*　Emmanuel TODD

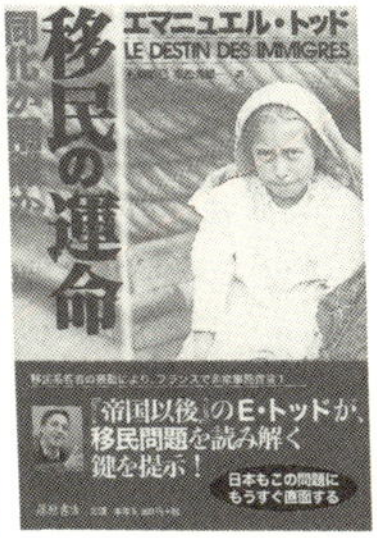


**全世界の大ベストセラー**

# 帝国以後
〈アメリカ・システムの崩壊〉

**E・トッド**
**石崎晴己訳**

アメリカがもはや「帝国」でないことを独自の手法で実証し、イラク攻撃後の世界秩序を展望する超話題作。世界がアメリカなしでやっていけるようになり、アメリカが世界なしではやっていけなくなった「今」を活写。

四六上製　三〇四頁　**二五〇〇円**
（二〇〇三年四月刊）◇978-4-89434-332-0

*APRÈS L'EMPIRE*　Emmanuel TODD

**「核武装」か？「米の保護領」か？**

# 「帝国以後」と日本の選択

**E・トッド**
**池澤夏樹／伊勢﨑賢治／榊原英資／佐伯啓思／西部邁／養老孟司　ほか**

世界の守護者どころか破壊者となった米国からの自立を強く促す『帝国以後』。「反米」とは似て非なる、このアメリカ論を日本はいかに受け止めるか？　北朝鮮問題、核問題が騒がれる今日、これらの根源たる日本の対米従属の問題に真正面から向き合う！

四六上製　三四四頁　**二八〇〇円**
（二〇〇六年一二月刊）◇978-4-89434-552-2

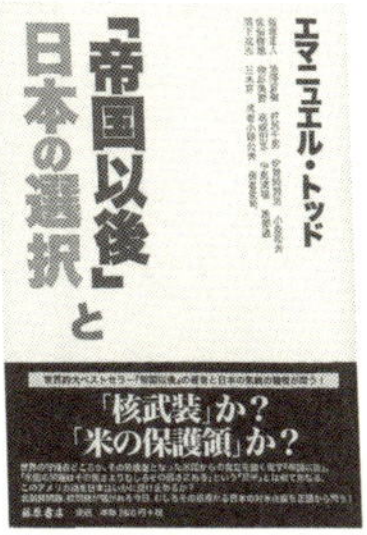


**「文明の衝突は生じない。」**

# 文明の接近
〈「イスラームvs西洋」の虚構〉

**E・トッド、Y・クルバージュ**
**石崎晴己訳**

「米国は世界を必要としているが、世界は米国を必要としていない」と喝破し、現在のイラク情勢を予見した世界的大ベストセラー『帝国以後』の続編。欧米のイスラーム脅威論の虚構を暴き、独自の人口学的手法により、イスラーム圏の現実と多様性に迫った画期的分析！

四六上製　三〇四頁　**二八〇〇円**
（二〇〇八年二月刊）◇978-4-89434-610-9

*LE RENDEZ-VOUS DES CIVILISATIONS*　Emmanuel TODD, Youssef COURBAGE

トッドの主著、革命的著作！

## 世界の多様性

〈家族構造と近代性〉

E・トッド
荻野文隆訳

弱冠三二歳で世に問うた衝撃の書。コミュニズム、ナチズム、リベラリズム、イスラム原理主義……すべては家族構造から説明し得る。「家族構造」と「社会の上部構造（政治・経済・文化）」の連関を鮮やかに示し、全く新しい世界像と歴史観を提示！

A5上製　五六〇頁　四六〇〇円
（二〇〇八年九月刊）
◇978-4-89434-648-2

*LA DIVERSITÉ DU MONDE*　Emmanuel TODD

日本の将来への指針

## デモクラシー以後

〈協調的「保護主義」の提唱〉

E・トッド
石崎晴己訳＝解説

トックヴィルが見誤った民主主義の動因は識字化にあったが、今日、高等教育の普及がむしろ階層化を生み、「自由貿易」という支配層のドグマが、各国内の格差と内需縮小をもたらしている。ケインズの名論文「国家的自給」（一九三三年）も収録！

四六上製　三七六頁　三二〇〇円
（二〇〇九年六月刊）
◇978-4-89434-688-8

*APRÈS LA DÉMOCRATIE*　Emmanuel TODD

自由貿易推進は、是か非か

## 自由貿易は、民主主義を滅ぼす

E・トッド
石崎晴己編

「自由貿易こそ経済危機の原因だと各国指導者は認めようとしない」「ドルは雲散霧消する」「中国が一党独裁のまま大国化すれば民主主義は不要になる」――米ソ二大国の崩壊と衰退を予言したトッドは、大国化する中国と世界経済危機の行方をどう見るか？

四六上製　三〇四頁　二八〇〇円
（二〇一一年一二月刊）
◇978-4-89434-774-8

アラブ革命も予言していたトッド

## アラブ革命はなぜ起きたか

〈デモグラフィーとデモクラシー〉

E・トッド
石崎晴己訳＝解説

米国衰退を予言したトッドは欧米の通念に抗し、識字率・出生率・内婚率などの人口動態から、アラブ革命の根底にあった近代化・民主化の動きを捉えていた。　［特別附録］家族型の分布図

四六上製　一九二頁　二〇〇〇円
（二〇一一年九月刊）
◇978-4-89434-820-2

*ALLAH N'Y EST POUR RIEN!*　Emmanuel TODD

1989年11月創立 1990年4月創刊

月刊
機
2014
3
No. 264

発行所 株式会社 藤原書店©
〒一六二―〇〇四一 東京都新宿区早稲田鶴巻町五二三
電話 〇三・五二七二・〇三〇一（代）
FAX 〇三・五二七二・〇四五〇
◎本冊子表示の価格は消費税抜きの価格です。

編集兼発行人 藤原良雄
頒価 100円

〝解体と創成の時代〟に向けて、語り下ろした二年間の最後のメッセージ。

# 花の億土へ

## 石牟礼道子

二〇一〇年春、齢八十三を迎えた石牟礼道子さんの今現在の思いを語り下ろしていただき、そのことばを可能な限り、映像も含めた記録に留める企画が始まった。翌年いみじくも石牟礼さんの誕生日である三月一一日に、三陸沖を未曾有の大地震と大津波が襲ったあの東日本大震災を挟んで、足かけ二年にわたり記録の日が続いた。

完成した映画『花の億土へ』（二〇一四年熊本で初公開）は、その語りの一部にすぎない。本書は、二十時間に及ぶ語りのなかの珠玉のことばを編集し、余すところなく収録したものである。　**編集部**

● 三月号 目次 ●

## 東北の方がたへの感動

私が思いますのに、この日本列島というのは、いろんな意味で大変まとまっています。ほかの民族が入らないで、日本人同士でまとまって。外国人は多少いらっしゃいますけれども。東北のことが起きてから痛感しましたのは、感動したのは、一つには暴動が起きなかったといわれています。また掠奪も起きなかった。よその国ではこういう場合には掠奪が起きたりしましたでしょう。何一つ残らず、からだ一本残った人が、死んだ人のことを思い出して涙ぐんでおられて、自分が生きているのが申しわけないとかおっしゃる人がたくさんおられます。そして東北の方がたが、農産物も海産物も大都会を養っていてくださっていたんです。それがはじめて私はわかりました。

あの寡黙な、忍耐強いといわれている東北の人たちが、ああいう極限的な災難にあわれて、そしてひとのことを心配しておられる。とても感動しました。日本人というのはこんなにやさしい民族だったのかとも、一方で思いました。それで、なんというか、神様の試しにあっているというか。人類は明らかに絶滅のほうに向いていますから、それを日本人が止めてみせるのかなと思ったりして。そういう思いやりでもって。もっともよい人間として蘇るというか、蘇ってみせるというか、そのお試しにあっているんじゃないかという気がします。人類にたいして、こういうふうに人間は生きなきゃいけないというモデルというか。外国から眺めやすいでしょう。列島の形といい、生活環境といい、恵まれていました。美しい国といわれていました。渡辺京二さんが書いておられますけれど、江戸時代の中期に来た外国人から本当にやさしい、かわいらしい、美しい民族だといわれていた時代があったんです。そこへ帰れるかなと思いますけれど。帰らなきゃいけないです。本当に人類史が終わるときに、お手本として人類史に名前を残すという時機になっているんじゃないかと思います。

東北の人たちのお顔をテレビで拝見すると、じつにいい表情をしておられます。東電側の代表者ののっぺりした表情と比べると。お髭も伸びて、剃ったり剃らなかったりしていらっしゃるような、農民だろうと思いますけれど、とてもいいお顔をしていらっしゃって。口数が少なくて、ひとのことを思いやって、ご自分の愚痴はおっしゃいません。若者たちもテレビに出て歌ったり踊ったりして、タレント志望の若者が増えていますけれど、あれもいままであまりなかった現象です。だけどそういう若者たちの中に、歌えなくなったりする若者とか出てきて、ボランティアに行きたがっている。それで若者たちも捨てたものじゃないな、都会的な若者たちも何か根底的に考えこんでいるんだと思います。そういう若者たちが出てきているのも希望の一つです。

## 卒塔婆の都市、東京

放射能の問題もまったく同じで、これから蓄積されていくわけでしょう。結果というのはまだ出ていない。人身御供ということばがあるけれど、どのぐらい人身御供をつくれば、元の美しい国に戻るのか。『古事記』を読めばわかるけれど、この国の人たちは全部詩人、ほとんどの人が詩人、芸術家だったと思います。

私の母のような、詩人の資質をもった民族だと思うんです。『古事記』を見ると、「豊葦原《とよあしはら》の瑞穂《みずほ》の国」とある。「豊」というのは豊かな、渚の葦が生えて、原っぱになっている、「瑞穂」というのはお米の穂が垂れてる国と。「豊」という字を最初にもってくるというのは、お日様の光も、草の色も、川の色も、海の色も、山の色も美しいという国を上古の日本人は意識していた。

そういう伝統をもった国が、いまや、人身御供をつくって、文明というか、まさか文明とは思ってないであろうが、この国を発展させようと思っている。経済的にも、文化の姿としても、こういうなんとも味気ない、ボタン一つで便利な、合理的な国を作ろうとしている。

それで国が水俣病の特措法というのを作った。それを読むと、人身御供を、合理的に作っていこうとする法律です。当然、犠牲者は出るという考え方。

私たちが育ったころは、無学な父や母や祖父が、まず、人間は信用が第一と。いろいろいったりしたりする前に。私の家が没落して、大借金を抱えて、水俣湾の川口に移ったお正月に、どこからか名前をいわずにお米が一俵送られてきたんです。それでありがたいなと親たちがいう。こんなふうに没落して、こういう家に来て、何か自分たちのしてきたことが、こういう形で返ってきた。ありがたいな、どなたじゃったろうかって、どなたじゃろうと人間は信用が第一と。どなた

かが、没落したことをご存知で、お米を一俵送ってくださったのだろう。それは後々語り草にして。「人は一代、名は末代」といっていた。そういう人情がなくなってきた。

　そして美しい国だったのに、東京の夜景を見ると、卒塔婆の都市だなと思います。建物が墓石に見える。お墓の石に見える。徳もない、義もない、信用もない。水俣病の運動を起こすときに、本田啓吉先生という高校の先生がおられましたけれども、水俣病の組織をつくることを、「義によって助太刀いたす」とおっしゃった。名言です、「義によって助太刀いたす」って。その「義」とか「徳」というのは、中国から漢字が入ってきたときに日本にも入ってきたんですね。「徳の高い人」とか、いま、徳の高い人って、ことばもわからないですね。

　今また、あの福島原発の前の海岸に、汚染水をコンクリートの箱みたいなのに入れて、引っぱってきたって。それに一万トンぐらい汚染水を入れて、棄て所がないから、そうするという方針が出されたことがありましたね。

## 文明の解体と創成が今生まれつつある

　あれは浜岡でしたか、原発を再開してほしいと政府から大臣が行って、一度、OKした市長さんが市民の反対でまた考えなおして返事をしますって、いま騒ぎになっている。それで各地の原発の市長さんたちも、いま一生懸命考えなおしている最中です。市民たちは、政府が制度化しようという仕組みを、見破ろうとしています。見破る力が出てきました。それが頼りです。それで国会の有様も見ていると苛立たしい。

　もっと混沌とした状態に陥ると思います。しかし、私はその混沌はむだな混沌じゃないと思う。そのうち見つけだすんじゃないでしょうか。文明が明らかに異質なものになっていくと思います。**一国の文明の解体と創成が、いま生まれつつある瞬間ではないかと思っています。絶滅と創成とが同時に来た。**力関係でどちらに向いていくか。絶滅するにしても、一種、純情可憐な他者のことを思いやる心で結ばれていく部分を抱きながら、絶滅するならいっしょに絶滅してもいいなという気がします。純度の高い徳義みたいなものを抱きながら、心の手を取り合って死ぬことができたら、それもいいかなと。生命の世界も有限ですから。

　朝露がお日様の光に輝いて、小さな名も知れない草花に満ち満ちている地球は、なんて美しい星だったろうと思います。ほかにどこか生命のある星があるかもしれませんけれど、ほかの星が栄えてくれればそれでいいなと思って。しかしもったいないなという気がします。

## あらゆる毒物について調べてほしい

ところで、この地上でかぞえられうるかぎりの毒物を調べて、何に、どういうふうに使われているかというのを、ぜひ映像でやってください。そしてそれは全部海にいくんだということを。そういうのを統計取るのが上手な人がいる。まずどういう毒物がいま地上に氾濫しているのか、きちんと出して公表しなければだめです。海をたんなる風物としてだけ、叙情的にばかりではとらえられなくなりました。

漠然とみんな感じているけれども統計を取らない。なぜかというと、こわいんだと思います。怖れずに正視することです。地球上は、あるいは地域はどうなっているのか見極めることです。いまこうやって話している間にも毒物は移動しています。口から入るものと、皮膚から入るものと、それから考え方が魂を犯している。みんなが鈍感になったとき、どういうことになるか。いままで鈍感であったのがヒステリックにならざるをえないです、私も含めて。それで

**毒死列島身悶えしつつ野辺の花**

というとても過激な俳句を作ってしまったんです。

食物連鎖ということばがあります。これは有機水銀にたいして、研究者たちがいわれた。一番小さなプランクトンみたいなものを、アミという小さなエビの種類が食べる。食べたときにはほんのちょっとした毒だったのが、今度はそれをエビが食べて、毒が何十倍かになって増えていく。その次にイワシのようなのが食べて、さらに増える。そして大きい魚を人間が食べて、人間の中に蓄積される。それでいままで通過しないと思われていた胎盤の中にもそれが入っていって、胎児性患者が生まれてしまった。

どういう比重で毒物が増えていくか。その毒物も単純な毒物ではありませんから。私たち素人が考えても、口から入るのと、皮膚から入るのと、空気から入るのと。それは人体ばかりでなくて、植物にも作用すると思う。

（構成・編集部）

（いしむれ・みちこ／作家・詩人）

**花の億土へ**
石牟礼道子
B6変上製　二四〇頁　一六〇〇円

最新の技術で作成されたカラー地図による分析で、未来の世界のありようを予見する！

# 不均衡という〃病〃

## エマニュエル・トッド
## エルヴェ・ル・ブラーズ

### 危機は伝統的な価値観を強める

——本書の中で、お二人は、収斂はないと言明し、「人類学的・宗教的基底の役割は強まっている」（結論）と言明しています。

**ル・ブラーズ**　家族構造だけでなく、多くの分野で、収斂はありません。収斂という観念は、ユートピア的観念で、大抵の場合、検証されません。例えば出生率です。フランス国内でも、ヨーロッパ内でも、出生率の収斂はありません。各国社会の発展の論理からして、むしろ分岐の方が優勢になります。収斂というのは、つねに強いられたものなのです。

——本書の結論でお二人は、人類学という学問分野を金融というものに対置し、人類学とは、人間を抽象的なものに還元してしまう「金融の反意語」だと述べています。

**トッド**　まさにその通りです。私は、経済を管理する人々、ユーロを創設した人々の根本的な誤りは、人間というものについて非常に表面的な見方をしている、とりわけ近代性とはどこか一点への収斂だと考えている、という点だと思います。

フランスの例が示しているのは、フランスというのはきわめて多様な国で、収斂はない、ということです。現在、危機にある最先進諸国で何が起こっているかを理解するための正しい作業仮説とは、最先進国社会は、収斂ではなく分岐の道にあるということを理解することです。極端な言い方をするなら、このフランスを扱う本は、私にとってはいささか、世界中で何が起こっているかを理解しようとするための部分的な下書きなのです。

危機はむしろ伝統的な価値観の凝固を招来するというのは、私が東日本大震災に遭った日本の東北地方を訪れた時に抱いた直観です。日本と東北の人々がこの苦難を、彼らの基本的な助け合いの価値観に依拠して乗り越えようとしているのは、明らかに目につきましたので、私は「なるほど、そうなのか」と呟いたのです。ですからこの本はフランスについての本ですが、その理論的・実践的帰結は、完全に全世界に関わるものだと、私は思います。

それに本書の基本的着想は、日本で東北を訪れた際に抱いたものです。東北は日本でも最も伝統的な地方の一つですが、フランス人からすると非常に近代的でもあるからです。日本では、あらゆるものが近代的です。日本は本当に、近代性というのは各地の文化システムの消滅ではないということを実感できる、理想的な場所です。しかしフランスは、文化的多様性について検討するには理想的な場所です。

▲ル・ブラーズ（1943-　）

▲トッド（1951-　）

## 最新の地図作成の方法論

――本書の中で展開した地図作成の方法論は、他の国にも適用できると考えますか。例えば、ドイツや日本などに。

**トッド**　ドイツは、家族システムはかなり同質的で、家族構造の多様性は、ほぼ日本と同じくらいのレベルです。宗教的には、カトリック教とプロテスタント教という非常に強い亀裂があり、プロテスタント教も場所によってタイプが二つあります。それにやはり共産主義の痕跡も残っています。東ドイツの共産主義が、ルター派プロテスタント教の伝統の上に重ね合わさっています。ですから何が出てくるか分かりません。それにフランスよりさらに激しい移住がありました。第二次世界大戦直後の住民移動のせいですが、また最近、東ドイツの若者のかなり大きな部分が、西に吸収されたせいでもあります。

**ル・ブラーズ**　データを集め、首尾一貫したものとするのは、膨大な作業ですが、どこでもやることはできます。私はドイツについて仕事をしたことはありませんが、ドイツには統計について問題があります。ベルギー、イタリア、スペインについては、研究しましたが、パラメーターは同じ地位を占めるわけではありません。教会の役割は、イタリア、スペイン、フランスで全く違います。例えば、スペインでは、教会と国家の対立は存在せず、教会は国家の側に立つわけです。

**トッド**　ル・ブラーズは、市町村レベルの正確なデータを用いる、ひじょうに強力な技法を開発しました。すべてのITプログラムは、彼が開発したものです。それにもちろん、エルヴェも私も、日本のファンですから、議論を重ねる中でしばしば、この方法論を日本の統計データに適用できたらいいね、と話し合っていました。日本は完全に同質的な国ではなく、大きな差異がいくつもあります。

——日本について本を書く計画があるのですか。

**ル・ブラーズ** ええ。日本には明治以来、非常に良い統計がありますから。トッドは、日本の家族構造をよく知っていますし、これらの差異について研究した日本の歴史学者の友人がいます。

**トッド** もちろん日本について研究することはできます。日本では家族的多様性が大きくないということは、先験的に言えます。東北にはより大きな、不平等主義的な家族システムがあります。しかし北フランスと南フランスの対立のようなものは、全くありません。九州には、女性のステータスがより高いシステムの痕跡があることも分かっています。

しかし、地図を作成してみると、予期しなかったことが見つかります。ですから、現存する日本に関する統計データに取り組むなら、基本的研究ができるでしょうし、もしかしたら、必ずしも完全に人類学的なものでない、これまでとは違ったものが見つかるかも知れません。

## 経済が実際の生活の全体ではない

——あなた方の本は「フランスは気分が優れない」という文で始まり、「結論」の最初の文は「その深層部において、フランスはそれほど具合が悪くない」です。それはつまり、フランス人が抱いている否定的な自己像を論駁して、フランス人を励まそうということでしょうか。

**ル・ブラーズ** もちろんそうです。冒頭の「フランスは気分が優れない」という文は、本書の存在理由の説明です。本書の目的は、現実にはフランスはそれほど具合が悪くないことを、示すことなのですから。

**トッド** 具合が悪いのは経済ですが、経済が実際の生活の全体であるわけではありません。

**ル・ブラーズ** 教育はフランスで目覚ましい飛躍を遂げたものです。この三〇年間で、平均して三年から四年、教育年限が伸びました。数字を挙げるなら、一九八二年に、労働者でCAP（職業適正証）かBEP（職業学習免状）などの何らかの免状、場合によっては技術バカロレアを持つ者は、三〇%しかいませんでしたが、今では六五%です。

**トッド** 教育の重要性を軽視しようとする人は、これは本当の教育ではない、とか、今では教育のある者が多すぎるので、経済の中でどう対処したらいいか分からない、とか、学歴のある若者の給与は下がっているので、教育を受けても何にもならない、などと言います。しかし彼らは、教育とはそれ自体が自分に対する褒賞なのだということを、理解していません。つまり、教育を受けた人間は、自分自身についての自覚の一段高いレベルに達するのです。こういったことのお陰で、保健衛生・医療の条件や余命の改善が可能になるのです。

**ル・ブラーズ**　まさにその通り。ただフランス人は、いま君が言ったものに対して、十分準備されていない。このことの鍵は、七五年前後にあるのだ。危機に対して、フランスは他国よりも強いメリトクラシー［功績至上主義］神話を心に抱いた。失業しないためには、勉強しなければならないという神話をね。

OECDのグラフを見ると、フランスでは他の国よりも学業期間の延長があったことが、明瞭に見て取れる。バカロレア取得者が二〇％の時と、七〇％の今とでは、同じ職に就くことはできないということを、理解させる必要があったのだ。社会の中での地位が同じではないのだから。

しかしもう一つ、経営者たち、産業人たちが、そのことを自覚しなかった、ということもある。労働力が熟練度を増したのだから、生産様式も変える必要があったのに、彼らはルーチンに閉じこもっていた。経営者たちに判断ミス、惰性に流されるということがあったわけだ。たしかに、君の言う通り、教育される必要がある。しかしそれはまた具体的な職業生活にインパクトを与える。ところがそのインパクトが予想されず、ほとんど否定されてしまったのだと思う。

――あなた方は、単純化して言うなら、己自身を知れ、と勧めているわけですね。

**トッド**　己自身を知る、というだけではなく、己自身を受入れる、ということです。現在フランスで幅を利かせているのは、「ドイツ人のようにする必要がある。ドイツ人になる必要がある」という言説です。私たちの主張は、たとえフランス人であることを止めることに賛成票を投じるとしても、フランス人がフランス人であることを止めることは不可能だ、ということなのです。（構成・編集部）

（Emmanuel Todd／歴史人口学・家族人類学）
（Hervé Le Bras／人口統計学・歴史学）
全体構成・聞き手＝**イザベル・フランドロワ**
訳・聞き手＝**石崎晴己**

**不均衡という病**
フランスの変容 1980-2010
**トッド＋ル・ブラーズ**　石崎晴己訳
四六上製　全カラー　四四〇頁　三六〇〇円

「生きる」「育つ」「賭ける」……社会科学を日常へと掘り下げた思想家！

# 内田義彦とは何者か？

山田鋭夫

## 「生きる」の根源に遡って

内田義彦（一九一三～一九八九年）は戦後日本を代表する経済学者であり、そしてそれ以上に思想家です。しばしば、市民社会の思想家とも呼ばれています。日本社会に自由、平等、人権、民主主義が本当の意味で根づくのを何よりも願ったからでしょう。ただし、同じような考えの思想家は多数いるなかで、ほかならぬ内田義彦の最も内田義彦らしい思考の根源は何かと問われれば、生涯にわたって「生きる」ということの意味を探求し、掘り下げていったところにあるのではないかと思います。市民社会というものを、一人ひとりの人間が日々「生きる」という営みの根源に遡って考えつめていったと言ってもよいでしょう。

## 生きる

生きる……。もちろんその第一の意味にして大前提であるところのものは、人間が一個の生物として、日々の生命をつなぐことです。「死」と対置された「生」です。内田義彦は五男一女の末っ子として生まれましたが、若くして兄姉全員を次々と結核で失ったばかりでなく、自らもこの病に冒されて青少年期、合計四年以上、療養のため休学しています。長じて還暦を過ぎた頃には、食道癌で生死を分ける大手術を行い、以後、病と闘いながらの晩年でした。

病気だけではありません。内田義彦の青春時代、日本は太平洋戦争へとのめりこみ、そして最終的に敗戦を迎えます。病気に加えて戦争による死の影も迫っていました。そんななかでの「生きる」の模索です。当時のことを内田義彦はこう回顧しています。——「戦争はだんだん身近になって、生きている保証はなくなってくる。そういうこともあって、納得しうる理論、生きているという証《あかし》が欲しい」、と（『内田義彦著作集』第三巻）。

生きる……。ここにいう「生きる」は、もちろん、たんに生命をつなぐことを越えて、一人の人間としていかに充実した生を送るかということであり、生活と思想の軸心をもつことです。これが第二の意味です。戦争という残虐と不安の時代にあって、「生きている証」「ふんばる拠点」を求めての旅という意味での「生きる」です。いわば「人間として生きる」ことといってもよいでしょう。そしてそれこそが、内田義彦の学問と思想の原点

をなすものでした。

この意味での「生きる」の探求は、「育つ」もの、「育ちゆく」ものとしての人間把握と不可分です。「育つ」のは子供だけでない。大人も老人も、およそ人間存在というものは、年齢と関係なく「育ちゆく」ものだという点に、内田の眼は注がれます。そしてそれがあってこそ、またそれだからこそ、学問や教育も本当の意味で成立するのだということです。この点は内田の人間観の重要なポイントですので、一、二の文章を引いておきましょう。

「のびのびとして旺盛な『育つもの』を自分のなかに持たなければ本当の学問はできない。そういう『育つもの』の感覚は本来人間に独自なもので、誰にでもあるものだが、そして学問・教育はその人間本性に沿って、それをさらに生かしてゆくはずのものであるべきだが、じっさいには、逆にそれを教育だとか学問だとかが止めている。」

（『学問への散策』）

「根源的な悩み、あるいは悩みという問題は、残念ながらというかありがたいことにというか、永久に尽きないだろう。絶えず悩みが出てきて、それがあるがゆえにそれを取り除こうと努力をかたむけるなかで、人間に育っていく――。未来永劫といっていいと思いますが、そういう不思議な解決をせざるをえない存在が人間という特殊な生物で、その人間的存在に固有のものとして、そして不可欠なものとして科学もある。」

（『改訂新版　形の発見』）

このように、内田義彦の人間論はおのずと学問論や教育論へとつながっていきます。「生きる」「育つ」は「学ぶ」と切っ

ても切り離せないものなのです。人間として生きること、育ちゆくことは、即、学ぶことなのです。学ぶとは「学問をする」とも言えます。

ただし「学問」といっても、コチコチに身構えて受け取らないでください。内田のいう学問とは、自らの「生きる」と切れたところで専門知識を覚えるとか、専門的な学者になるとかいったことでなく、何よりもまず、大小さまざまな身辺の問題（「悩み」）を解くための方法や知恵を修得するということであり、それは育ちゆくものとしての人間が誰しも本来的に持っている――持とうと望んでいる――ものなのです。もっと言うならば、何かに役立つためにということとはおよそ関係なく、「人間の生きるという行為の本質的な一部分」（『内田義彦著作集』第七巻）として「学ぶ」ということはあるのです。それが内田のいう「学問」です。そういう意味において、社会のなかで人間らしく生きていくためには、一人ひとりの人間が学問的思考を上手に身につけることが必要だということです。

## 賭ける

人間だれしも学問的思考が必要だ。内田義彦はそう言います。もう少し話を進めてみましょう。人間が生きるということは、社会から孤立して生きることでもなく、また社会のなかに埋没して生きることでもありません。社会のなかにあって、社会とともに生き、しかも社会という全体のたんなる部品でなく、一人の個人として自分らしく、自分の納得のいく形で社会に加わって生きてゆきたいというのが人間です。少なくとも近代人はそれを希求して近代社会をつくりあげた。そのはずです。つまり社会に「参加」しつつも、そこに埋没することなく自らの「役割」を自覚的に分担しようと願っているのが、私たち現代人です。近現代の分業社会の一員であるということは、自らの役割を分担することによって社会に参加することなのです。

ここに「参加」とは、内田義彦が好んで何度も語っているように、たんに会合や宴会に「顔を出しておけばいいんだろう」といった無責任な顔出し型参加ではなくて、英語でいう **take part (in)**、つまり各自が「ある特定の部署（仕事）を責任をもって果たす」ことを意味します。近現代の分業社会は、責任をもって自分の仕事を果たすという、大変にきびしい姿勢を私たちに求めていますし、その責任が達成されるとき私たちは大きな喜びを感じもします。参加（分担）とは、このように一人ひとりが責任と決断を受けもつこと抜きにはありえません。

そして――いよいよ内田的な人間＝学問論の本領に近づいていきますが――「一人一人が決断と責任をもって共同の仕事に参加するという行為の継続のなかでこそ、一人一人のなかに社会科学的認識のそもそもの端緒ができる」（『社会認識の歩み』）のだと内田義彦は言います。人びとが昔ながらの伝統的な共同体のうちに埋没し惰性で暮らしているのであれば、「決断と責任」をもって行動する必要もなかったでしょう。しかし近代人はそれを拒否したのであり、こうして近代社会とともに「社会科学」という学問も生まれてきました。つまり、もはや伝統やしきたりに頼ることができず、各自が決断と責任を自ら負う存在になって、はじめて学問（とりわけ社会科学）が必要となったのです。人類の歴史においても、そして何よりも現代に生きる私たち一人ひとりにおいても。

決断とは賭けです。そして「賭ける」という行為を通じて、はじめて世界の客観的認識が生まれる。一人ひとりが「賭ける」人間になることによって、はじめて社会の客観的認識が芽生える。つまり、社会科学の出発点となり、学問の出発点となる。繰り返しますが、社会科学の歴史においても、個人の内面的成長においても、なのです。このあたり、内田義彦のいちばん内田義彦らしいところなので、直接に語ってもらいましょう。

「決断、賭けということがあって、はじめて事物を意識的かつ正確に認識するということが、自分の問題になってきます。（…）」

（後略）

（やまだ・としお／経済学）


# 内田義彦の世界　*1913-1989*

［生命・芸術そして学問］

〈プロローグ〉内田義彦「生きる」を問い深めて　山田鋭夫

I　今、なぜ内田義彦か

1　今、なぜ内田義彦か〈座談会〉中村桂子＋三砂ちづる＋山田鋭夫＋内田純一

2　**今、内田義彦を読む**　片山善博　花崎皋平　山﨑怜　竹内洋　海勢頭豊　山田登世子　稲賀繁美　田中秀臣　松島泰勝　宇野重規　小野寺研太

II　内田義彦を語る

1　**内田義彦と私**　野間宏　山本安英　木下順二　杉原四郎　竹内敏晴　江藤文夫　天野祐吉　住谷一彦　一海知義　中村桂子　山田真　都築勉　ほか

2　**内田義彦を語る夕べ**　川喜田愛郎　長幸男　吉澤芳樹　山之内靖　有馬文雄　田添京二　福島新吾　福田歓一　唄孝一　石田雄　内田宣子　ほか

III　**内田義彦が語る**

内田義彦の生誕【内田義彦はいかにして内田義彦になったか】"神話"の克服へ／読むこと　きくこと／読んでわかるということ／資本主義に独自なダイナミズムほか

〈エピローグ〉**内田義彦の書斎**【遺されたものに想う】内田純一

〈付〉主要作品解説／年譜／著作一覧

編集協力＝山田鋭夫・内田純一

Ａ５判　三三六頁　**三二〇〇円**

歴史家コルバンが子どもにやさしく語る初のフランス史！

# 英雄はいかに作られてきたか

アラン・コルバン

## 英雄・偉人は時代によって変わる

フランス国民の偉大な物語が練り上げられ、フランス史の一連の英雄たちが形成されたのは、十九世紀のことである。この時代を代表する三人の主要な歴史家であるオーギュスタン・ティエリー、ジュール・ミシュレ、エルネスト・ラヴィスをつうじて、この作業は少しずつ実行され、学童向けの教科書のなかに採り入れられた。こうして二十世紀最中に至るまで――私は個人的によく覚えている――生徒たちは、クローヴィスからド・ゴールに連なるフランス史の英雄たちがどのような人物だったかを、学んだのだった。第二次世界大戦後に行なわれた世論調査が示すところによれば、一連の英雄像は社会全体に深く浸透していた。

ところがこの半世紀の間に、勝利を言祝ぐ文化が衰退するのに伴い、英雄の概念そのものが大きく変化した。こうして有名な将軍、青年たちの夢想を刺激した冒険家、とりわけ植民者は、もはや強い賛嘆の的ではなくなった。もっと悪いことに、かつて称賛されながら、その後偉人のリストから抹消された者までいる。

社会に流布する価値観が変わり、それが新たな偉人の誕生をもたらした。たとえば憐憫の情はもともとカトリックの伝統に深く根ざしているものだが、今日ではそれがとても強まって、新たなタイプの男女の英雄たちが考慮されるようになった。世論調査によれば、第二次世界大戦後に貧しい人々の救済に尽くしたピエール神父〔フランスの聖職者〕や、マザー・テレサ〔インドのキリスト教宣教師〕が偉人の仲間入りを果たしている。

植民地化に関連することはすべて評判が落ちたせいで、フランス人ではないが、ネルソン・マンデラ〔南アフリカの人権運動家、大統領〕やマーティン・ルーサー・キング〔アメリカの牧師、公民権運動家〕といった人が、英雄の列に加わった。それと同時に、騎士の典型であるバヤールや、一九一八年当時連合軍の総司令官だったフォッシュ元帥は忘れ去られた。この種の英雄はもはや生徒たちから称賛されることはなくなったのである。

## 国民の偉大な物語をめぐる論争

七月王政期に形成され、第三共和政期――日本の明治時代と同時期――に完成した国民の偉大な物語が、まるごと疑問視されるようになった。なかにはその物語をきびしく批判する者までいる。こうして近年、論争が巻き起こった。ある者たちは、生徒の脳裏からクローヴィス、シャルルマーニュ、ジャンヌ・ダルク、ルイ十四世、あるいはガンベッタまでが忘れ去られる危険があると嘆き、学校で国民の偉大な物語を再び学ぶべきだと主張する。またある者たちは、かつて教えられていたそのような歴史があまりに国民的だと指摘し、何よりもまず奴隷制や植民地主義のおぞましさ、女性の立場の苦しさ、同性愛嫌悪の弊害を強調すべきだと言う。幸いなことに当面、学校でも政府でも、責任者たちがこの二つの見方をなんとか調整しようと努めている。

▲A・コルバン（1936–　）

タイトルだけ見れば、私が「国民の偉大な物語」への回帰を支持している、と考える読者もいるかもしれない。しかし、本書の意図はまったく異なる。**一定の時代に英雄がどのように創られ、場合によってはその英雄がどのように貶められたか**――それを検討するのが目的だった。ある者は一時期英雄視され、その後忘却された（バヤール）。生前のある時期に英雄とみなされたペタン〔第一次世界大戦の功労者〕は、その後罵倒されることになった〔第二次世界大戦中は対独協力者にして反ユダヤ主義者〕。いずれにしても、本書は読者の関心を引き、フランスでさまざまな考察を促した。

先に指摘したように、日本の明治と、フランスで国民の偉大な物語が構築されたのは同時期のことである。現在のフランスがそうであるように、こうしたことは日本でも論争を誘発したのだろうか。

（後略　構成・編集部）

（Alain Corbin／歴史家）

**英雄はいかに作られてきたか**
フランスの歴史から見る
A・コルバン
小倉孝誠監訳
梅澤礼・小池美穂訳
四六変上製　二五六頁　二二〇〇円

本誌好評連載「生きる言葉」、待望の単行本化。

# 名編集長が綴る最高の読書案内

本誌二〇〇七年四月号から昨年十月号まで七四回にわたって連載された、粕谷一希氏の「生きる言葉」を、このたび小社では単行本として刊行する。『中央公論』を始め総合雑誌の名編集長として名高い粕谷氏だが、書物を愛し、古書店にも足繁く通ったその自己形成には、戦前・戦後の文学が深く浸透している。

果てまで来た。私は少しも悲しまぬ。あばよ、私は別れる。別れを告げる人は、確かにゐる。
ランボオ『地獄の季節』小林秀雄訳

――詩人的資質と批評家的資質がせめぎ合っているといわれた小林秀雄の文体は、このアルチュール・ランボオの翻訳によって極点にまできた。／小林秀雄の世界は功罪共に論じられようが、昭和の初期に、近代日本語の文体が完成したという意味で、日本語の感性の極限が小林スクールにあることは、今日でも認められなければなるまい。

しかし、文学と対峙する粕谷氏の知性は、常に哲学・社会科学を含む人文の総合的な素養に裏打ちされている。それこそが総合雑誌を支えたジャーナリストとして優れた視角の表れであろう。

私は「史記」を個別的な考証の対象としたり、古代史研究の資料として置きたくはなかった。史記的世界を眼前に据え、その世界のざわめきで、私の精神を試みたかったのである。
武田泰淳『司馬遷――史記の世界』

――現代人が古典の前に立ったとき、いかに軽いものであるか。人類の古典が語る〝歴史意識〟の奥の深さを身を以て実感したのであろう。／こうした態度を見据えるとき、われわれは大学での学問研究、外国研究がいかに〝精神の格闘〟を置きざりにしているかを思い知らされる。

そうした粕谷氏のジャーナリズムは、まだ文壇・論壇との分裂、メディアとアカデミズムとの分裂が進行していなかった明治期に淵源している。

死して不朽の見込あらばいつでも死ぬべし、生きて大業の見込あらばいつにても生くべし
徳富猪一郎『吉田松陰』

——ここに掲げた『吉田松陰』をはじめ『近世日本国民史』（全百巻）などの歴史書は、もっとも価値ある史書として今日でも生命力をもっている。ジャーナリズムと歴史、言論と思想の問題を考えてゆく上で、蘇峰の徹底的再検討が必要のように思う。歴史はアカデミズムだけのものではない。

▲粕谷一希（1930– ）

深い歴史認識を備えたジャーナリストとして、粕谷氏は戦前から戦後にいたる日本近現代史をどう見るのか。

特に友と敵との実存的な区別に対しては、技術的な特別の知見や技術的な専門知識の細目は、権限付託のある技術的専門家によって、決定的瞬間に解決されるに違いなく、それらは投票権者の大衆が扱いきれる問題ではない。
カール・シュミット『憲法理論』

——ナチスも日本の軍国主義も勝者の裁判で片づくものではない。文明が野蛮を裁くことができないように、左右の全体主義がわれわれ現代人の内部に潜んでいることが問題なのである。／H・アーレントが全体主義を批判したように、我々は抑制的でなければならない。しかし、同時に現代人が友敵理論に正面から向き合うことなしに、抑制することもできない。

〝リベラル〟ということの歴史的な含意が見失われている今、文学、史学、思想・歴史認識にわたって、古今の名著の精髄を掬い取る粕谷氏の随想を収めた本書は、現代の我々が、書物を通じて、歴史に学び、同時代を考えるうえでの、最高の水先案内となっている。（構成・編集部）

# 生きる言葉
名編集者の書棚から
**粕谷一希**
四六変上製　一八四頁　一六〇〇円

リレー連載　今、なぜ後藤新平か　102

# 中央に頼らぬ「自治」の精神

川勝平太

## 李登輝・台湾総統との会談で

『台湾――四百年の歴史と展望』（中公新書）という名著がある。著者は伊藤潔であるが、本名は劉明修、台湾・宜蘭県出身のれっきとした台湾人で、台湾愛国者であり、東京大学で博士論文「台湾統治と阿片問題」をものした立派な学者であった（今は故人）。面識はなかったが、拙著『文明の海洋史観』に感動したとの連絡があり、「李登輝総統（当時）に紹介したい」と言われ、すべての手配を、劉さんがなさり、台湾に同行した。

李登輝総統と総統室で一時間ほど密度の濃い歓談をした。席上、私は「大陸アジア（中国）」とは異なる「海洋アジア（日本・台湾・東南アジア）」の歴史を踏まえた「西太平洋津々浦々連合構想」を話した。李総統は高い関心を示されたが、力説されたのは、後藤新平の台湾への貢献であった。「蔣介石の像の代わりに、後藤新平の像を建てたい」と言われ、返す言葉に躊躇した。というのも、会見は中国流で「コの形」に座り、中央正面に総統と私が並んで語らい、両脇には国民党政府の幹部が縦列に居並んで聞いていたからである。私の懸念を払拭するように、総統は言われた――「彼らには日本語はわからないので、心配ありません！」

## 後藤新平の台湾への貢献

後藤新平が政治家としての力量を最初に発揮したのは台湾であった。彼は以後、初代満鉄総裁、逓相兼鉄道院総裁、内相、外相、東京市長、内相兼帝都復興院総裁、少年団総裁、拓殖大学学長、東京放送局初代総裁などを歴任した。その原点が、児玉源太郎が台湾総督として赴任する際、抜擢されて台湾民政局長（のち民政長官）となったときである。

台湾は、日清戦争後、日本の植民地になった。樺山資紀、桂太郎、乃木希典の初期三代総督は、台湾の住民を「土《ど》匪《ひ》」「匪徒《ひと》」と呼んで制圧しようとしたが、困難をきわめた。引き継いだ児玉は第四代総督の八年間（一八九八～一九〇六）に陸相、内相、文相、参謀本部次長、満州軍総参謀長などを兼務したため、「留守総督」といわれた。

丸八年以上にわたり、台湾を実質的に統治したのは後藤新平その人である。その統治法は「生物学的植民地経営」として知られる。医者の経験を生かし、台湾という「病人」を科学的に分析し、土地・戸籍・慣習など現地の徹底調査、治療法「治台三策」を定め、新渡戸稲造などの逸材を招き、財政を独立させ、インフラを整備し、台湾銀行を設立し、製糖業を振興し、本国日本に対して輸出超過になるまで経済を発展させた。台湾は後藤新平の統治で自治自立できる存在にまでなった。

▲台湾時代（前列左より2人目が後藤）

## 「富士の国」の自治をめざして

後藤新平は勲一等伯爵になり位人臣を極めたが、自ら栄達を望むような野卑なところはまったくなかった。後藤新平の「自治三訣」にいう――

人のお世話にならぬよう
人のお世話をするよう
そしてむくいを求めぬよう

また、ボーイスカウトへの遺言――

金を残して死ぬ者は下
仕事を残して死ぬ者は中
人を残して死ぬ者は上

後藤新平の人生哲学は生涯一貫している。今の日本に求められているのは、ビジョンと実行力を備えた後藤新平のような大政治家であろう。だが、それにもまして、世のため人のために尽くす後藤新平のごとき倫理規範、器量、品格における最高の人ではないか。静岡県を知事として預かる私は後藤新平の「自治三訣」の精神を引き継ぎ「公人三則」を定め、実行している――

来る者は拒まず
助力は惜しまず
見返りは求めず

台湾の自治の基盤を整え、輝かしい仕事をした後藤新平の遥か後塵を拝し、小県ながらも、東京に頼らない「富士の国（静岡県）」の自立をめざしての姿勢である。

（かわかつ・へいた／静岡県知事）

**Le Monde**

■連載・『ル・モンド』紙から世界を読む　132

# 現代のヴィクトル・ユゴー

加藤晴久

「これほど崇敬の対象になった人物はめったにいない。生存中に、これほど自国民にもてはやされ、その作品がすべて成功をおさめ、その才能が国境を越えて広く認められ、ひとつの芸術ジャンルを体現する責任を担わされた人物はめったにいない。その口元とあごの白いひげを見ていると、栄光の頂点にあった時期、その名を冠したパリ十六区のアベニューに建てられた晩年のヴィクトル・ユゴー像を連想させられる。」

「六〇〇人のジャーナリストの前で引退を表明し全国民に衝撃をあたえてから五カ月後、宮崎駿は第十一作目かつ最後の長編『風立ちぬ』（フランスでは一月二二日封切）について語った。

まず作品の歴史的背景を解説した。一九二〇年代と三〇年代。深刻な経済不況、軍国主義のくびきのもとアジア侵略の戦争に突き進む日本。そしてすぐに今の時局と関連づけた。東シナ海、南シナ海周辺諸国におけるナショナリズムのエスカレーション。軍事力拡大競争。金融危機の影響。安倍晋三首相の派手なイデオロギー的言動と場当たり的な経済政策。『当時といまの状況は恐ろしくなるほど共通点があります。あらたな破局が訪れる条件がすこしずつそろいつつあるかのようです』と彼は言う。」

「宮崎によれば、意図してそうしたわけではない、『風立ちぬ』の製作は五年以上前に始まった。しかし今回も彼は時代を先取りした。彼が『レ・ミゼラブル』の作者と共有しているのはまさにこの天賦の才である。時代の地底にひそむ激動の兆しを感じとり、諸国を横断する流れを大河的作品によって啓示する才能である。」

スタジオ・ジブリを訪れた『ル・モンド』の記者が書いた「ミヤザキの最後の預言」と題する長大なインタビュー記事の冒頭部分を訳出した（ウィークリー『M』、一月十八日付）。

フランスで大人気なのは知っていたが、あの国民作家ユゴーになぞらえられるほどだとは！　文化勲章はどうなっているのか。「いや、そんなものは」とすでに辞退なさっておられるのかもしれないが。

（かとう・はるひさ／東京大学名誉教授）

リレー連載　いま「アジア」を観る　134

# ヨーロッパ語とアジア語？

菅野裕臣

日本は東アジア世界の共通語シナ語を世界の共通語ヨーロッパ語に切り替えることによって近代化を成し遂げた。政治力学の手段としてだけでなくいわゆる文化の言語としても、ヨーロッパ語が世界を支配している。中国がいくら孔子を前面に出そうとも、あらゆる科学の基礎を築いたギリシャ語以来のヨーロッパ語の地位に揺らぎは生じないだろう。

しかしヨーロッパ語とアジア語の対立というものがあたかも言語を基礎とするコミュニケーションの世界に対応して存在するわけではないことは近代言語学の教える常識である。ギリシャ・ラテン及びそれらの翻訳により発展してきたヨーロッパ諸国語が形式はそれぞれ若干異なりはすれ実は内容においてほぼ同一性をとっくに達成していたことにより、EUは言語的にはすでに共同体を形成していた。さらにフィンランドやハンガリーの非インド・ヨーロッパ語族の言語でさえ、近代的概念の造語（特に接頭辞付け、接尾辞付けによる）とシンタクス（構文）においてはヨーロッパ諸語を踏襲していると言ってよい。

アジアで近代化を真っ先に達成した日本語はシナ語形態素（ここには接頭辞も接尾辞もない）に依拠したため、いわゆる近代的な語彙の翻訳にてこずり、ヨーロッパ語との乖離が生じたが、シンタクスはほぼヨーロッパ化に近づいた。とはいえ関係代名詞を持たない日本語の悩みは先人たちの苦労に満ちた経験が教えている。シナ語は造語は勿論、同じく関係詞のない単純なそのシンタクスがヨーロッパ語からの厳密な翻訳に耐えないものであることは複雑な哲学のシナ語訳を見れば明らかである。

いわゆる近代化の価値はさておき、アジアの諸言語がどのくらいヨーロッパ語による思想のひだを写し取る能力を持つかを、厳密な翻訳論を持たない日本では特に、言語の方からもっと詳細に研究されてよい。

（かんの・ひろおみ／朝鮮言語学）

連載

# 女性雑誌を読む　71

# 実業之世界社の内部紛争

## ――『女の世界』25

尾形明子

『女の世界』の魅力は、その猥雑さにあった。一九一六(大正五)年五月号の「編集だより」では『女の世界』には芸娼妓の記事があるから家庭に入れられないと被仰る方もありますが『女の世界』の思想は芸妓、娼妓が少しも卑しむべきものでないといふのですから、皆さんもどうぞもつと深く此の問題をお考へになられん事を切にお勧め致します。間違つた思想を持つて居る事は其人にとつて大変不幸だと思ひます」と居直っている。

その一方で、貧困と飢餓、貧富の差がますます広がる社会への筆鋒鋭い評論が毎号掲載される。それらが混然一体、『女の世界』の面白さになった。

前年五月に豊多摩刑務所に収監された実業之世界社社長・野依秀一(市)が、細かな指示を与えたとは思われない。編集の中心は安成二郎と青柳有美だったが、二巻一〇号(大正五年九月)の奥付から主筆・青柳有美の名前が外れる。社長の金子幸吉が二十九歳の若さで急逝し、『実業之世界』が忙しくなったためか。

三巻六号には「女の世界主筆」と肩書があり、毎号複数の原稿を書いていたが、四巻六号(大正七年六月)以降、執筆者から青柳の名が消える。

金子の没後社長代理は武井文夫になる。武井についてはよくわからないが、あまりにも社会主義的傾向の誌面に危惧を感じ、「実業」を重んじることで野依の留守を守ろうとしたようだ。

武井と安成二郎らとの路線対立が浮上し、青柳は武井の側についた。実業之世界社の内部紛争は、社会主義者たちを巻き込み、裏切り者としての青柳へのバッシングが強まり、一九一九(大正八)年、安成二郎、青柳有美ともに社を退いた。五巻一一号から六巻一〇号まで、編集兼発行者は井上実雄となる。彼の名前は執筆者陣にはない。

安成二郎は『読売新聞』に転職し婦人欄を担当したが、『女の世界』にも毎号複数の原稿を書いている。青柳はその後、宝塚音楽学校嘱託となって生徒監兼修身を担当した。

(おがた・あきこ/近代日本文学研究家)

連載　ちょっとひと休み　12

# 六〇年ぶりの舞台

山崎陽子

昨年の秋、創立二〇周年を迎えた児童劇団「大きな夢」のミュージカルに出演しないかと言われ仰天した。

ミュージカルを通して情操教育をと願う主宰者（青砥洋氏）の熱い思いが実を結び、十数人から始まった劇団は、いまや全国各地に展開して団員は七〇〇人をこえている。ふとしたご縁で出会ってから、その意気に感じ、劇団のために童話や絵本をミュージカル化してきたが、どの作品も長年、大事に演じ続け育てて下さっている。子どもだからといって決して甘やかすことなく、厳しさと愛に満ちた稽古場の張り詰めた空気の清々しさには、いつも感動する。しかし、自分が参加するとなれば話は別だ。

一五年前に書いたミュージカル『緑の村の物語』は五年ごとに再演されているが、二〇周年だからぜひと勧められても、腰痛に悩まされている昨今、かなりレベルの高い子供たちに混じって演じる勇気はなく、固辞したが、その役が老女で、腰の曲がり具合も、シワたるみもそのままで結構だといわれ、ついその気になった。とはいえ六〇年ぶりの舞台である。セリフは覚えられないし、恥ずかしいし……しかし、周囲の熱意につつまれ、少しずつ演じる喜びが甦ってきた。皆の憧れだったチェロの先生は今や年老いて、記憶を失っている。これが私の役である。教え子でチェロの名手を夢見た少年は、事故で右腕が不自由になり自暴自棄に陥って村に帰ってくるが、村の子どもたちとの触れ合いによって音楽を愛する心を取り戻していく。「音楽は心のご馳走よ」という恩師の言葉を、かつての少年は忘れなかった。弓を手に「私が右手になる」と言って膝によじのぼる幼女に助けられ、男は先生との思い出の曲を弾く。先生の胸に遠い昔が甦ってくる……。

新国立劇場での六公演が終了した日、頂いた共演者からの寄せ書きに感動した。その中にこんなコメントがあった。「先生は、スゴイなあと思いました。一回目の稽古の時から役になりきっていたから」。実は演技ではなく、ホントに腰痛で腰が曲がっていたのだが、せっかくの賛辞、有難く、そっと胸におさめることにした。

（やまざき・ようこ／童話作家）

連載

帰林閑話 227

# 物価と詩（一）

一海知義

「唐詩は酒、宋詩は茶」といわれるが、詩も宋代になると、日常茶飯の事をよくうたうようになる。

とりわけ南宋の詩人陸游《りくゆう》は、一万首の詩をのこし、晩年には身辺の瑣事を好んで詩材にしたので、日常茶飯の事を詠じた作品がすくなくない。

物価、物の値段を読み込んだ詩も、その一例である。

たとえば、

百銭　木屐《ぼくげき》を買う　（「屐を買う」）

といい、また、

千銭　短篷《たんぽう》を買う　（「十月三日、舟を湖中に泛《うか》べての作」）

とうたう。

「屐」は、下駄。「篷」は、とま（屋根小屋つきの舟。両詩は同年（七十歳）の作であり、当時、下駄の値段は法外に高かったらしい。

さて、同じ百銭で買えるのは、つぎのようなものだった。

百銭　新たに緑の蓑衣《さい》を買う　（「蔬圃《そほ》絶句」七首之二、五十七歳）

百銭　菅蓆《かんせき》を買う　（「冬夜」、六十七歳）

百銭　薪蒸《しんじょう》を買う　（「歳暮雑感」四首之二、七十七歳）

「蓑衣」は、みの。「蔬圃」は、野菜畑。「菅蓆」は、すげで編んだむしろ。「薪蒸」は、たきぎである。

また別の詩では、

杖頭　幸いに有り　百許《ばか》りの銭　（「探梅」、六十八歳）

という。たまたま、杖にくくりつけて持ち歩いていた小遣いが百銭ほど、というのだろう。さらに別の詩に、

百銭の濁酒　渾家《こんか》酔う　（「上章して緑を納め云々」、七十九歳）

百銭のどぶろくがあれば、家中みんなで酔える、とうたう。しかし、

百銭　弁ぜず　旗亭の酔い　（「新春、事に感ず」、七十七歳）

ともいい、料亭で飲むには、百銭では足りなかったようだ。

では、百銭の十倍である千銭では、小舟の他《ほか》何が買えたか。

（いっかい・ともよし／神戸大学名誉教授）

# 二月新刊

草の根の力で未来を創造する

## 震災考 2011.3−2014.2

**赤坂憲雄**

「方位は定まった。将来に向けて、広範な記憶の場を組織することにしよう。途方に暮れているわけにはいかない。見届けること。記憶すること。記録に留めること。すべてを次代へと語り継ぐために、希望を紡ぐために。」復興構想会議委員、「ふくしま会議」代表理事、福島県立博物館館長、遠野文化研究センター所長等を担いつつ、変転する状況の中「自治と自立」の道を模索した三年間の足跡。

四六上製　三八四頁　二八〇〇円

日本古代史の碩学が、東アジアとの共生をとなえる

## 「大和魂《やまとごころ》」の再発見

日本と東アジアの共生

**上田正昭**

「才を本としてこそ、大和魂の世に用ひらるる方も、強う侍らめ。」『源氏物語』

「「大和魂」という用語は、私の調べたかぎりでは『源氏物語』が初見である。いうところの「大和魂」とは戦争中さかんに喧伝されたような日本精神などではない。「日本人の教養や判断力」を紫式部は「大和魂」とよんだのである。」（本文より）

四六上製　三六八頁　二八〇〇円

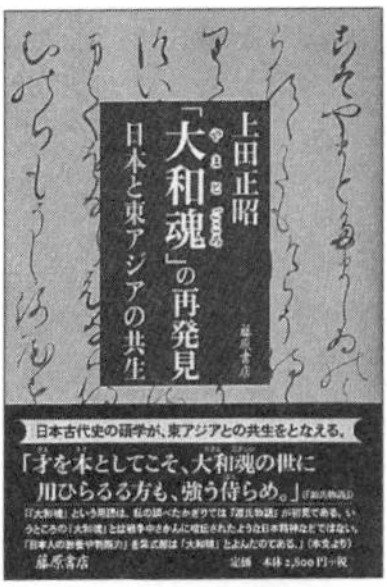


いのちとは、出会いにおいて散る火花のことだ

## セレクション竹内敏晴の「からだと思想」（全4巻）

### 3 「出会う」ことと「生きる」こと

**寄稿＝鷲田清一**（哲学者）

真にことばを摑んだ瞬間の鮮烈な経験を記したロングセラー『ことばが劈かれるとき』著者として、「からだ」から「生きる」ことを考え抜いた稀有の哲学者の精選集！

［月報］庄司康生・三井悦子・長田みどり・森洋子

四六変上製　三六八頁　三三〇〇円

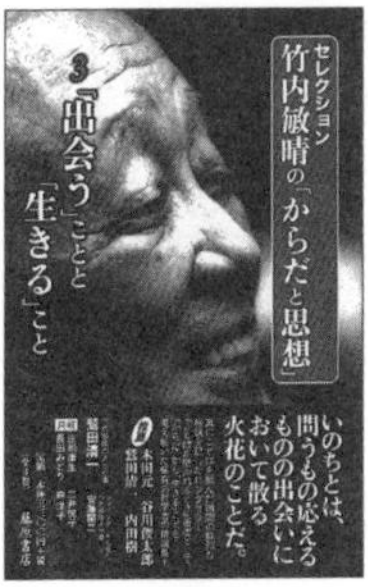


『苦海浄土』三部作の核心

## 神々の村〈新版〉

『苦海浄土』第二部

**石牟礼道子**

第一部『苦海浄土』、第三部『天の魚』に続き、四十年の歳月を経て完成。

**渡辺京二氏**「『第二部』はいっそう深い世界へ降りてゆく。それはもはや裁判とも告発とも関係のない基層の民俗世界、作者自身の言葉を借りれば『時の流れの表に出て、しかとは自分を主張したことがないゆえに、探し出されたこともない精神の秘境』である」（本書解説より）

四六判　四〇八頁　一八〇〇円

# 読者の声

大田堯自撰集成2ちがう・かかわる・かわる■

▼上記書籍第一巻にひきつづき入手。この暗雲たちこめる教育情勢の中、絶対にゆずってはならない、売ってはならない人間の心、精神、魂の原点を、改めて認識・確認、――そのことの大切さをかみしめたしだいである。

（香川　西東一夫　77歳）

葭の渚■

▼ドキュメント風の読み物が大好きです。又社会派の作品としてすばらしいです。

（大阪　会社役員　西脇正臣　70歳）

▼熊日に二〇一二年に連載されて、読んだ。水俣市の出身で昭和三十二年当時、一時交流があって興味があった。『石牟礼道子全集』完結に寄せて」を作家の池澤夏樹さんが寄稿されていた。それは近代日本文学では、地方出身の作家は誰もが中央を目指す。そういう全体の流れで石牟礼道子は自分の生地ばかりを書いている。稀有の作家だと知らされた。

（熊本　山田昌義　79歳）

▼「苦海浄土」とセットで多くの人に読んでもらいたい。文庫本にすれば求めやすい価格になるのでしょうが。

（神奈川　住職　髙橋芳照　70歳）

▼熊日新聞に連載されて、とてもすばらしかったので購入しました。

（熊本　勤務薬剤師　福島和子　81歳）

岡田英弘著作集3日本とは何か■

▼岡田史学の特徴はその簡潔な表現と大胆且つ緻密な結論の導き方にあります。どの頁を繰って読み始めても常に新しい事が教えられ、刺激的です。天才が歴史を書くと斯くも立体的且つ動的な世界になるのかと圧倒されるのです。高校生の時に習った世界史は退屈な授業の最たるものでした。岡田史学の手にかかると、退屈さなど吹き飛び、知的興奮の世界に誘われてしまうのです。世界史の捉え方、見方が一変します。第Ⅲ巻『日本とは何か』を通じて、長年疑問の一つとしていた日本語の成り立ちに答を得ることができました。漢文で書いたものを土着の倭人の言葉に置き換える方法に拠って日本語の開発を始めたとする岡田史学の切れ味はどうでしょうか。日本語は人工的につくられた言語であり、あらゆる国語は人工的なものであることが歴史の法則とも指摘されています。どんな歴史学者も、国語学者も此まで明解な論述をすることは不可能でした。人工的につくられたことを証する具体例として『万葉集』に見る国語開発の変遷を記してあるのですが、此亦わかりやすく、私にとってはスリリングな記述展開でした。全篇が目から鱗の世界でアリマス。

（福岡　不動産賃貸業　城戸洋　66歳）

▼色々なところからとって来ているので、内容が重複していることが多いが、それにしても斬新な見方、史観だと思う。通史しか知らない専門家外の私にとっては目の開かれる見解だ。

（兵庫　公務員　岡本哲弥　55歳）

価値の帝国■

▼おもしろく読みました。

（秋田　団体職員　工藤政樹　59歳）

大田堯自撰集成1生きることは学ぶこと■

▼このたびの自撰集四巻は生まれるべくして生まれたご労作と思います。大田堯さんと生活綴方は一九四八年から教壇に立った私の指針でありました。

小中学校を退職した後も、短大教職課程の非常勤講師や教育サークルの仲間と学び合ったりする中で指針は大きい力になりました。「生きることは学ぶこと」はヒトの成長発達の大原則です。それは大田さんの述べておいでであるアートです。

全四巻を多くの方々に読んで頂きたいと思います。

（高知　竹内功）

▼講演会等を聞いたこともあり常に関心をもっていた。

（福井　公務員　直正修一）

▼久しぶりに感動しています。本当にいいですね。講演会にも行きました。九十歳を超えてのかくしゃくした姿を見ながら、いつまでもお元気でと願っています。いい人は本当にいいんですが――世の中は自分の想っている理想とはずいぶんくいちがっているけれども、しっかりしなければいけないと思っています。

（広島　益原孝典　68歳）

**除染は、できる。■**

▼除染活動にそのまま活用できる内容で、とても勉強になりました。

（茨城　NPO法人役員　熊谷正行　65歳）

**岡田英弘著作集2 世界史とは何か■**

▼おぼろげながら世界史というものへの理解を得た気がしています。実に大胆剛直。

（千葉　無職　谷本光生　73歳）

**桑原史成写真集　水俣事件■**

▼心、痛い、人として母として……同じ日本人として。弱い所、小さな所、に負、マイナスが、ウソと一緒におしよせてくる。母として心痛い。

今の世の中を見ている様だ。ここ（長野）でも、日本のこう害について勉強はする、サラリと流す、テストのため、何を知ることが子ども達にとって大切なのでしょうか、ギモンを感じています。母として心痛い、どういうふうに伝えたらいいのか？

もう一度、〝この本・写真集〟を読み見……感じなおします。

（長野　主婦　百瀬綾　45歳）

**ロング・マルシュ　長く歩く■**

▼四国の遍路道をひたすら歩きながら、この本がよみがえって来た。シルクロード一万二千キロに比べれば四国遍路は千四百キロだが、「歩く」ことに違いはない。

頭を空っぽにして目標や利益や収支決算などを無視して歩く――。大事なのは目的ではなく「道」であり、歩くことは、とりもなおさず「自分を見つめること」に尽きる――という、著者の言葉の重さをかみしめながら歩を重ねている。「ただひとりわれと向き合う遍路道生き続けるべき理由（わけ）を探して」

（千葉　園田昭夫　71歳）

**岡田英弘著作集1 歴史とは何か■**

▼新春に実家からの帰省後、たまたまインターネットで日下さんと岡田さんの奥さんの対談での紹介を目にし、即購入しました。（かみさんを説得して）

ご縁があって購読できたことに感謝します。

今回のようにいい企画を、今後も楽しみに心待ちにしています。先生やご関係者の慧眼に感じ入りながら、失礼致します。最期に〝祓祭文〟とはどういう意味でしょうか。文字に暗い為、ご教示いただければ幸いです。

（大阪　会社員　澤田浩　38歳）

**卑弥呼コード　龍宮神黙示録■**

▼時間と空間がいっそう身近に、なりました。

卑弥呼が九条に
倭及奴がヤマトに

（大阪　生協役員　徳田幸博　71歳）

**峡に忍ぶ■**

▼椽の前身馬酔木時代の大いなる先輩にあたる方の生涯がたおやかに美しく強靭に在り、後輩の一人として誇らしくなりました。大切な一冊になりました。

（大阪　主婦　渡辺一絵　72歳）

## 京都環境学■

▼関西定例研究会前に紹介が機関誌にあった。県図書館に無かったので、都心へ出て発注・購入、裏の奥付見たら昔、懐しい早稲田鶴巻町とある。加えて、案内者の渡辺弘之先生、講義中にお宮さんと寺の相違は？　問われて、寺は入場料を取る、お宮さんは、全国どこへ行っても、テラ銭を取らぬ、と冗談を云われたことがあったが、京都のお寺さん達お茶屋の常連とか。庭の鑑賞に観光に行くのでなく、環境を説いているとは思ってもみなかった。それも、早稲田の先生方、京都くんだりまで……と思った次第。在学時代、ワセダに農業経済学の講座があったのだろうか。学報にPRされたらと愚見まで。そうそう、今春、理事長退任される上田先生の『森と神と日本人』に目を通しています。

（兵庫　環境保全活動　**川村道哉**　77歳）

## 言葉果つるところ／苦海浄土■

▼「大国を治むるは小鮮を烹るが如し」（政治には小魚を煮るような丁寧さが必要）という言葉がございます。最近の政治家は、テレビに出てくる人の言葉も聞いていますと、乱暴で粗野で品性下劣です。聞くに堪えない。石原慎太郎に始まり、猪瀬前都知事、橋下大阪市長、安倍総理大臣は、高圧的な品性下劣な言葉の羅列です。時に吐き気すら感じます。

鶴見和子対話まんだら『言葉果つるところ』石牟礼道子の巻を読ませていただきました。久しぶりに心洗われました。美しい言葉は、美しい心から紡ぎだされるという感に打たれました。

石牟礼道子さんが語られています。「いまの日本に決定的になくなっちゃったのは、上品さ、優雅さです。」

鶴見和子さんがそうしたものをお持ちだというお話がございました。

また、鶴見さんが柳田國男氏のお話として紹介されています。「外国からいろんな学者が来ます。だけど日本には二つの違う種類の人間がいるんですよ。一つは四角い言葉を使う人種、もう一つは丸い言葉を使う人種です。外国の学者は四角い言葉を使う人にだけ話を聞いて帰るから、日本のことはさっぱりわからない。だからあなたは日本社会のことを知りたいなら、丸い言葉を使う人の話をお聞きなさい」と話しました。

石牟礼さんの『苦海浄土』は丸い言葉を磨きに磨いて書かれた、戦後の日本を代表する最高の作品と私は思います。

（東京　**成瀬功**　73歳）

※みなさまのご感想・お便りをお待ちしています。お気軽に小社「読者の声」係まで、お送り下さい。掲載の方には粗品を進呈いたします。

## 書評日誌（一・二二～二・一三）

㊮ 書評　㊯ 紹介　㊐ 関連記事
㋣ 紹介、インタビュー

一・二二　㊐朝日新聞埼玉版「大田堯自撰集成」（「子ども　思い通りに育たぬ」／「元日本教育学会長　大田堯」／「持っている力大人は信じよう」／池田拓哉）

一・二三　㊐熊本日日新聞「花の億土へ」（映画）（「文明社会の行方など語る」／「石牟礼さんの映画上映へ　熊本市で」／浪床敬子）

㊮信濃毎日新聞（夕刊）「水俣事件」（「水俣撮り続け半世紀」／「桑原さんが集大成の写真集」）

一・二三　㊮東奥日報「水俣事件」（「水俣半世紀撮影　集大成の写真集」）

㊮産経新聞大阪版「水俣事件」（「メディア&アート」／「患者の苦しみ代弁」／『水俣』悲劇の記録半世紀」）

一・二四　㊐週刊読書人「新渡戸稲造」（「学術　思想」／草原克豪）

一・二五　(書)中外日報「京都環境学」（「中外図書室」／「神仏の教えが通底する京の神社と水俣の現場」）
一・二七　(書)産経新聞東京版「水俣事件」（「桑原史成さん　活動の集大成」）
(書)神社新報「和歌と日本語」（「読書」／阿部めぐみ）
一月号　(書)文藝春秋「最後の転落」（「わたしのベスト3」／野口悠紀雄）
(記)g2（石牟礼道子）（「石牟礼道子からの「手紙」」／高山文彦）
(紹)NARASIA Q「日本語と日本思想」（「まだまだある、近代をめぐる一〇冊」）
(紹)NARASIA Q「モノが語る日本対外交易史」（「東方の文化と風俗に驚く八冊」／井上章一）
二・三　(紹)公明新聞「日本経済は復活するか」
二・八　(記)朝日新聞（夕刊）「苦海浄土」（「忘れられない一頁」／田中優子）
二・九　(紹)山梨日日新聞「稀代のジャーナリスト・徳富蘇峰」（「ＢＯＯＫ出版」／「稀代の言論人を再評価」）
(紹)下野新聞「稀代のジャーナリスト・徳富蘇峰」（「新刊」）
(紹)宮崎日日新聞「稀代のジャーナリスト・徳富蘇峰」（「新刊ガイド」）
(紹)河北新報「セレクション竹内敏晴の『からだと思想』」
(記)下野新聞「日本を襲ったスペイン・インフルエンザ」（「県立図書館お薦め　ホンの教則本」／「インフルエンザと感染症」／「ウィルスの正体に迫る『制圧』へどう闘うのか」）
二・一〇　(紹)公明新聞「稀代のジャーナリスト・徳富蘇峰」（「読書」）
二・一一　(紹)東奥日報「稀代のジャーナリスト・徳富蘇峰」（「新刊紹介」）
二・一三　(記)毎日新聞（石牟礼道子）（「くらしナビ・ライフスタイル」／「エイボン『復興支援賞』を新設、表彰」／山崎友記子）
二・一六　(書)毎日新聞「警察調書」（「今週の本棚」／「模倣を端緒に書く意味を問う」／富山太佳夫）
(書)毎日新聞「葭の渚」（「今週の本棚」／「楽園と近代の間に湧き出す豊饒なる言葉」／池澤夏樹）
(紹)大分合同新聞「稀代のジャーナリスト・徳富蘇峰」（「New 新刊」）
(紹)信濃毎日新聞「稀代のジャーナリスト・徳富蘇峰」（「新刊」）
(紹)静岡新聞「稀代のジャーナリスト・徳富蘇峰」（「ブックエンド」）
二・二二　(紹)河北新報「稀代のジャーナリスト・徳富蘇峰」（「読書」）
(記)西日本新聞「花の億土へ」（映画）（「石牟礼さん実録映画に」／「水俣病描いた作家」／「インタビュー二年」／向井大豪）
二・二三　(記)読売新聞「花の億土へ」（映画）（「石牟礼さんの映画上映　熊本　インタビューなど約二時間」）
(書)朝日新聞「渋沢栄一の国民外交」（「米・中・韓との関係改善に腐心」／片桐庸夫）
(書)熊本日日新聞「坂本直充詩集　光り海」（「読書」／「「水俣とは」問う言葉の力」／田端洋昭）
(書)東京中日新聞「葭の渚」（「読む人」／「美しい水俣が育てた生命」／色川大吉）

# 四月新刊

＊タイトルは仮題

国家の自立と、国家からの自立

# 環　学芸総合誌・季刊【歴史・環境・文明】

Vol.57 '14春号

〔特集〕今、「国家」を問う

〈座談会〉小倉和夫＋宮脇淳子＋小倉紀蔵＋倉山満

〈寄稿〉P・ブルデュー／宮脇淳子／宇野重規／榊原英資／佐瀬昌盛／田中克彦／西宮紘／松島泰勝／岩下明裕／木村知義／西垣通／立岩真也／苅谷剛彦／伊勢崎賢治／鎌田慧／増田寛也／井上亮／速水融

〈小特集・日本近世・近代の国家観〉熊沢蕃山／工藤平助／林子平／渡辺崋山／高野長英／横井小楠／佐久間象山／勝海舟／山鹿素行／吉田松陰／渋沢栄一／井上毅／内村鑑三／徳富蘇峰／南方熊楠

追悼　辻井喬／堤清二さん

秋山昇男／石川逸子／岩橋邦枝／大石芳野／岡田孝子／尾形明子／加賀乙彦／黒古一夫／坂本忠雄／瀬戸内寂聴／財部鳥子／中西進／中村桂子／福島泰樹／福原義春／松本健一／三浦雅士／道浦母都子／武者小路公秀ほか

〈インタビュー〉「水俣の今」　緒方正人

〈寄稿〉『苦海浄土』誕生の地、壊さる」　浪床敬子

〈座談会〉「ユーロ危機と欧州統合のゆくえ」　B・アマーブル他

〈書物の時空〉芳賀徹／森崎和江／上田敏／上田正昭／新保祐司／高頭麻子

〈連載〉川勝平太＋芳賀徹／石牟礼道子／金子兜太／玉野井麻利子／石井洋二郎／山田登世子／小倉紀蔵／三砂ちづる／新保祐司／河津聖恵／能澤壽彦

オルタナティブな経済発展モデルを提唱

# グリーンディール

## 自由主義的生産性至上主義の危機とエコロジストの解答

アラン・リピエッツ

井上泰夫訳

レギュラシオン理論を代表する理論家が、現在のグローバルな危機（金融危機とエコロジーの危機）は、一九八〇年頃から続いてきた発展モデル――自由主義的生産性至上主義の危機であると分析、オルタナティブで人類と地球にとって持続可能な発展モデル「グリーンディール」を提唱。

『資本論』の悶えを照射！

# マルクスとハムレット

## 新しく『資本論』を読む

鈴木一策

マルクスと格闘すること半世紀。名著『資本論』の中に、キリスト教文明をはみ出したケルトの世界を発見し、シェイクスピアの全作品を自家薬籠中のものにしていたマルクスと、シェイクスピアが描いた『ハムレット』の世界に共通点を見出した野心的力作！

レギュラシオン理論で、アジアを見る。

# 転換期のアジア資本主義

責任編集＝植村博恭・宇仁宏幸・磯谷明徳・山田鋭夫

植民地から解放、経済成長をへて誕生した「資本主義アジア」。グローバル経済の波によって激変の時代を迎えるアジアの現在、そして未来は。

教育を問い直してきた思索と行動の軌跡

# 大田堯自撰集成（全4巻）

## 3 生きて――教育研究者の軌跡

推薦＝谷川俊太郎／中村桂子／まついのりこ／山根基世

既成の教育観を常に問い直しながら、「生命」と「学習」という二つの鍵に辿り着いた思索と行動の軌跡。

月報＝曽貧・星寛治・吉田達也・桐山京子・安藤聡彦・北田耕也・狩野浩二

## 3月の新刊

タイトルは仮題、定価は予価。

**内田義彦の世界 1913-1989** ＊
生命・芸術そして学問
編集協力＝山田鋭夫・内田純一
Ａ５判 三三六頁 三二〇〇円

**花の億土へ** ＊
石牟礼道子
Ｂ６変上製 二四〇頁 一六〇〇円

**生きる言葉** ＊
名編集者の書棚から
粕谷一希
四六変上製 一八四頁 一六〇〇円

**不均衡という病** ＊
フランスの変容 1980-2010
トッド＋ル・ブラーズ 石崎晴己訳
四六上製 全カラー四四〇頁 三六〇〇円

**英雄はいかに作られてきたか** ＊
フランスの歴史から見る
Ａ・コルバン
小倉孝誠監訳 梅澤礼・小池美穂訳
四六変上製 二五六頁 二二〇〇円

## 4月刊予定

**『環 歴史・環境・文明』57 14・春号** ＊
〈特集 今、「国家」を問う〉
小倉和夫＋宮脇淳子＋小倉紀蔵＋倉山満／ブルデュー／宇野重規／苅谷剛彦ほか

**グリーンディール** ＊
自由主義的生産性至上主義の危機とエコロジストの解答
Ａ・リピエッツ 井上泰夫訳

**マルクスとハムレット** ＊
新しく『資本論』を読む
鈴木一策

**転換期のアジア資本主義** ＊
［責任編集］植村博恭・宇仁宏幸・磯谷明徳・山田鋭夫

## 好評既刊書

**3 大田堯自撰集成（全4巻）**
**生きて——教育研究者の軌跡** ＊

セレクション
**竹内敏晴の「からだと思想」（全4巻）**
**3 「出会う」ことと「生きる」こと** ＊
寄稿＝鷲田清一
四六変上製 三六八頁 三三〇〇円

**震災考 2011.3〜2014.2** ＊
赤坂憲雄
四六上製 三八四頁 二八〇〇円

**「大和魂（やまとごころ）」の再発見** ＊
日本と東アジアの共生
上田正昭
四六上製 三六八頁 二八〇〇円

新版 **神々の村** ＊
『苦海浄土』第二部
石牟礼道子
四六判 四〇八頁 一八〇〇円

**『環 歴史・環境・文明』56 14・冬号**
〈特集 医療大革命〉
葛西龍樹＋高岡英夫＋夏井睦＋三砂ちづる／金澤一郎／信友浩一／川嶋みどり／上田敏／藤田紘一郎／山崎泰広 ほか
菊大判 四五六頁 三六〇〇円

**葭《よし》の渚** 石牟礼道子自伝
石牟礼道子
四六上製 四〇〇頁 二二〇〇円

**2 大田堯自撰集成（全4巻）**
**ちがう・かかわる・かわる**
——基本的人権と教育
四六変上製 五〇四頁 二八〇〇円

**岡田英弘著作集（全8巻）**
**3 日本とは何か**
月報＝菅野裕臣／日下公人／西尾幹二／Ｔ・ムンフツェツェグ
四六上製 五六〇頁 四八〇〇円

**生誕一五〇年記念**
稀代のジャーナリスト
**徳富蘇峰 1863-1957**
杉原志啓・富岡幸一郎編
Ａ５判 三二八頁 三六〇〇円

**民間交流のパイオニア**
**渋沢栄一の国民外交**
片桐庸夫
Ａ５上製 四一六頁 四六〇〇円

＊の商品は今号に紹介記事を掲載しております。併せてご覧戴ければ幸いです。

## 書店様へ

▼配本直後から好調な動きを続けております**石牟礼道子『葭の渚 石牟礼道子自伝』**が、**大反響忽ち3刷！** 2／16（日）『毎日』「今週の本棚」欄で池澤夏樹さんが「生きるということはかくも豊饒な営みであるかと嘆ずるばかり」と絶賛、2／23（日）『東京・中日』で色川大吉さんが「その独創性において、歴史に残る」と絶賛書評！ 2月に復刊しました『**神々の村〈新版〉**』、今月3月刊でご案内の『**花の億土へ**』とともに大きくご展開下さい。▼**片桐庸夫『民間交流のパイオニア 渋沢栄一の国民外交』**、2／23（日）『朝日』書評欄で渡辺靖さんが絶賛、3／2（日）『日経』で寺西重郎さんが絶賛紹介！ 歴史の棚だけでなく、外交や国際関係、社会企業関連など複数箇所でのご展開を。▼3／2（日）『毎日』書評欄で、『**叢書「アナール 1929-2010」歴史の対象と方法 Ⅲ 1958-1968**』を本村凌二さんが絶賛書評！▼昨年4月に刊行した元・水俣病資料館長坂本直充さんの処女詩集『**光り海**』が**第35回熊日出版文化賞**を受賞されました。貴店にありますか？ （営業部）

## 坂本直充さん熊日出版文化賞

坂本直充詩集『光り海』が第35回熊日出版文化賞を受賞、二月二七日午前、熊本市のホテル日航熊本で贈呈式が行われました。

受賞者スピーチで坂本さんは「人とは何かを考えながら、水俣のことを伝えるために書き続けていきたい」と語りました。

（『熊本日日新聞』二月二七日付）

「参った」。これが読後の感想であり、その後にどう言えばいいのか、なかなか言葉が浮かんでこない。（……）それはおそらく、本物の「言葉の力」を前にしての無力感から来ているように思われてならない。　田端洋昭氏

（『熊本日日新聞』二月二三日付）

## 石牟礼道子さんエイボン女性大賞

photo by Oishi Yoshino

石牟礼道子さんが、様々な分野で活躍する女性を顕彰する「二〇一三　エイボン女性年度賞」の大賞に選ばれました。

同賞は、化粧品メーカーのエイボン・プロダクツ（東京）が、女性の社会的活躍を応援することを目的に一九七九年に創設。これまでに婦人運動家の故市川房枝さんら一六五人が選ばれている。

石牟礼さんは、水俣病を鎮魂の文学として描き出した代表作『苦海浄土――わが水俣病』を刊行するなど、長年にわたって執筆活動を続けていることなどが評価された。（『熊本日日新聞』一月一日付）

●〈藤原書店ブッククラブ〉ご案内●
▼会員特典は、①本誌『機』を発行の都度ご送付／②（小社への直接注文に限り）小社商品購入時に10％のポイント還元／③送料のサービス。その他小社催しへのご優待等。詳細は小社営業部まで問い合せ下さい。
▼年会費二〇〇〇円。ご希望の方は、入会ご希望の旨をお書き添えの上、左記口座番号までご送金下さい。
振替・00160-4-17013　藤原書店

## 出版随想

▼早や春三月。今年は何か気ぜわしくじっくり梅を観賞する時も持ててない。朝の散歩がなかなか出きない。齢六五を迎えた。初期高齢者？なのになぜか忙しい。「忙しいという字は、心を忘れると書くのよ」と教えてくれた人も居たが、肝に銘じたい。

▼石牟礼さんの自伝の動きが好調である。自伝といっても、『苦海浄土』誕生の頃までなので、正確には前半生である。本当は、現在までお書き願いたかったが、やはり今も「水俣（病）事件」の裁判闘争が進行中であるし、それ以降を書くとどうしても当事者名を続々と書かざるを得ない。そして、以降は、『苦海浄土』の第二部、第三部にも書いている……とか色んな理由から、この辺りでご自身の書下しは終わりとなった。しかし、最終配本となった『全集』別巻で、『苦海浄土』以降の石牟礼さんの生涯は、「評伝年譜」として伴走者渡辺京二氏にお書きいただいた（約一二〇〇枚）。感謝の言葉もない。

▼今、昨秋東京で試写をした映画「花の億土へ」が、熊本のＤＥＮＫＩＫＡＮという由緒ある映画館で上映されている。なかなか好評のようだ。ほっと胸をなで下ろしている。東日本大震災を挟む二年間に、撮影された石牟礼道子のラストメッセージである。「今、地球上では、解体と創成が同時に行われている」との言葉に、正直ドキッとした。新しい時代の幕開けには、旧い時代のものは解体されなければならない。必然である。旧い時代の解体を嘆き悲しむのか、新しい時代の創成を歓迎するのか。われわれが、どちらに重きを置くか、今一人一人が問われている課題だろう。　（亮）